W0222421

ADOLF KAEGI

KURZGEFASSTE

GRIECHISCHE SCHULGRAMMATIK

1996

WEIDMANN

Genehmigt für den Gebrauch an Schulen

Alle Rechte vorbehalten. Kein Teil dieses Buches darf ohne die ausdrückliche schriftliche Genehmigung des Verlages WEIDMANN in irgendeiner Form nachgedruckt werden.

Copyright © by Weidmann, Zürich · Hildesheim 1996

Printed in Germany

Gedruckt auf säurefreiem und alterungsbeständigem Papier

Herstellung: Interdruck Graphischer Großbetrieb GmbH

ISBN 3-296-70100-1

VORWORT

Auch die Gegner kurzgefaßter Grammatiken haben zugeben müssen, daß diese Grammatik ihren hohen Wert als Schulbuch aufs beste erwiesen hat. Wie wäre auch sonst die hohe Auflagenzahl zu verstehen, die das Buch seit seinem Erscheinen erreicht hat. Es bietet alles, was der Schüler zu einem gründlichen Verständnis der Schriftsteller braucht.

Sorgfältige Stoffauswahl, wissenschaftliche Zuverlässigkeit, saubere Anordnung, klar zusammenfassende Übersichtlichkeit und knappste Regelfassung sind diesem verdienstvollen Buche zu eigen.

Überall sind die erfolgreichen Bemühungen Kaegis ersichtlich, das Buch auf die Höhe der gegenwärtigen sprachwissenschaftlichen Forschung zu führen.

Daß die Kaegi-Grammatik im Laufe der Zeit nur wenige Überarbeitungen mit geringfügigen Änderungen erfuhr, die an den Kern des alten Kaegi-Werkes jedoch nicht zu rütteln vermochten, ist ein weiterer Beweis für die Einmaligkeit dieses hervorragenden Buches.

Es ist unser Wunsch und unsere Hoffnung, daß die vorliegende Grammatik noch vielen Tausenden von Schülern und Studenten den Weg zu den unvergänglichen Schöpfungen altgriechischen Schrifttums erschließen möge.

WEIDMANN

INHALT

ERSTER TEIL · LAUTLEHRE

ZWEITER TEIL · FLEXIONSLEHRE

VIERTER TEIL · WORTBILDUNGSLEHRE

ANHANG · SPRACHGESCHICHTLICHE ERLÄUTERUNGEN

Erster Teil: Lautlehre

§ 1. Schrift und Aussprache

1. Das griechische **Alphabet** besteht aus folgenden 24 Buchstaben: [1]

Zeichen		Aussprache	Namen	
der großen Kapital- oder Unzial-Schrift	der kleinen Kursiv-Schrift			
Α	α	a	Alpha	Ἄλφα
Β	β	b	Bēta	Βῆτα
Γ	γ	g	Gamma	Γάμμα
Δ	δ	d	Delta	Δέλτα
Ε	ε	ĕ	Epsīlon	Ἒ ψῑλόν
Ζ	ζ	z	Zēta	Ζῆτα
Η	η	ae	Eta	Ἦτα
Θ	ϑ	th	Thēta	Θῆτα
Ι	ι	i	Iōta	Ἰῶτα
Κ	ϰ	k	Kappa	Κάππα
Λ	λ	l	Lambda	Λά(μ)βδα
Μ	μ	m	Mȳ	Μῦ
Ν	ν	n	Nȳ	Νῦ
Ξ	ξ	x	Xī	Ξεῖ (Ξῖ)
Ο	ο	ŏ	Omīkron	Ὂ μῑκρόν
Π	π	p	Pī	Πεῖ (Πῖ)
Ρ	ϱ	r	Rhō	Ῥῶ
Σ	σ, ς	s	Sīgma	Σῖγμα
Τ	τ	t	Tau	Ταῦ
Υ	υ	y, ü	Ypsīlon	Ὗ ψῑλόν
Φ	φ	ph	Phī	Φεῖ (Φῖ)
Χ	χ	ch	Chī	Χεῖ (Χῖ)
Ψ	ψ	ps	Psī	Ψεῖ (Ψῖ)
Ω	ω	ō	Omĕga	Ὦ μέγα

Anm. In älterer Zeit gebrauchte man noch für den Laut w das Zeichen Ϝ (Digamma, Doppelgamma), z. B. Ϝοῖκος = vicus, ὄϜις = ovis.

2. σ verwendet man am Anfang und im Innern, ς am Ende der Wörter, z. B.: σάκος, σεισμός. Auch εἰς-βάλλω neben εἰσβάλλω u. ä.

3. Für die Aussprache ist besonders zu merken:

γ vor κ (u. ξ), γ, χ lautet wie deutsches n vor k, z. B.
ἄγκυρα ancora Anker, Σφίγξ Sphinx,
ἄγγελος (spr. ang-gelos) vgl. Angelika, Ἀγχίσης Anchises.

ι ist als Vokal, nicht wie Jot zu sprechen: Ἰωνία I-onia.

σχ sind getrennt zu sprechen (s-ch), nicht wie sch.

τι lautet immer wie ti, nie wie zi, also αἰτία wie ai-ti-a.

ει (s. § 2) wird zur Unterscheidung von αι wie engl. a in made gesprochen.

§ 2. Einteilung der Laute

2 1. Von den einfachen **Vokalen** sind ihrer Quantität nach
η, ω stets lang, ε, ο stets kurz, ᾰ̄, ῐ̄, ῠ̄ schwankend.

2. Eigentliche **Diphthonge** sind:
αι, ει, οι, υι, z. B. in Μαῖα, Δαρεῖος, Κροῖσος, Ἅρπυιαι,
und αυ, ευ, ου, ηυ z. B. in Γλαῦκος, Ζεύς, Μοῦσα, ηὔξανον.

3. Uneigentliche Diphthonge nennt man die Verbindung eines der langen Vokale ᾱ, η, ω mit folgendem früh verstummtem ι,
also ᾳ, ῃ, ῳ mit iota subscriptum, z. B. ᾄδω, ᾖδον, ᾠδή —
oder Αι, Ηι, Ωι mit iota adscriptum, z. B. Ἅιδης, Ὠιδεῖον.

4. Die **einfachen Konsonanten** werden teils nach den sie hervorbringenden Organen (Sprachwerkzeugen), teils nach den Eigenschaften ihres Lautes folgendermaßen eingeteilt:

Laut-eigenschaften	Lautstufe	K-Laute, Gaumenlaute (Gutturale)	P-Laute, Lippenlaute (Labiale)	T-Laute, Zahnlaute (Dentale)
Verschlußlaute oder stumme Laute (Explosivae, Mutae)	stimmlose (Tenues)	κ	π	τ
	stimmhafte (Mediae)	γ	β	δ
	behauchte (Aspiratae)	χ	φ	ϑ
Dauerlaute oder tönende Laute (Continuae, Semivocales)	flüssige (Liquidae)	λ ρ		
	Nasenlaute (Nasales)	γ = ng	μ	ν
	Reibelaute (Spirantes)	(j)	(ϝ)	σ

Anm. Die Bezeichnung Liquidae wird oft für die eigentlichen Liquiden und die Nasale μ und ν, also für die Laute λ, μ, ν, ρ gebraucht.

5. **Doppelkonsonanten** sind ξ (aus κ+σ), ψ (aus π+σ), ζ (aus σ+δ)

§ 3. Spiritus und Akzente

1. Jeder anlautende Vokal oder Diphthong ist mit einem Hauchzeichen oder spiritus versehen, deren es zwei gibt, nämlich 3

a) den **spiritus asper** (ʽ), der dem deutsch-lat. h entspricht:
ἥρως heros, Αἵμων Haemon;

b) den **spiritus lenis** (ʼ), der nicht ausgesprochen wird:
Ἔρως Eros, Αἴγινα Aegina.

2. Jedes anlautende ρ erhält den spiritus asper:
ῥήτωρ rhetor, Ῥόδος Rhodos.

Doppeltes ρ im Inlaut wird entweder ohne jeden oder mit doppeltem Spiritus geschrieben; also entweder Πύρρος oder Πύῤῥος.

3. Die Betonung der Wörter bezeichnen drei **Akzente,** nämlich

a) der **Zirkumflex** (῀): λῆγε, Ἆγις, Ἀθῆναι, ὀρθῶς,

b) der **Akut** (´): λέγε, ἄγω, ἀγέλη, ὀρθός,

c) der **Gravis** (`): ὀρθὸς ἦν ὁ λόγος.

4. **Stellung der Spiritus und Akzente** Sie stehen
bei Vokalen in kleiner Schrift über dem Vokal: ὁ ἀνήρ,
bei Vokalen in großer Schrift oben vor dem Vokal: ἡ Ἑλλάς,
bei Diphthongen über dem zweiten Vokal: Αἰγαί, εἰ, εὐποίητος.

Treffen Spiritus und Akzent auf dem gleichen Vokal zusammen, so steht der Spiritus vor dem Akut oder Gravis, aber unter dem Zirkumflex: Αἴας ὤμοσεν, ὃς ἄριστος ἦν.

Bei uneigentlichen Diphthongen (§ 2, 3) stehen Spiritus und Akzent in großer Schrift vor dem ersten Vokal: Ἅιδης, Ὠιδεῖον — ᾄδω, ᾠδή.

§ 4. Andere Lese- und Interpunktionszeichen

1. Die Trennungspunkte (¨) zeigen an, daß zwei Vokale, die gewöhnlich einen Diphthong bilden, getrennt zu sprechen sind: Ἀτρεΐδης, πραΰνω. Sie bleiben weg, wo Akzent und Spiritus schon die Trennung deutlich machen: ἀυτή, ὄις. 4

2. Von den Interpunktionen schreibt man:

Punkt und Komma wie im Deutschen,
das Fragezeichen wie ein deutsches Semikolon (;),
das Kolon, das sowohl unser Semikolon wie auch unseren Doppelpunkt vertritt, als Punkt oberhalb der Linie (·).

§ 5. Abteilung und Quantität der Silben

5 1. Jeder einzelne Konsonant und jede Konsonantengruppe, mit der ein griechisches Wort beginnen kann, wird zum folgenden Vokal gezogen, z. B. ἔ-χο-μεν, ἐ-σθής, ὅ-πλον, δε-σμός, νυ-κτός, ἔ-στροφα, — aber δελ-φίς, ἅρ-μα, ἀν-δρός — Πύρ-ρος, ἀγ-γέλ-λω — Βάκ-χος.

2. Komposita werden nach ihren Bestandteilen getrennt: συν-έχω, προσ-άπτω, ἀπ-έρχομαι, ὥσ-περ.

3. Eine Silbe ist von Natur kurz, wenn sie einen kurzen Vokal vor einfachem Konsonanten enthält: ἄ-γο-μεν, ἔ-χο-μεν, γέ-νε-σις.

4. Eine Silbe ist von Natur lang, wenn sie einen langen Vokal oder einen Diphthong enthält: ἥ-ρως, Εὐ-ρώ-πη, ᾠ-δή.

5. Eine Silbe mit kurzem Vokal ist durch Position[1]) lang, wenn auf den Vokal zwei oder mehr Konsonanten oder ein Doppelkonsonant folgen: ἄχθος, ὀρθός, ἐχθρός, ἄξων, ἕζομαι, ὄψομαι.

6. Positionslänge hat keinen Einfluß auf die Aussprache. Diese soll Länge und Kürze des Vokals (auch in positionslangen Silben) sorgfältig unterscheiden, z. B.

in πρᾱ́σσω und τᾰ́σσω,	in πρᾶξις und τᾰ́ξις,
in πρᾶγμα und τᾰ́γμα,	in μᾶλλον und κᾰ́λλος.

§ 6. Die Betonung

6 Fast alle griechischen Wörter (vgl. § 8) sind mit einem der § 3, 3 genannten Akzente versehen. Dabei gelten folgende Regeln:

1 Der **Akut** kann auf kurzen und langen, der **Zirkumflex** dagegen nur auf naturlangen Silben stehen.

2. Der **Akut** kann nur auf einer der drei letzten Silben stehen; auf der drittletzten (antepaenultima) jedoch nur dann, wenn die letzte (ultima) kurz ist, z. B. πόλεμος, πολέμιος, σώματα.

---

[1]) 'positione' ist übersetzt aus θέσει „durch Satzung, Abkommen". Es liegt die Vorstellung zugrunde, daß die Sprechenden sich geeinigt hätten, Silben mit kurzem Vokal, auf die zwei Konsonanten folgten, als lang anzusehen.

3. Jeder Akut auf der Endsilbe eines Wortes, das durch keine Interpunktion vom nächstfolgenden Worte getrennt ist, wird in den **Gravis** abgeschwächt:

Οἱ μὲν αὐτῶν ἦσαν ἀγαθοί, οἱ δὲ κακοί.

4. Der **Zirkumflex** kann nur auf einer der zwei letzten Silben stehen; auf der zweitletzten (paenultima) jedoch nur dann, wenn die letzte kurz ist, z. B. δῶρον, δῶρα, φεῦγε.

5. Jede betonte paenultima muß den Zirkumflex haben, wenn sie selbst von Natur lang und die ultima kurz ist:

θήρ, aber θῆρες, πολίτης, aber πολῖτᾰ,
σώφρων, aber σῶφρον, φεύγω, aber φεῦγε.

Anm. Ausnahme zu 3. ist τίς, τί, s. § 67, 1.

§ 7. Die Betonung beim Kompositum

Im Kompositum pflegt der Akzent möglichst weit gegen den Anfang 7
des Wortes zurückzugehen

Vgl. ὁ φίλος der Freund mit ἄφιλος freundlos,
ἡ τῑμή die Ehre mit ἄτῑμος ehrlos,
ὁ νοῦς der Sinn mit εὔνους wohlgesinnt.

§ 8. Tonlosigkeit oder Proklisis

1. Atŏna (d. h. tonlose) oder proclitica (d. h. sich vorwärts neigende) 8
heißen zehn einsilbige Wörter, die sich so eng an das folgende Wort anschließen, daß sie keinen eigenen Akzent erhalten. Es sind:

a) **vier** Formen des Artikels: ὁ, ἡ, οἱ, αἱ,
b) die **drei** Präpositionen εἰς, ἐν und ἐκ (ἐξ),
c) die **zwei** Konjunktionen εἰ (wenn) und ὡς (wie, daß),
d) die Negation οὐ (οὐκ, οὐχ).

2. Von den Atona werden betont:

a) sämtliche, wenn ein Enklitikon folgt (§ 9): εἴ πως — ὅδε, εἴτε, οὔτε,
b) die Negation οὐ vor einer Interpunktion: φῂς ἢ οὔ; — Χειρίσοφος τὸν ἡγεμόνα ἔπαισε μέν, ἔδησε δ' οὔ.

§ 9. Tonanlehnung oder Enklisis

1. Enklitika (d. h. sich anlehnende) heißen mehrere ein- und zwei- 9
silbige Wörter, die sich so eng an das vorhergehende Wort anschließen,

daß sie gewöhnlich ihren eigenen Ton entweder ganz verlieren oder ihn als Akut auf das vorhergehende Wort werfen. Es sind:

a) vom Personalpronomen die Formen μου, μοι, με — σου, σοι, σε, § 61;
b) das unbestimmte Pronomen τις, τι, § 67, 2;
c) die unbestimmten Adverbia που, ποι, ποθέν, πως, πη, ποτέ, § 69;
d) der ind. praes. von φημί und εἰμί außer φής und εἶ, § 103, 1. 3;
e) die Partikeln γε, τε, τοι, νυν, περ, πω;
f) das untrennbare Suffix -δε in ὅδε, τοσόσδε, οἶκόνδε u. ä.

2. Die **Art der Tonanlehnung** zeigen folgende Regeln und Beispiele:

a) Der Akzent des Enklitikons geht verloren:

1. nach einem Wort mit Zirkumflex auf der letzten Silbe;	σοφῶν τις, σοφῶν ἐστιν.
2. nach einem Wort mit Akut auf der letzten Silbe oder einem Atonon; diese Wörter erhalten aber den Akut (nicht den Gravis);	σοφός τις, σοφοί εἰσιν, εἴ τις — εἴ ποτε (οὔτε — οὔποτε).
3. nach einem Wort mit Akut auf der drittletzten oder Zirkumflex auf der vorletzten Silbe; diese Wörter erhalten zu ihrem eigenen Akzent auf die Endsilbe den Akut hinzu.	ἄνθρωπός τις, ἄνθρωποί εἰσιν, δοῦλός τις, δῶρά ἐστιν.
b) Nach einem Wort mit Akut auf der vorletzten Silbe verliert das einsilbige Enklitikon seinen Akzent, das zweisilbige behält ihn.	λόγος τις, λόγοι τινές, λόγων τινῶν.

Anm. 1. Beachte, daß bei der Enklisis nie mehr als zwei Silben ohne Akzent bleiben; also σοφοί τινες und σοφῶν τινων,
aber λόγοι τινές und λόγων τινῶν.

Anm. 2. Folgen sich mehrere Enklitika, so wirft jedes folgende seinen Akzent als Akut auf das vorhergehende: εἴ πώς τίς τινά ποι πέμποι.

Anm. 3. Durch Zusammenschreibung einzelner Enklitika mit dem vorhergehenden Wort entstehen Wörter, die gegen § 6, 5, betont sind, z. B. οὔτε, μήτε, ὥστε, οὔτις, ὥσπερ.

10 § 10. Enklitika werden betont:

a) vor anderen Enklitika nach § 9, Anm. 2,
b) wenn sie zweisilbig sind, nach § 9, 2. b,
c) wenn sie mit Nachdruck gesetzt sind: σὺν σοί, πρὸς σέ (§ 61, 1),

d) wenn die Silbe, auf welche ihr Akzent fallen müßte, elidiert ist (§ 12): καλὸς δ' ἐστίν (für καλὸς δέ ἐστιν),

e) am Anfang eines Satzes: εἰσὶν ἑκάστοις λόγοι — φαμὲν τοίνυν. Über οἷ, σφίσιν s. § 61, 4; über ἔστιν § 103, 3, 1.

Die wichtigsten Lautgesetze

§ 11. **Kontraktion** ist die Zusammenziehung zweier innerhalb 11
eines Wortes zusammentreffender Vokale in einen langen Laut: τῑμά-ων wird zu τῑμῶν, πλό-ου zu πλοῦ, γένε-ος zu γένους, φιλέ-ει zu φιλεῖ.

Im allgemeinen gelten für die Kontraktion folgende Regeln:

a) Zwei gleiche Vokale fließen in ihre Länge zusammen; dabei werden -εε in -ει und -οο in -ου kontrahiert.

Aus κέραα	ποιέητε	δουλόω	ποίεε	πλόος
wird κέρᾱ,	ποιῆτε,	δουλῶ,	ποίει,	πλοῦς.

b) Diphthonge verschlingen einen vorhergehenden kurzen Vokal, wenn er ihrem ersten Bestandteil gleich ist.

Aus μνάαι	ποιέει	ἁπλόοι	πλόου	ποιέῃ
wird μναῖ,	ποιεῖ,	ἁπλοῖ,	πλοῦ,	ποιῇ.

c) Treffen *O*-Laute mit *A*- oder *E*-Lauten zusammen, so überwiegt der *O*-Laut.

Aus τῑμάομεν	αἰδόα	γένεος	δούλοε	δουλόεις
wird τῑμῶμεν,	αἰδῶ,	γένους,	δούλου,	δουλοῖς.

d) Treffen *A*-Laute mit *E*-Lauten zusammen, so überwiegt der voranstehende Laut.

Aus τῑμάετε	τῑμάητε	γένεα	ὄρεα	λύεαι	ἀείδω
wird τῑμᾶτε,	τῑμᾶτε,	γένη,	ὄρη,	λύῃ,	ᾄδω.

Es kann daher entstanden sein:

ᾱ	aus	αα, αε, αη.
η	,,	εα, εη, ηε, ηη.
ω	,,	αο, οα, αω, εω, οω, οῃ, αου.
αι	,,	ααι, εαι.
ει	,,	εε, εει.
οι	,,	οοι, οει, οῃ, εοι.
ου	,,	οο, εο, οε, οου, εου.
ᾳ	,,	αᾳ, εῃ, εᾳ, αει.
ῃ	,,	εῃ, εᾳ.
ῳ	,,	αοι, οῳ, εῳ.

Die Kontraktionssilbe erhält nur dann einen **Akzent**, wenn einer der beiden zu kontrahierenden Vokale betont war, und zwar

den Zirkumflex, wenn der erste,
den Akut, wenn der zweite Vokal betont war.

Z. B. wird	τίμαε	zu	τίμᾱ,	und	ἐτίμαον	zu	ἐτίμων,
	τῑμάων	zu	τῑμῶν,	aber	ἑσταώς	zu	ἑστώς,
	τῑμάετε	zu	τῑμᾶτε,	aber	τῑμαέτω	zu	τῑμάτω.

12 § 12. **Elision** ist die Ausstoßung eines kurzen Endvokals vor vokalischem Anlaut; ihr Zeichen ist der Apostroph ('), z. B. ἐπ' αὐτῷ für ἐπὶ αὐτῷ — ἀλλ' ἐγώ für ἀλλὰ ἐγώ — ἀπέχω aus ἀπό und ἔχω.

Anm. Nie elidiert werden: der Vokal υ, — α und ο in einsilbigen Wörtern, — ι in περί, ἄχρι, μέχρι, in τί, (enkl.) τι und ὅτι.

Über den Akzent bei der Elison ist zu merken:

a) bei endbetonten Präpositionen und Konjunktionen geht er verloren:
ἐπ' ἐμοί für ἐπὶ ἐμοί, — ἀλλ' ἐγώ für ἀλλὰ ἐγώ.

b) bei allen andern endbetonten Wörtern tritt er als Akut auf die vorhergehende Silbe:
Εἰ δείν' ἔδρασας, δεινὰ καὶ παθεῖν σε χρή —
τὰ ἀγάθ' ἦν für τὰ ἀγαθὰ ἦν — φήμ' ἐγώ für φημὶ ἐγώ.

c) bei allen nicht-endbetonten Wörtern bleibt er unverändert:
οὔτε σοὶ οὔτ' ἐμοὶ ταῦτ' ἔλεγον.

13 § 13. **Krasis** (d. h. Mischung) ist die Kontraktion eines auslautenden Vokals od. Diphthongs mit dem anlautenden Vokal des folgenden Wortes; ihr Zeichen ist die Koronis (').

Der Mischlaut enthält ein ι subscriptum, wenn der letzte der zu verschmelzenden Laute ι war: ἐγᾦμαι aus ἐγὼ οἶμαι, aber κἄν aus καὶ ἄν.

Die Krasis ist besonders häufig beim Artikel, beim Relativ, bei καί und πρό.

Aus	ὁ ἀνήρ	τὰ ἄλλα	ἃ ἐγώ	καὶ ἐν	καὶ ἄν	προέλεγον
wird	ἁνήρ,	τἆλλα,	ἁγώ,	κἀν,	κἄν,	προὔλεγον.

Der Akzent des ersten Wortes geht bei der Krasis in der Regel verloren, der des zweiten bestimmt die Tonsilbe des Mischwortes; vgl. die Beispiele.

14 § 14. **Ersatzdehnung** nennt man diejenige Dehnung eines Vokals, die gleichsam zum Ersatz für einen ausgefallenen Konsonanten eintritt. An die Stelle eines kurzen Vokals mit zwei oder drei folgenden Konsonanten

tritt ein *langer* Vokal mit *einem* Konsonanten, so daß die Positionslänge durch eine Naturlänge ersetzt wird. Durch Ersatzdehnung wird:

α zu ᾱ, seltener zu η:	παντς: πᾶς, ἐφανσα: ἔφηνα
ε zu ει:	ἐστελσα: ἔστειλα
ι zu ῑ:	ἐκρινσα: ἔκρῑνα
ο zu ου:	λογονς: λόγους
υ zu ῡ:	ἠμυνσα: ἤμῡνα.

§ 15. **Der Ablaut** Vokale desselben Stammes zeigen vielfach einen 15
regelmäßigen *Wechsel*, den man *Ablaut* nennt. Dieser Wechsel betrifft teils die Quantität (d. h. es wechseln Länge und Kürze, oder ein Vokal schwindet), teils die Qualität (d. h. es wechselt die Klangfarbe ε: ο). Man spricht demgemäß:

1. vom quantitativen Ablaut = *Abstufung*,
2. vom qualitativen Ablaut = *Abtönung*.

Beim quantitativen Ablaut (= Abstufung) unterscheidet man drei verschiedene Vokalstufen:

1. Der Vokal (oder der Diphthong) hat seine gewöhnliche Stufe: *Grundstufe* (auch Normalstufe genannt).
2. Der Vokal (oder der erste Vokal eines Diphthongs) ist geschwunden: *Schwundstufe*.
3. Der Vokal ist gedehnt: *Dehnstufe*.

Aus der Verbindung des quantitativen und qualitativen Ablauts ergeben sich folgende *Ablautreihen*:

I. *Ablaut der kurzen Vokale und Diphthonge*

	Grundstufe	O-Stufe	Schwundstufe	Dehnstufe
1.	e	o	Null	ē, ō
	ἐγενόμην	γέγονα	γίγνομαι	—
	ἔθος	—	—	ἦθος, εἴ-ωθα
	φέρω	φόρος	δίφρος	φώρ
	πατέρα	εὐπάτορος (Gen.)	πατρ-ός	πατήρ, εὐπάτωρ
	φίλε (Vok.)	φίλος (Nom.)		
2.	ei	oi	i	
	λείπω	λέλοιπα	λιπεῖν	
	εἰδέναι	οἶδα	ἴσμεν (aus ἴδμεν)	
3.	eu	ou	u	
	φεύγω		φυγεῖν	
	σπεύδω	σπουδή.		

Anmerkungen: 1. Wie die Beispiele zeigen, sind keineswegs immer alle Ablaut-stufen in den einzelnen Wortgruppen erhalten. 2. Bei den Liquida- und Nasalstämmen der dritten Deklination ist die Dehnstufe vielfach das Kennzeichen der Nominativbildung; man spricht in diesem Fall von Nominativdehnung (§ 36, 3).

II. Ablaut der langen Vokale

Die langen Vokale lauten im Griechischen mit den entsprechenden Kürzen ab. Eine Dehnstufe gibt es nicht, also:

η (aus ᾱ) : ᾰ; Beispiel ἵστημι (vgl. lat. stāre): στᾰτός
η (= ē) : ε; Beispiel τίθημι : θετός
ω : ο; Beispiel δίδωμι : δοτός.

§ 16. Von den Liquiden und Nasalen

16 Liquiden und Nasale bezeichnet man auch als Halbvokale (§ 2, 4), weil sie bisweilen wie Vokale gebraucht werden, besonders dann, wenn sie ohne Hinzutritt eines Vokals eine Silbe bilden; wir sprechen z. B. meist Vogl, Vatr, Atm, haltn (statt Vogel usw.). Diese silbenbildenden oder „silbischen“ Liquiden und Nasale erscheinen im Griechischen teils als bloßes α, teils haben sie neben sich ein α als Stützvokal entwickelt (ρα u. αρ, λα u. αλ). Beispiele:

für silbisches m und n: δέκα = decem, πόδα = pedem; ἄδικος = iniustus = ungerecht,

für silbisches r̥ und l: θάρσος u. θρασύς (aus θρσ-) neben Θερσίτης, κλαπῆναι (aus κλπ-) neben κλέπτειν.

Die silbischen Liquiden und Nasale finden wir öfters in der Schwundstufe des Ablauts; vgl. die Reihen

Grundstufe	O-Stufe	Schwundstufe
er	or	ra
δέρκομαι	δέδορκα	δρακεῖν (statt δρκειν)
πατέρες	εὐπάτορες	πατράσιν (statt πατρσιν)
el	ol	al
στέλλω	στολή	ἔσταλκα
en	on	a
τείνω (aus τενjω)	τόνος	τατός

§ 17. Zusammentreffen von Konsonanten

17 In der Flexion und der Wortbildung entstehen durch das Zusammentreffen von Konsonanten schwer sprechbare Konsonantengrupppen, die abgeändert werden. Es werden umgebildet:

	κ zu	μ zu	σ zu	τ zu	ϑ zu
P-Laut +		μμ	ψ	πτ	φϑ
K-Laut +		γμ	ξ	κτ	χϑ
T-Laut +	κ	σμ	σ	στ	σϑ
ν +	γκ	σμ	s. § 18		

Beispiele: βεβλαβ + μαι : βέβλαμμαι
’Αραβ + σιν : ῎Αραψιν
γεγραφ + ται : γέγραπται
ἐλειπ + θην : ἐλείφθην

πεφυλακ + μαι : πεφύλαγμαι
διωρυχ + σιν : διώρυξιν
ἡγ + ται : ἧκται
ἐφυλακ + θην : ἐφυλάχθην

ἐσκευαδ + κα : ἐσκεύακα
ἐσκευαδ + μαι : ἐσκεύασμαι
χαριτ + σιν : χάρισιν
ἐσκευαδ + ται : ἐσκεύασται
ἐπειθ + θην : ἐπείσθην

πεφαν + κα : πέφαγκα
πεφαν + μαι : πέφασμαι.

Anm. Wenn σθ an konsonantischen Auslaut tritt, fällt σ als mittlerer von drei Konsonanten aus: πεφυλακσθε > πεφυλακ-θε > πεφύλαχθε.

§ 18. Zusammentreffen von Nasal oder Liquida mit σ

Treffen Nasal oder Liquida mit σ zusammen, so ergeben sich folgende Veränderungen: 18

1. Inlautend vor Vokal schwindet σ nach μ, ν, λ, ρ mit Ersatzdehnung (§ 14) des dem Nasal bzw. der Liquida vorhergehenden Vokals:

aus	ἐνεμσα	ἐκλῐνσα	ἐστελσα	ἐκαθᾰρσα
wird	ἔνειμα,	ἔκλῑνα,	ἔστειλα,	ἐκάθηρα.

2. In der Verbindung νσ schwindet ν

a) auslautend mit Ersatzdehnung: τούς aus τονς,

b) inlautend vor Konsonant ohne Wirkung: σύστημα aus συν-στημα.

3. In der Verbindung ντσ schwindet ντ mit Ersatzdehnung:

γιγᾰντσι	ὀδοντσι	σπεντσω (aus σπενδ-σω) werden zu
γίγᾱσι,	ὀδοῦσι,	σπείσω.

§ 19. Verbindungen mit *j*

1. In der Verbindung von ν, ρ mit j (νj, ρj) schwindet j mit Ersatzdehnung des vorhergehenden Vokals, falls dieser ε, ι oder υ ist:

aus τενjω (vgl. Fut. τενῶ)	κλῐνjω	γεφῠρjα
wird τείνω,	κλί̄νω,	γέφῡρα.

Ist der vorhergehende Vokal α oder ο, so springt das j um und verbindet sich mit α zu αι, mit ο zu οι (Epenthese; ἐπεντιθέναι = dazu hineinsetzen):

aus μελᾰνjα (vgl. Neutr. μέλαν)	μαχᾰρjα	μορjα
wird μέλαινα,	μάχαιρα,	μοῖρα.

2. λj wird λλ: ἄλλος = lat. alius.

3. τj, ϑj werden σ:

πᾶσα (urspr. πανσα) aus παντjα,
μέσος aus μεϑjος; vgl. lat. medius.

4. κj, χj werden ττ:

φυλάττω (aus φυλακjω) zu φύλαξ, φύλακος,
ταράττω (aus ταραχjω) zu ταραχή.

5. δj, γj werden ζ:

ἐλπίζω (aus ἐλπιδjω) zu ἐλπίς, ἐλπίδος,
οἰμώζω (aus οἰμωγjω) zu οἰμωγή.

6. πj, φj, (βj) werden πτ:

τύπτω (aus τυπjω) zu τύπος,
κρύπτω (aus κρυφjω) zu κρύφα,
βλάπτω (aus βλαβjω) zu βλάβη (urspr. βλαπη).

§ 20. Vom spir. asper und von den Aspiraten

20 1. Vor dem spiritus asper verwandelt sich eine Tenuis in die Aspirata desselben Organs.

Aus	οὐκ οὗτος	ἀπ' οὗ	ἀντ' ὧν	ἐπ' + ὁδός
wird	οὐχ οὗτος,	ἀφ' οὗ,	ἀνϑ' ὧν,	ἔφοδος.

2. Wenn zwei aufeinander folgende Silben mit einer Aspirata beginnen, so wird meist die eine derselben in die entsprechende Tenuis verwandelt (Hauchdissimilation), und zwar

die erste bei der Reduplikation: πεφύτευκα — τίθημι (§ 73, 1)
u. im aor. pass. von θύω und τίθημι: ἐτύθην, ἐτέθην;
die zweite im imper. aor. pass.: παιδεύθη-τι für παιδεύθη-θι (§ 78, 8).

In anderen Fällen bleiben beide Aspiraten unverändert, wie in ὠρθώθην, ηὐθύνθην, ἐθέλχθην, ἐφάνθην, πεφάνθαι, ἐκαθάρθην, κεκαθάρθαι, φάθι, ἐχύθην.

3. In den Stämmen θαφ-, θαχ-, θρεφ-, θρεχ-, θρυφ- und θριχ- tritt die Aspiration, sobald sie im Auslaut verdrängt wird, im Anlaut wieder hervor;

vgl.	τάφος	ταχύς	τρέφω	τρέχω	τρυφή	τρίχες
mit	θάπτω,	θάττων,	θρέψω,	ἔθρεξα,	θρύπτω,	θριξίν.

Im Silbenanlaut und Silbenauslaut erscheint die Aspirata in den Formen τεθάφθαι (von θάπτω) und τεθράφθαι (von τρέφω; zu unterscheiden von τετράφθαι von τρέπω).

§ 21. Verdopplung eines anlautenden ῥ

Anlautendes ῥ erscheint verdoppelt, wenn ein kurzer Vokal davortritt, 21

sowohl bei Augment: ἔρρῑπτον, ἔρρῑψα, ἔρρωσα,
und Reduplikation: ἔρρῑφα, ἔρρῑμμαι, ἔρρωμαι,
als in der Komposition: ἐπιρρίπτω, διαρρήγνῡμι, ἄρρωστος, ἀπόρρητος.

§ 22. **Auslautsgesetz:** Kein griechisches Wort kann auf einen 22
andern Konsonanten endigen als auf einen der Laute ν, ρ und σ (ξ, ψ); andere Konsonanten fallen weg, sobald sie in den Auslaut eines Wortes zu stehen kommen. So steht

παῖ für παιδ, σῶμα für σωματ.

Anm. Die beiden Partikeln ἐκ und οὐκ sind nur scheinbare Ausnahmen, weil diese Proklitika (§ 8) sich so eng an das folgende Wort anschließen, daß das κ gleichsam inlautend steht; vgl. οὐκέτι, sowie § 24.

Bewegliche Endkonsonanten

§ 23. Ein bewegliches ν haben: 23

a) dritte Personen auf -ε(ν) und -σι(ν): ἐπαίδευε(ν), ἐπαίδευσε(ν), παιδεύουσι(ν), δίδωσι(ν), διδόασι(ν), εἰσί(ν).
b) Dative und Lokative auf -σι(ν): πᾶσι(ν), Ἀθήνησι(ν).
c) einige ähnlich auslautende Wörter: εἴκοσι(ν) — ἐστί(ν).

Dieses ν kann stehen oder fehlen vor folgendem Konsonanten;
es muß stehen vor folgendem Vokal
und vor markanten Interpunktionen.

24 § 24. Ein bewegliches ς haben die Wörter οὕτω so und ἐκ aus. Sie lauten nämlich vor Vokalen immer οὕτως und ἐξ, z. B.

οὕτω γράφω, aber οὕτως ἔγραφον — ἐκ τοῦ οἴκου, aber ἐξ οἴκου.

Einen beweglichen Guttural weist die Negation οὐ auf. Sie lautet
vor Vokal mit dem spir. lenis οὐκ: οὐκ ἀγαθόν, οὐκ αὐτός,
vor Vokal mit dem spir. asper οὐχ: οὐχ ἁπλῶς, οὐχ ἑαυτόν,
vor allen Konsonanten aber οὐ: οὐ καλῶς, οὐ ῥᾳδίως.

Anm. Vor einer Interpunktion steht das betonte οὔ (§ 8, 2. b), auch wenn darauf ein Vokal folgt:

Ἐξικνοῦντο γὰρ οὔ, οὐδ' ἔβλαπτον οὐδέν.
Εἴτε μηνύουσιν εἴτε καὶ οὔ· ἀμφότερα γὰρ εἰκάζεται.

Zweiter Teil: Flexionslehre

I. Deklination der Substantive und Adjektive

§ 25. Vorbemerkungen

1. Abweichend vom Lat. hat das Griech. eine eigene Form für die Zweizahl, den **Dual**; siehe § 95. Dagegen fehlt eine solche für den Ablativ. 25

2. Für das **Geschlecht** gelten folgende allgemeine Regeln:

a) Maskulina sind die Bezeichnungen männlicher Wesen, sowie von Flüssen, Winden und Monaten.

b) Feminina sind die Bezeichnungen weiblicher Wesen, sowie von Bäumen, Ländern, Inseln und Städten.

c) Neutra sind abweichend vom Lateinischen die meisten Deminutiva, auch wenn sie männliche oder weibliche Personen bezeichnen, z. B. τὸ παιδίον (Knäblein, Töchterlein).

3. Die **Neutra** haben in jedem Numerus nur eine Form für Nom., Akk., Vok.; im Plural gehen diese Kasus immer auf -α aus.

4. Der **Vokativ** lautet im Plur. immer, im Sing. oft gleich dem Nom.

Anm. Der Vok. des Sing. akzentuiert gewöhnlich die Tonsilbe des Nom.; doch wird der Akzent zurückgezogen in πάτερ, ἄνερ, θύγατερ, Σώκρατες, Διόγενες, γύναι — und in δέσποτα, Ἄπολλον, Πόσειδον (§ 60).

5. Der **Akzent** bleibt so lange auf der Tonsilbe des nom. sing., wie es die allgemeinen Akzentgesetze gestatten; dabei gelten auslautendes -αι und -οι als kurz.

Anm. Über die wenigen Ausnahmen s. § 36, 6. 7, 50 u. 67, 2.

6. Endsilben, welche lang und betont sind, haben in Genetiven und Dativen den Zirkumflex.

§ 26. Der Artikel

26

Sing. N.	ὁ	ἡ	τό	der	die	das
G.	τοῦ	τῆς	τοῦ	des	der	des
D.	τῷ	τῇ	τῷ	dem	der	dem
A.	τόν	τήν	τό	den	die	das
Plur. N.	οἱ	αἱ	τά		die	
G.	τῶν	τῶν	τῶν		der	
D.	τοῖς	ταῖς	τοῖς		den	
A.	τούς	τάς	τά		die	

Erste oder A-Deklination

27 § 27. 1. Sie umfaßt die Wörter mit Stammauslaut -ᾱ̆, der im Singular in gewissen Fällen in η übergeht, und entspricht im allgemeinen der lat. ersten Deklination. Sie enthält Maskulina und Feminina.

2. **Akzent** Der gen. plur. ist stets endbetont auf -ῶν.

§ 28. Feminina auf -ᾱ, -η und -α.

28

Stämme	οἰκῐᾱ- Haus	χωρᾱ- Land	στρατιᾱ- Heer	δοξα- Meinung	Μουσα- Muse
Sing. N. V.	ἡ οἰκίᾱ	ἡ χώρᾱ	ἡ στρατιᾱ́	ἡ δόξᾰ	ἡ Μοῦσᾰ
G.	τῆς οἰκίᾱς	χώρᾱς	στρατιᾶς	δόξης	Μούσης
D.	τῇ οἰκίᾳ	χώρᾳ	στρατιᾷ	δόξῃ	Μούσῃ
A.	τὴν οἰκίᾱν	χώρᾱν	στρατιᾱ́ν	δόξᾰν	Μοῦσᾰν
Plur. N. V.	αἱ οἰκίαι	χῶραι	στρατιαί	δόξαι	Μοῦσαι
G.	τῶν οἰκιῶν	χωρῶν	στρατιῶν	δοξῶν	Μουσῶν
D.	ταῖς οἰκίαις	χώραις	στρατιαῖς	δόξαις	Μούσαις
A.	τὰς οἰκίᾱς	χώρᾱς	στρατιᾱ́ς	δόξᾱς	Μούσᾱς
Stämme	μαχᾱ- Kampf	νῑκᾱ- Sieg	τῑμᾱ- Ehre	θαλαττα- Meer	γεφῡρα- Brücke
Sing. N. V.	ἡ μάχη	ἡ νῑ́κη	ἡ τῑμή	ἡ θάλαττᾰ	ἡ γέφῡρᾰ
G.	τῆς μάχης	νῑ́κης	τῑμῆς	θαλάττης	γεφῡ́ρᾱς
D.	τῇ μάχῃ	νῑ́κῃ	τῑμῇ	θαλάττῃ	γεφῡ́ρᾳ
A.	τὴν μάχην	νῑ́κην	τῑμήν	θάλαττᾰν	γέφῡρᾰν
Plur. N. V.	αἱ μάχαι	νῖκαι	τῑμαί	θάλατται	γέφῡραι
G.	τῶν μαχῶν	νῑκῶν	τῑμῶν	θαλαττῶν	γεφῡρῶν
D.	ταῖς μάχαις	νῑ́καις	τῑμαῖς	θαλάτταις	γεφῡ́ραις
A.	τὰς μάχᾱς	νῑ́κᾱς	τῑμᾱ́ς	θαλάττᾱς	γεφῡ́ρᾱς

1. **Wechsel von α und η im Singular:**

a) Steht im Nom. α nach ε, ι, ρ, so bleibt es im ganzen Sing. („α purum").

b) Steht im Nom. η, so bleibt es im ganzen Sing.

c) Steht im Nom. α nach einem andern Konsonanten als ρ, so wird es (als „α impurum") im Gen. und Dat. zu η.

2. **Quantität:** Die Endsilbe -ᾱς ist immer lang.

§ 29. Maskulina auf -ᾱς und -ης

29

Stämme	νεᾱνῐᾱ- Jüngling	πολῑτᾱ- Bürger	δικαστᾱ- Richter	Ἀτρειδᾱ- Atride
Sing. N.	ὁ νεᾱνίας	ὁ πολίτης	ὁ δικαστής	ὁ Ἀτρείδης
G.	τοῦ νεᾱνίου	πολίτου	δικαστοῦ	Ἀτρείδου
D.	τῷ νεᾱνίᾳ	πολίτῃ	δικαστῇ	Ἀτρείδῃ
A.	τὸν νεᾱνίᾱν	πολίτην	δικαστήν	Ἀτρείδην
V.	ὦ νεᾱνίᾱ	πολῖτα	δικαστᾰ́	Ἀτρείδη
Plur. N.V.	οἱ νεᾱνίαι	πολῖται	δικασταί	Ἀτρεῖδαι
G.	τῶν νεᾱνιῶν	πολῑτῶν	δικαστῶν	Ἀτρειδῶν
D.	τοῖς νεᾱνίαις	πολίταις	δικασταῖς	Ἀτρείδαις
A.	τοὺς νεᾱνίᾱς	πολίτᾱς	δικαστᾱ́ς	Ἀτρείδᾱς

1. Die Maskulina unterscheiden sich von den Femininen nur im nom. und gen. sing.

Der Stammauslaut ᾱ bleibt nach ε, ι, ρ und wird sonst zu η.

2. Der voc. sing. endigt entsprechend dem Nom. auf -ᾱ oder -η:

ὦ νεανίᾱ, ὦ Ἀτρείδη.

Doch haben ausnahmsweise kurz α alle Wörter auf -της:

ὦ πολῖτα, ὦ Σπαρτιᾶτα, ὦ Ὀρέστα.

3. Einige dorische und sehr viele ausländische Eigennamen auf -ᾱς haben zuweilen den dorischen gen. sing. auf -ᾱ:

Φοιβίδᾱ, Εὐρώτᾱ — Ἀβροκόμᾱ, Μάσκᾱ, Ὀρόντᾱ — Σύλλᾱ.

§ 30. Contracta der ersten Deklination

30

Stämme	Ἀθηναα Ἀθηνᾱ- Athene	γεα γη- Erde	Ἑρμεα Ἑρμη- Hermes, Plur. Hermesbilder	
Sing. N.	ἡ Ἀθηνᾶ	ἡ γῆ	ὁ Ἑρμῆς	οἱ Ἑρμαῖ
G.	Ἀθηνᾶς	γῆς	Ἑρμοῦ	Ἑρμῶν
D.	Ἀθηνᾷ	γῇ	Ἑρμῇ	Ἑρμαῖς
A.	Ἀθηνᾶν	γῆν	Ἑρμῆν	Ἑρμᾶς
V.	Ἀθηνᾶ	γῆ	Ἑρμῆ	Ἑρμαῖ

-άᾱ wird in -ᾶ, -έᾱ nach ρ in -ᾶ, sonst in -ῆ kontrahiert; von anderen nachfolgenden Vokalen und Diphthongen werden α und ε verschlungen: Ἑρμαῖ, Ἑρμῶν; s. § 11.

Alle Kasus sind mit einem Zirkumflex endbetont.

Zweite oder O-Deklination

31 § 31. 1. Sie umfaßt die Wörter mit Stammauslaut -ο, nebst einigen auf -ω, entspricht also im allgemeinen der lat. zweiten Deklination, und enthält Maskulina und Neutra, sowie eine Anzahl Feminina.

Stämme	λογο- Wort, Rede	δημο- Volk	ἀνθρωπο- Mensch	ὁδο- Weg	δωρο- Geschenk
Sing. N.	ὁ λόγος	ὁ δῆμος	ὁ ἄνθρωπος	ἡ ὁδός	τὸ δῶρον
G.	τοῦ λόγου	δήμου	ἀνθρώπου	τῆς ὁδοῦ	τοῦ δώρου
D.	τῷ λόγῳ	δήμῳ	ἀνθρώπῳ	τῇ ὁδῷ	τῷ δώρῳ
A.	τὸν λόγον	δῆμον	ἄνθρωπον	τὴν ὁδόν	τὸ δῶρον
V.	ὦ λόγε	δῆμε	ἄνθρωπε	ὦ ὁδέ	ὦ δῶρον
Plur. N. V.	οἱ λόγοι	δῆμοι	ἄνθρωποι	αἱ ὁδοί	τὰ δῶρα
G.	τῶν λόγων	δήμων	ἀνθρώπων	τῶν ὁδῶν	τῶν δώρων
D.	τοῖς λόγοις	δήμοις	ἀνθρώποις	ταῖς ὁδοῖς	τοῖς δώροις
A.	τοὺς λόγους	δήμους	ἀνθρώπους	τὰς ὁδούς	τὰ δῶρα

2. Feminina sind nach § 25, 2. b z. B.:

ἡ παρθένος Jungfrau, ἡ νῆσος Insel, ἡ Αἴγυπτος Ägypten,
ἡ ἄμπελος Rebe, ἡ Δῆλος Delos, ἡ Κόρινθος Korinth,
ἡ ἤπειρος Festland, ἡ Ἤπειρος Epirus, ἡ Πελοπόννησος Peloponnes.

§ 32. Adjektive der ersten und zweiten Deklination

32 1. Das Fem. hat im Sing. -ᾱ nach ε, ι, ρ, sonst -η:

νέος, νέᾱ, νέον neu,
δίκαιος, δικαίᾱ, δίκαιον gerecht,
πατρῷος, πατρῴᾱ, πατρῷον väterlich,
αἰσχρός, αἰσχρᾱ́, αἰσχρόν häßlich,

φίλος, φίλη, φίλον lieb,
λίθινος, λιθίνη, λίθινον steinern,
ὀλίγος, ὀλίγη, ὀλίγον wenig,
ἀγαθός, ἀγαθή, ἀγαθόν gut.

32

Stämme	ἀγαθο-	ἀγαθᾱ-	ἀγαθο-	δικαιο-	δικαιᾱ-	δικαιο-
		gut			gerecht	
Sing. N.	ἀγαθός	ἀγαθή	ἀγαθόν	δίκαιος	δικαίᾱ	δίκαιον
G.	ἀγαθοῦ	ἀγαθῆς	ἀγαθοῦ	δικαίου	δικαίᾱς	δικαίου
D.	ἀγαθῷ	ἀγαθῇ	ἀγαθῷ	δικαίῳ	δικαίᾳ	δικαίῳ
A.	ἀγαθόν	ἀγαθήν	ἀγαθόν	δίκαιον	δικαίᾱν	δίκαιον
V.	ἀγαθέ	ἀγαθή	ἀγαθόν	δίκαιε	δικαίᾱ	δίκαιον
Plur. N. V.	ἀγαθοί	ἀγαθαί	ἀγαθά	δίκαιοι	δίκαιαι	δίκαια
G.	ἀγαθῶν	ἀγαθῶν	ἀγαθῶν	δικαίων	δικαίων	δικαίων
D.	ἀγαθοῖς	ἀγαθαῖς	ἀγαθοῖς	δικαίοις	δικαίαις	δικαίοις
A.	ἀγαθούς	ἀγαθᾱ́ς	ἀγαθά	δικαίους	δικαίᾱς	δίκαια

2. Im nom. u. gen. plur. richtet sich der Akzent des Fem. der nicht-endbetonten adiectiva (u. participia) auf -ος, -η (-ᾱ), -ον nach dem des Maskulins:

δίκαιος,	nom. plur. δίκαιοι,	gen. plur. δικαίων,
δικαίᾱ,	nom. plur. δίκαιαι,	gen. plur. δικαίων.

3. Viele, namentlich fast alle zusammengesetzten Adjektive auf -ος sind zweier Endungen:

βάρβαρος, -ον	fremdländisch,	πρᾶος, -ον	sanft, zahm,
ἥμερος, -ον	zahm,	ἄβατος, -ον	unwegsam,
ἥσυχος, -ον	ruhig,	ἔντῑμος, -ον	geehrt,
φρόνιμος, -ον	verständig,	παράνομος, -ον	gesetzwidrig.

Merke: ἐναντίος, -ᾱ, -ον entgegengesetzt (abgeleitet von dem Adverb ἔναντα) gilt nicht als zusammengesetzt.

4. Andere Adjektive sind bald zweier, bald dreier Endungen:

βέβαιος, 2. u. 3. fest,	χρήσιμος, 2. u. 3. brauchbar,	
ἔρημος, 2. u. 3. einsam,	ὠφέλιμος, 2. u. 3. nützlich;	

auch zusammengesetzte wie ἀνάξιος unwürdig, ἀναίτιος unschuldig.

§ 33. Contracta der zweiten Deklination

33

Stämme	νοο- = νου- Sinn		ὀστεο- = ὀστου- Knochen		εὐνοο- = εὐνου- wohlgesinnt M. F.	Ntr.
Sing. N.	ὁ νόος	νοῦς	τὸ ὀστέον	ὀστοῦν	εὔνους	εὔνουν
G.	νόου	νοῦ	ὀστέου	ὀστοῦ	εὔνου	
D.	νόῳ	νῷ	ὀστέῳ	ὀστῷ	εὔνῳ	
A.	νόον	νοῦν	ὀστέον	ὀστοῦν	εὔνουν	εὔνουν
Plur. N.	οἱ νόοι	νοῖ	τὰ ὀστέα	ὀστᾶ	εὖνοι	εὔνοα
G.	νόων	νῶν	ὀστέων	ὀστῶν	εὔνων	
D.	νόοις	νοῖς	ὀστέοις	ὀστοῖς	εὔνοις	
A.	νόους	νοῦς	ὀστέα	ὀστᾶ	εὔνους	εὔνοα

1. -εο u. -οο werden in -ου, -εα in -ᾱ kontrahiert; von nachfolgenden langen Vokalen oder Diphthongen werden ε und ο verschlungen, s. § 11.

2. Die Kontraktion unterbleibt im nom. acc. neutr. plur. der Adjektive: εὔνοα, ἄνοα, κακόνοα.

3. **Akzent:** Die simplicia sind in allen Kasus mit Zirkumflex endbetont, Komposita behalten den Akzent immer auf der Tonsilbe des nom. sing.: ἔκπλοι, περίπλων, εὖνοι (Akzent!), εὔνων, εὔνοις, εὔνους, εὔνοα.

§ 34. Adiectiva contracta der 1. und 2. Deklination

34 1. Es werden überhaupt nur kontrahiert:

a) die Stoff- und Farbbezeichnungen auf -εος,

b) die Zahladjektive auf -πλόος, -πλοῦς (-fach, § 70, 4).

2. Die Kontraktion entspricht ganz derjenigen der Substantive; im Fem. des Sing. steht nach ρ -ᾱ, sonst -η, s. § 11.

3. **Akzent:** Alle Kasus sind mit Zirkumflex endbetont.

Über die Komposita mit νοῦς und πλοῦς siehe § 33.

	ἀργύρεος	ἀργυρέᾱ silbern	ἀργύρεον	χρύσεος	χρῡσέᾱ golden	χρύσεον
Sing. N.	ἀργυροῦς	ἀργυρᾶ	ἀργυροῦν	χρῡσοῦς	χρῡσῆ	χρῡσοῦν
G.	ἀργυροῦ	ἀργυρᾶς	ἀργυροῦ	χρῡσοῦ	χρῡσῆς	χρῡσοῦ
D.	ἀργυρῷ	ἀργυρᾷ	ἀργυρῷ	χρῡσῷ	χρῡσῇ	χρῡσῷ
A.	ἀργυροῦν	ἀργυρᾶν	ἀργυροῦν	χρῡσοῦν	χρῡσῆν	χρῡσοῦν
Plur. N.	ἀργυροῖ	ἀργυραῖ	ἀργυρᾶ	χρῡσοῖ	χρῡσαῖ	χρῡσᾶ
G.	ἀργυρῶν	ἀργυρῶν	ἀργυρῶν	χρῡσῶν	χρῡσῶν	χρῡσῶν
D.	ἀργυροῖς	ἀργυραῖς	ἀργυροῖς	χρῡσοῖς	χρῡσαῖς	χρῡσοῖς
A.	ἀργυροῦς	ἀργυρᾶς	ἀργυρᾶ	χρῡσοῦς	χρῡσᾶς	χρῡσᾶ

§ 35. Attische zweite Deklination

Substantivische und adjektivische Stämme auf -ω 35

Stämme	νεω- Tempel	ἱλεω- gnädig	
Sing. N. V.	ὁ νεώς	ἵλεως	ἵλεων
G.	νεώ	ἵλεω	
D.	νεῴ	ἵλεῳ	
A.	νεών	ἵλεων	ἵλεων
Plur. N. V.	νεῴ	ἵλεῳ	ἵλεα
G.	νεών	ἵλεων	
D.	νεῴς	ἵλεῳς	
A.	νεώς	ἵλεως	ἵλεα

1. Das ω bleibt durch alle Kasus und nimmt die Endungen soweit als möglich in sich auf; ι wird immer untergeschrieben.

2. Die Adj. endigen im nom. voc. acc. plur. neutr. auf -α.

3. Der **Akzent** des nom. sing. wird durch alle Kasus beibehalten; für die Betonung gilt unbetontes ω als Kürze, daher Μενέλεως, ἔκπλεώς ἐστιν, ἵλεῴ εἰσιν. Vgl. Anhang S. 195.

4. Ähnlich flektiert ἡ ἕως Morgenröte, nämlich
ἕως, ἕω, ἕῳ, ἕω (ohne -ν).

Dritte Deklination

§ 36. Vorbemerkungen

1. Die dritte Deklination umfaßt sämtliche Stämme auf Konsonanten, 36 auf -ι, -υ und Diphthonge, nebst einigen auf -ω und -ο. Sie entspricht also im allgemeinen der lat. 3. und 4. Dekl.

2. Die gewöhnlichen Kasusendungen siehe bei ἅλς § 37.

Merke: -α und -ας, -ι und -σι sind kurz.

Weil nicht alle Konsonanten nebeneinander und im Auslaut überhaupt nur die Konsonanten ν, ρ und ς stehen können (§ 22), so treten im nom. sing. und im dat. plur. vor den Endungen -ς und -σι(ν) sowie im Auslaut gewisse Veränderungen ein.

3. Der **nom. sing.** der Mask. und Fem. wird
entweder sigmatisch mit -ς gebildet,
oder asigmatisch, oft mit Nominativdehnung (s. § 15 Anm. 2).

Die Neutra zeigen im nom. acc. voc. sing. den reinen Stamm, soweit das nach dem Auslautsgesetz möglich ist.

4. Im **acc. sing.** u. **plur.** der Mask. und Fem. erscheinen als Endungen gewöhnlich bei vokalischen Stämmen -ν und -(ν)ς,

bei konsonantischen Stämmen -ᾰ und -ᾰς.

Beachte ᾱ u. -ᾱς in βασιλέᾱ, βασιλέᾱς § 48.

Der acc. plur. von Maskulinen und Femininen der -σ-, -ι- und der adjektivischen -υ-Stämme lautet wie der Nom.:

οἱ und τοὺς εὐγενεῖς, αἱ und τὰς πόλεις, οἱ und τοὺς ἡδεῖς.

5. Als **voc. sing.** der Mask. und Fem. dient

entweder der Nominativ: ὦ φύλαξ, ὦ Ἄραψ, ὦ ποιμήν —

oder der reine Stamm, soweit das nach dem Auslautsgesetz möglich ist:

ὦ ῥῆτορ, ὦ παῖ (für παιδ), ὦ γέρον (für γεροντ).

6. **Akzentregel:** Die einsilbigen Stämme betonen im Gen. und Dat. aller Numeri die Endung.

θηρός, θηρί — θηρῶν, θηρσί(ν).

7. Abweichend von dieser Regel betonen den Stamm:

a) in allen Kasus die Partizipien: ὄντος, ὄντι, θέντων, θεῖσι(ν),

b) im gen. u. dat. plur. das Wort πᾶς,

also παντός, παντί, aber πάντων, πᾶσι(ν) (s. § 41, 3).

c) im gen. plur. ὁ παῖς, παιδός Knabe u. ὁ Τρώς, Τρωός Troer,

also παιδός, παιδί, παισί(ν), aber παίδων,
Τρωός, Τρωί, Τρωσί(ν), aber Τρώων.

§ 37. Stämme auf Liquidae (-λ, -ρ)

37

Stämme	ἁλ-, sal Salz	θηρ- Tier	κρᾱτηρ- Mischkrug	ῥητορ- Redner
Sing. N.	ὁ ἅλ-ς	ὁ θήρ	ὁ κρατήρ	ὁ ῥήτωρ
G.	ἁλ-ός	θηρ-ός	κρᾱτῆρ-ος	ῥήτορ-ος
D.	ἁλ-ί	θηρ-ί	κρᾱτῆρ-ι	ῥήτορ-ι
A.	ἅλ-α	θῆρ-α	κρᾱτῆρ-α	ῥήτορ-α
V.				ῥῆτορ
Plur. N. V.	ἅλ-ες	θῆρ-ες	κρᾱτῆρ-ες	ῥήτορ-ες
G.	ἁλ-ῶν	θηρ-ῶν	κρᾱτήρ-ων	ῥητόρ-ων
D.	ἁλ-σί(ν)	θηρ-σί(ν)	κρᾱτῆρ-σι(ν)	ῥήτορ-σι(ν)
A.	ἅλ-ας	θῆρ-ας	κρᾱτῆρ-ας	ῥήτορ-ας

§ 38. **Stämme auf Gutturale (-κ, -γ, -χ) und Labiale (-π, -β, -φ)** 38

Stämme	φυλακ- Wächter	αἰγ- Ziege	γῡπ- Geier
Sing. N. V.	ὁ φύλαξ	ἡ αἴξ	ὁ γῡ́ψ
G.	φύλακ-ος	αἰγ-ός	γῡπ-ός
D.	φύλακ-ι	αἰγ-ί	γῡπ-ί
A.	φύλακ-α	αἶγ-α	γῦπ-α
Plur. N. V.	φύλακ-ες	αἶγ-ες	γῦπ-ες
G.	φυλάκ-ων	αἰγ-ῶν	γῡπ-ῶν
D.	φύλαξι(ν)	αἰξί(ν)	γῡψί(ν)
A.	φύλακ-ας	αἶγ-ας	γῦπ-ας

Mit σ werden alle Gutturale zu ξ, alle Labiale zu ψ:
St. φυλακ-, nom. sing. φύλαξ, vgl. lat. St. duc-, Nom. dux;
St. Ἀραβ-, dat. plur. Ἄραψι(ν), vgl. lat. scrīpsi von scrībo.

§ 39. **Stämme auf Dentale (-τ, -δ, -ϑ)** 39

Stämme	γυμνητ- Leichtbewaffneter	ἐλπιδ- Hoffnung	σωματ- Körper
Sing. N. V.	ὁ γυμνής	ἡ ἐλπίς	τὸ σῶμα
G.	γυμνῆτ-ος	ἐλπίδ-ος	σώματ-ος
D.	γυμνῆτ-ι	ἐλπίδ-ι	σώματ-ι
A.	γυμνῆτ-α	ἐλπίδ-α	σῶμα
Plur. N. V.	γυμνῆτ-ες	ἐλπίδ-ες	σώματ-α
G.	γυμνήτ-ων	ἐλπίδ-ων	σωμάτ-ων
D.	γυμνῆ-σι(ν)	ἐλπί-σι(ν)	σώμα-σι(ν)
A.	γυμνῆτ-ας	ἐλπίδ-ας	σώματ-α

1. Vor σ fallen einfache Dentale spurlos aus:

ἐσθής, ἐσθῆσιν (für ἐσθητς, ἐσθητσιν); vgl. lat. dos, dotis.

Im Auslaut muß der Dental wegfallen: σῶμα (für σωματ).

2. Nicht-endbetonte Dentalstämme auf -ις und -υς bilden den acc. sing. (wie die ι- und υ- Stämme, § 46f.) auf -ιν und -υν:

ἡ χάρις,	Anmut,	χάριτος,	χάριτι,	χάριν,
ἡ ἔρις,	Streit,	ἔριδος,	ἔριδι,	ἔριν,
aber ἡ ἐλπίς,	Hoffnung,	ἐλπίδος,	ἐλπίδι,	ἐλπίδα.

3. Unregelmäßigen Nominativ (bei sonst regelmäßiger Flexion) haben

ὁ πούς, ποδός Fuß pēs, τὸ γόνυ, γόνατος Knie,
τὸ οὖς, ὠτός Ohr, τὸ δόρυ, δόρατος Speer
τὸ φῶς, φωτός (nur Sing.) Licht, τὸ ὕδωρ, ὕδατος Wasser
und τὸ κέρας, κέρᾱτος Horn; Flügel eines Heeres (das auch als s-Stamm wie κρέας § 44 flektiert).

4. Über die **Adjektive** vgl. § 53, 54.

§ 40. Stämme auf -ν

40

St.	Ἑλλην- Grieche	ποιμεν- Hirt	δαιμον- Dämon	εὐδαιμον- M. F. glücklich	Neutr.
Sing. N.	ὁ Ἕλλην	ὁ ποιμήν	ὁ δαίμων	εὐδαίμων	εὔδαιμον
G.	Ἕλλην-ος	ποιμέν-ος	δαίμον-ος	εὐδαίμονος	
D.	Ἕλλην-ι	ποιμέν-ι	δαίμον-ι	εὐδαίμονι	
A.	Ἕλλην-α	ποιμέν-α	δαίμον-α	εὐδαίμονα	εὔδαιμον
V.	Ἕλλην	ποιμήν	δαῖμον	εὔδαιμον	εὔδαιμον
Pl. N. V.	Ἕλλην-ες	ποιμέν-ες	δαίμον-ες	εὐδαίμον-ες	εὐδαίμον-α
G.	Ἑλλήν-ων	ποιμέν-ων	δαιμόν-ων	εὐδαιμόνων	
D.	Ἕλλη-σι(ν)	ποιμέσι(ν)	δαίμοσι(ν)	εὐδαίμοσι(ν)	
A.	Ἕλλην-ας	ποιμέν-ας	δαίμον-ας	εὐδαίμον-ας	εὐδαίμον-α

1. Vor σ fällt ν (spurlos) aus: ποιμέσι, δαίμοσι, μέλασι.

2. Der Akzent der **Adj.** tritt möglichst weit zurück: εὔδαιμον.

3. Die **Komparative** auf -ῑ́ων, -ῑον endigen statt auf -ῑ́ονα häufiger auf -ῑ́ω, statt auf -ῑ́ονες u. -ῑ́ονας häufiger auf -ῑ́ους (aus ῑ́οσα bezw. -ῑ́οσες, s. § 43).

Ebenso die Komparative, bei denen das ι durch Lautwandel geschwunden ist, wie θάττων, ἀμείνων usw. (§ 57f.).

Stamm κακῑον- schlechter					
	M. F.	Ntr.			
S. N.	κακίων	κάκῑον	Pl. N.	κακῑ́ονες κακῑ́ους	κακῑ́ονα κακῑ́ω
G.	κακῑ́ονος		G.	κακῑόνων	
D.	κακῑ́ονι		D.	κακῑ́οσι(ν)	
A.	κακῑ́ονα κακῑ́ω	κάκῑον	A.	κακῑ́ονας κακῑ́ους	κακῑ́ονα κακῑ́ω

§ 41. **Stämme auf** -ντ 41

Stämme	γιγαντ- Riese	ὀδοντ- Zahn	γεροντ- Greis
Sing. N.	ὁ γίγᾱς	ὁ ὀδούς	ὁ γέρων
G.	γίγαντ-ος	ὀδόντ-ος	γέροντ-ος
D.	γίγαντ-ι	ὀδόντ-ι	γέροντ-ι
A.	γίγαντ-α	ὀδόντ-α	γέροντ-α
V.			γέρον
Plur. N. V.	γίγαντ-ες	ὀδόντ-ες	γέρον-τες
G.	γιγάντ-ων	ὀδόντ-ων	γερόντ-ων
D.	γίγᾱ-σι(ν)	ὀδοῦ-σι(ν)	γέρου-σι(ν)
A.	γίγαντ-ας	ὀδόντ-ας	γέροντ-ας

1. Vor σ fällt ντ mit Ersatzdehnung (§ 18) aus, sowohl
im sigmat. Nom.: γίγᾱς für γιγαντς, ὀδούς für ὀδοντς,
als im dat. plur.: γίγᾱσι(ν) für γιγαντσι(ν), γέρουσι(ν) für γεροντσι(ν).

2. Die Substantivstämme auf -ντ sind alle Maskulina.

3. Paradigmen der Adjektive und Partizipien

St.	ἀ̄κοντ- (aus ἀ-ϝεκοντ-) un(frei)willig			λυθεντ- gelöst		
S. N. V.	ἄ̄κων	ἄ̄κουσα	ἆκον	λυθείς	λυθεῖσα	λυθέν
G.	ἄ̄κοντ-ος	ἀ̄κούσης	ἄ̄κοντ-ος	λυθέντ-ος	λυθείσης	λυθέντ-ος
D.	ἄ̄κοντ-ι	ἀ̄κούσῃ	ἄ̄κοντ-ι	λυθέντ-ι	λυθείσῃ	λυθέντ-ι
A.	ἄ̄κοντ-α	ἄ̄κουσαν	ἆκον	λυθέντ-α	λυθεῖσαν	λυθέν
Pl. N. V.	ἄ̄κοντ-ες	ἄ̄κουσαι	ἄ̄κοντ-α	λυθέντ-ες	λυθεῖσαι	λυθέντ-α
G.	ἀ̄κόντ-ων	ἀ̄κουσῶν	ἀ̄κόντ-ων	λυθέντ-ων	λυθεισῶν	λυθέντ-ων
D.	ἄ̄κου-σι(ν)	ἀ̄κούσαις	ἄ̄κου-σι(ν)	λυθεῖ-σι(ν)	λυθείσαις	λυθεῖ-σι(ν)
A.	ἄ̄κοντ-ας	ἀ̄κούσᾱς	ἄ̄κοντ-α	λυθέντ-ας	λυθείσᾱς	λυθέντ-α

St.	παντ- ganz						
S. N. V.	πᾶς	πᾶσα	πᾶν	Pl. N. V.	πάντ-ες	πᾶσαι	πάντ-α
G.	παντ-ός	πάσης	παντ-ός	G.	πάντ-ων (!)	πασῶν	πάντ-ων
D.	παντ-ί	πάσῃ	παντ-ί	D.	πᾶ-σι(ν) (!)	πάσαις	πᾶ-σι (ν)
A.	πάντ-α	πᾶσαν	πᾶν	A.	πάντ-ας	πάσᾱς	πάντ-α

4. Die Adjektive mit Stamm auf -εντ, wie χαρίεις anmutig, bilden einzelne Formen gleichsam von einem kürzeren Stamm auf -ετ, nämlich
den dat. plur. masc. neutr.: χαρίεσι(ν) (aus χαριετσι(ν))
und das ganze Femininum: χαρίεσσα (aus χαριετ-jα).

42 § 42. Liquidastämme mit Ablaut

Stämme	πατερ- Vater	μητερ- Mutter	θυγατερ- Tochter	γαστερ- Magen	ἀνερ- Mann
Sing. N.	ὁ πατήρ	ἡ μήτηρ	ἡ θυγάτηρ	ἡ γαστήρ	ὁ ἀνήρ
G.	πατρός	μητρός	θυγατρός	γαστρός	ἀνδρός
D.	πατρί	μητρί	θυγατρί	γαστρί	ἀνδρί
A.	πατέρα	μητέρα	θυγατέρα	γαστέρα	ἄνδρα
V.	πάτερ	μῆτερ	θύγατερ		ἄνερ
Pl. N.V.	πατέρες	μητέρες	θυγατέρες	γαστέρες	ἄνδρες
G.	πατέρων	μητέρων	θυγατέρων	γαστέρων	ἀνδρῶν
D.	πατρᾰ́σι(ν)	μητρᾰ́σι(ν)	θυγατρᾰ́σι(ν)	γαστρᾰ́σι(ν)	ἀνδρᾰ́σι(ν)
A.	πατέρας	μητέρας	θυγατέρας	γαστέρας	ἄνδρας

1. Πατήρ, μήτηρ, θυγάτηρ und γαστήρ verlieren ε im gen. und dat. sing. und im dat. plur., der auf -τρᾰ́σι(ν) ausgeht (Ablaut nach § 15 u. 16).

2. Ἀνήρ verliert das ε überall außer im voc. sing. und schiebt zwischen ν und ρ ein δ ein.

3. Der Vokativ betont die erste Silbe (§ 25, 4. A.).

§ 43. S-Stämme

43 Der Stammcharakter -σ bleibt nur im Auslaut; zwischen Vokalen schwindet σ, und die Vokale werden kontrahiert.

§ 44. Substantive

44 1. Neutra auf -ος, St. -ος und -εσ-: τὸ γένος genus

Stämme	γενος und γενεσ-, lat. genus und gener-, Geschlecht				
Sing. N.	τὸ	γένος	Plur. N.	τὰ γένεα	γένη
G.	γένεος	γένους	G.	γενέων	γενῶν
D.	γένεϊ	γένει	D.	γένεσσι	γένεσι(ν)
A.		γένος	A.	γένεα	γένη

Aus γενεσ-ος [gener-is] wird γένους usf.; γένεσι steht für γένεσ-σι.

Anm. Der gen. plur. bleibt zuweilen unkontrahiert: ὀρέων, κερδέων.

2. Neutra auf -ας, St. -ασ-, in attischer Prosa besonders zwei: τὸ κρέας Fleisch, bildet κρέως, κρέᾳ, Plur. κρέᾱ, κρεῶν, κρέᾰσι(ν), τὸ γῆρας Alter, bildet γήρως, γήρᾳ. (Vgl. noch τὸ κέρας § 39,3.)

3. Ἡ αἰδώς Scham, Scheu, St. αἰδοσ-, flektiert:

ἡ αἰδώς, αἰδοῦς, αἰδοῖ, αἰδῶ (aus αἰδοσος usf.).

§ 45. Adjektive — Eigennamen

45

Stämme	εὐγενεσ- edelgeboren M. F. Sing.	N.	M. F. Plur.	N.	Διογενεσ- Diogenes	Περικλεεσ- Perikles
N.	εὐγενής	εὐγενές	εὐγενεῖς	εὐγενῆ	ὁ Διογένης	ὁ Περικλῆς
G.	εὐγενοῦς		εὐγενῶν		Διογένους	Περικλέους
D.	εὐγενεῖ		εὐγενέσι(ν)		Διογένει	Περικλεῖ
A.	εὐγενῆ	εὐγενές	εὐγενεῖς	εὐγενῆ	Διογένη	Περικλέᾱ
V.	εὐγενές	εὐγενές	εὐγενεῖς	εὐγενῆ	Διόγενες	Περίκλεις

1. Adjektive mit Vokal vor dem auslautenden -εσ kontrahieren -έα in -ᾱ statt in -ῆ, z. B. von ἐνδεής bedürftig ἐνδεᾶ, von εὐκλεής berühmt εὐκλεᾶ, von ὑγιής gesund ὑγιᾶ.

2. Nicht-Endbetonte ziehen den Akzent so weit als möglich zurück: εὔηθες, σύνηθες, αὔταρκες — συνήθων, τῶν τριήρων.

Ausgenommen ist hiervon das Neutr. der Adj. auf -ώδης u. -ήρης:

εὐῶδες wohlriechend, ζημιῶδες schädlich,
εὐῆρες wohlgefügt, ποδῆρες auf die Füße reichend.

3. Die Eigennamen auf -ης, Gen. -ους, bilden den acc. sing. sowohl regelmäßig auf -η, als auch auf -ην (nach der A-Deklin.):

Διογένη und Διογένην, Σωκράτη und Σωκράτην,
Κλεομένη und Κλεομένην, Δημοσθένη und Δημοσθένην.

4. Die Eigennamen auf -κλῆς (von τὸ κλέος Ruhm; Stamm κλεεσ-) kontrahieren im dat. sing. zweimal, sonst einmal:

(-κλέης) Περικλῆς, (-κλέεα) Περικλέᾱ,
(-κλέεος) Περικλέους, (-κλεες) Περίκλεις.
(-κλέεϊ zu -κλέει) Περικλεῖ,

§ 46. Stämme auf -ι

46

Stämme	πολι- und πολε- (πολεj-) Stadt		αἰσθησι- und αἰσθησε- (-σεj-) Wahrnehmung	
N.	ἡ πόλι-ς	αἱ πόλεις	ἡ αἴσθησι-ς	αἱ αἰσθήσεις
G.	πόλε-ως	πόλε-ων	αἰσθήσε-ως	αἰσθήσε-ων
D.	πόλει	πόλε-σι(ν)	αἰσθήσει	αἰσθήσε-σι(ν)
A.	πόλι-ν	πόλεις	αἴσθησι-ν	αἰσθήσεις
V.	πόλι	πόλεις	αἴσθησι	αἰσθήσεις

In den Endungen -ως u. -ων gilt ω für den Akzent als kurz.

Die Wörter auf -ις, -εως sind nie endbetont, die meisten sind weibliche nomina actionis (vgl. §207, 2) auf -σις wie ἡ λύσις Lösung, ἡ πρᾶξις Tat.

§ 47. Stämme auf -υ

47

Stämme	συ- Schwein	Ἐρῑνῡ- Rachegöttin	ἡδυ- } ἡδε-	ἡδεια- angenehm	{ ἡδυ- ἡδε-
Sing. N.	ὁ ἡ σῦ-ς	ἡ Ἐρῑνΰ-ς	ἡδύ-ς	ἡδεῖα	ἡδύ
G.	συ-ός	Ἐρῑνύ-ος	ἡδέ-ος	ἡδείᾱς	ἡδέ-ος
D.	συ-ί	Ἐρῑνύ-ι	ἡδεῖ	ἡδείᾳ	ἡδεῖ
A.	σῦ-ν	Ἐρῑνΰ-ν	ἡδύ-ν	ἡδεῖαν	ἡδύ
Plur. N.	σύ-ες	Ἐρῑνύ-ες	ἡδεῖς	ἡδεῖαι	ἡδέ-α
G.	συ-ῶν	Ἐρῑνύ-ων	ἡδέ-ων	ἡδειῶν	ἡδέ-ων
D.	συ-σί(ν)	Ἐρῑνύσι(ν)	ἡδέ-σι(ν)	ἡδείαις	ἡδέ-σι(ν)
A.	σῦ-ς	Ἐρῑνῦ-ς	ἡδεῖς	ἡδείᾱς	ἡδέ-α

1. Bei den **Substantiven** auf -υς bleibt der Stammcharakter -υ durchweg (vgl. 2); der acc. plur. endigt auf -ῡς (für -ῠνς).

2. Τὸ ἄστυ Stadt flektiert ähnlich den ι-Stämmen, nämlich

ἄστυ, ἄστεως, ἄστει, ἄστυ,
ἄστη, ἄστεων, ἄστεσι(ν), ἄστη.

3. Die **Adjektive** haben im Mask. u. Neutr. zwei Stämme, nämlich ἡδυ- im nom. acc. sing., sonst überall ἡδε- (für ἡδεϝ-).

§ 48. Stämme auf Diphthonge

48

Stämme	βασιλη(ϝ)-, βασιλε(ϝ)- u. βασιλευ- König		
Sing. N.	ὁ βασιλεύ-ς	Plur. N.	οἱ βασιλεῖς
G.	βασιλέ-ως	G.	βασιλέ-ων
D.	βασιλεῖ	D.	βασιλεῦ-σι(ν)
A.	βασιλέ-ᾱ	A.	βασιλέ-ᾱς
V.	βασιλεῦ	V.	βασιλεῖς

1. Alle Wörter auf -ευς sind männlich und mit Akut endbetont. Beachte die Quantität der Endungen -ως, -ᾱ und -ᾱς (Anhang S. 195).

2. Altattisch endigt der nom. plur. auf -ῆς: οἱ βασιλῆς, poet. u. später auch pros. der acc. plur. auf -εῖς: τοὺς γονεῖς.

3. Wörter auf -εύς mit vorhergehendem Vokal kontrahieren oft auch im gen. u. acc. sing. u. plur., und zwar

-έω in -ῶ: τοῦ Πειραιῶς, τῶν Εὐβοῶν,
-έᾱ in -ᾶ: τὸν Πειραιᾶ, τοὺς Ἐρετριᾶς.

4. ʻO ἡ βοῦς (bōs, bŏv-is) Rind zeigt den Stamm βου- nur vor konsonantischen Endungen: βοῦ-ς, βοῦ-ν, βου-σί(ν),
vereinfacht ihn sonst zu (βοϝ-) βο-, und kontrahiert nirgends, also

ὁ ἡ βοῦς, βοός, βοΐ, βοῦν,
βόες, βοῶν, βουσί(ν), βοῦς.

§ 49. Stämme auf -ω und -ο

49

Stämme	ἡρω- Held			πειθο- Überredung	
Sing. N.	ὁ ἥρω-ς	Plur. N.	οἱ ἥρω-ες	Sing. N.	ἡ πειθώ
G.	ἥρω-ος	G.	ἡρώ-ων	G.	πειθοῦς
D.	ἥρω-ι	D.	ἥρω-σι(ν)	D.	πειθοῖ
A.	ἥρω-α	A.	ἥρω-ας	A.	πειθώ

1. Die wenigen Stämme auf -ω (-ωϝ) kontrahieren nirgends.
2. Die Stämme auf -ο (-οj) sind mit Akut endbetont und zwar meist Eigennamen; sie kommen nur im Singular vor und lauten im Akk. wie im Nom. Eigennamen bilden einen Vokativ auf οι: Λητοῖ zu Λητώ.

§ 50. Unregelmäßigkeiten in der Deklination der Substantive

Diese bestehen hauptsächlich darin, daß die Kasus eines Wortes von 50
zwei verschiedenen Stämmen gebildet werden. Die gebräuchlichsten unregelmäßigen Substantive sind folgende:

1. ἡ γυνή Weib bildet alles übrige vom Stamm γυναικ- mit der Betonung der einsilbigen Konsonantenstämme, also

ἡ γυνή, γυναικός, γυναικί, γυναῖκα, γύναι,
γυναῖκες, γυναικῶν, γυναιξί(ν), γυναῖκας, γυναῖκες.

2. Ζεύς, Stämme Ζευ- und Δι(ϝ)-, also
Ζεύς, Διός, Διί, Δία, Ζεῦ.

3. ὁ ἡ κύων Hund, St. κυον- und κυν-:
ὁ ἡ κύων, κυνός, κυνί, κύνα, κύον,
κύνες, κυνῶν, κυσί(ν), κύνας, κύνες.

4. ὁ μάρτυς Zeuge, St. μαρτυ- und μαρτυρ-:
ὁ μάρτυς, μάρτυρος, μάρτυρι, μάρτυρα,
μάρτυρες, μαρτύρων, μάρτυσι(ν), μάρτυρας.

5. ἡ ναῦς Schiff, St. ναυ- (νᾱϝ- [nāv-is], νηϝ-):
ἡ ναῦς, νεώς, νηΐ, ναῦν,
νῆες, νεῶν, ναυσί(ν), ναῦς.

6. τὸ ὄναρ Traum, St. ὀναρ und ὀνειρατ-:

τὸ ὄναρ,	ὀνείρατος,	ὀνείρατι,	ὄναρ,
τὰ ὀνείρατα,	ὀνειράτων,	ὀνείρασι(ν),	ὀνείρατα.

Daneben ὁ ὄνειρος und τὸ ὄνειρον.

7. ὁ πρεσβευτής Gesandter ersetzt den ungebräuchlichen Plural durch die Formen von πρέσβυς alt, ehrwürdig, also

ὁ πρεσβευτής, -τοῦ, -τῇ, -τήν, -τά,
οἱ πρέσβεις, πρέσβεων, πρέσβεσι(ν), πρέσβεις.

8. τὸ πῦρ Feuer flektiert im Sing. nach der dritten, im Plur. nach der zweiten Deklination:

τὸ πῦρ,	πυρ-ός,	πυρ-ί,
τὰ πυρά,	πυρῶν,	πυροῖς (Wachtfeuer).

9. ὁ σῖτος Getreide, Speise ist im Plur. Neutrum:

τὰ σῖτα, σίτων, σίτοις.

10. τὸ στάδιον Stadium (Längenmaß) bildet im Plur. sowohl οἱ στάδιοι als τὰ στάδια.

11. ὁ υἱός Sohn flektiert regelmäßig nach der zweiten Dekl., bildet aber außerdem noch vom Stamm υἱε- (vgl. ἡδύ-ς)

im Sing.		υἱέ-ος,	υἱεῖ,	
im Plur.	υἱεῖς,	υἱέ-ων,	υἱέ-σι(ν),	υἱεῖς.
Alle Formen auch ohne ι:	ὑός,	ὑέος,	ὑεῖ,	ὑεῖς usf.

12. ἡ χείρ Hand flektiert regelmäßig χειρός usw., außer dem dat. plur.: χερ-σί(ν).

§ 51. Kasusartige Endungen

51 Sie werden meist an den Stamm gehängt, und zwar

auf die Frage woher?	-θεν,
auf die Frage wo?	-ι und -θι im Sing.,
	-σι(ν) im Plur.,
auf die Frage wohin?	-δε, -σε. Z. B.

οἴκοθεν	von Hause	οἴκοι (Akz.!)	zu Hause	οἴκαδε	nach Hause,
ἄλλοθεν	anderswoher	ἄλλοθι	anderswo	ἄλλοσε	anderswohin,
Ἀθήνηθεν	von Athen	Ἀθήνησι(ν)	zu Athen	Ἀθήναζε	nach Athen,
πάντοθεν	überallher	Μαραθῶνι	zu Mar.	Μέγαράδε	nach M. (§ 9, 1f.),
χαμᾶθεν	vom Boden	χαμαί	humī	χαμᾶζε	zu Boden.

Anm. Die Formen auf -ι sind die Lokative des Sing., die auf -σι(ν) Lokative des Plur.

Übersicht der Adjektive

§ 52. a) Adjektive dreier Endungen

Dem Mask. und Neutrum liegt je derselbe Stamm zugrunde; das Fem. folgt immer der A-Deklination. 52

1. Stämme auf -ο, Flexion § 32.

ἀγαθός,	ἀγαθή,	ἀγαθόν	gut,
δίκαιος,	δικαίᾱ,	δίκαιον	gerecht.

2. Kontrahierende Stämme auf -ο, Flexion § 34.

ἀργυροῦς,	ἀργυρᾶ,	ἀργυροῦν	silbern,
χρῡσοῦς,	χρῡσῆ,	χρῡσοῦν	golden,
ἁπλοῦς,	ἁπλῆ,	ἁπλοῦν	einfach.

3. Stämme auf -ν, Flexion § 40.

μέλας,	μέλαινα,	μέλαν	schwarz,
τάλᾱς,	τάλαινα,	τάλαν (poet.)	unglücklich.

4. Stämme auf -ντ, Flexion § 41.

πᾶς,	πᾶσα,	πᾶν	ganz,
ἑκών,	ἑκοῦσα,	ἑκόν	freiwillig
ἄκων (ἀϝέκων),	ἄκουσα,	ἆκον	un(frei)willig,
λυθείς,	λυθεῖσα,	λυθέν	gelöst.

5. Stämme auf -υ (fast sämtlich endbetont), Flexion § 47.

ἡδύς,	ἡδεῖα,	ἡδύ	angenehm,
ἥμισυς,	ἡμίσεια,	ἥμισυ	halb.

§ 53. b) Adjektive zweier Endungen

Der Stamm ist für alle Geschlechter, die Form für Mask. und Fem. gemeinsam. 53

1. Stämme auf -ο (bes. zusammengesetzte Adj.), § 32, 3f.

βάρβαρος, -ον	fremdländisch,	ἄτῑμος, -ον	ehrlos,
ἥσυχος, -ον	ruhig,	ἔντῑμος, -ον	geehrt,
φρόνιμος, -ον	verständig,	παράνομος, -ον	gesetzwidrig.

Anm. Adjektive zweier und dreier Endungen, § 32, 4.

βέβαιος, 2. u. 3. fest, ὠφέλιμος, 2. u. 3. nützlich.

2. Kontrahierende Stämme auf -ο, Flexion § 33.

εὔνους,	εὔνουν	wohlgesinnt,
σύμπλους,	σύμπλουν	mitfahrend.

3. Stämme auf -ω (nach der attischen Dekl.), Flexion § 35.

ἵλεως,	ἵλεων	gnädig,
ἔκπλεως,	ἔκπλεων	ausgefüllt, voll.

4. Stämme auf Dentale (bes. Komposita von Substantiven), Flexion § 39.

ἄχαρις, -ι unangenehm (ἀχάριτος, ἀχάριτι, ἄχαριν, -ι),
εὔελπις, -ι hoffnungsvoll (εὐέλπιδος, εὐέλπιδι, εὔελπιν, -ι),
ἄπολις, -ι heimatlos (ἀπόλιδος, ἀπόλιδι, ἄπολιν, -ι).

5. Stämme auf -ν, Flexion § 40.

εὐδαίμων, εὔδαιμον glücklich, κακίων, κάκῑον schlechter.
σώφρων, σῶφρον besonnen, ἄρρην, ἄρρεν männlich.

6. Stämme auf -εσ, Flexion § 45.

εὐγενής, -ές edelgeboren, ὑγιής, -ές gesund,
ἐνδεής, -ές bedürftig, συνήθης, σύνηθες gewohnt.

§ 54. c) **Adjektive einer Endung**

54 Wenige Adjektive haben für alle drei Geschlechter nur eine Form: sie wird indes schon wegen der Bedeutung nur sehr selten für das Neutrum gebraucht. Es sind besonders Dentalstämme:

φυγάς, -άδος flüchtig, verbannt,
πένης, -ητος dürftig, arm,
μάκαρ, -αρος glückselig.

Anm. Nur männlich braucht man ἐθελοντής, -οῦ freiwillig, nur weiblich die Adj. auf -ίς, -ίδος, wie συμμαχίς, -ίδος verbündet, Ἑλληνίς, -ίδος griechisch, Griechin; ἡ πατρίς (sc. γῆ) Vaterland, u. ä.

§ 55. d) **Unregelmäßige Adjektive**

55 Die beiden Adjektive μέγας, μεγάλη, μέγα groß
und πολύς, πολλή, πολύ viel

bilden den nom. acc. sing. masc. u. neutr. von den Stämmen μεγα- und πολυ-, alles übrige von μεγαλο- und πολλο- :

Stämme		μεγα- μεγαλο-	μεγαλᾱ-	μεγα- μεγαλο-	πολυ- πολλο-	πολλᾱ-	πολυ- πολλο-
Sing.	N.	μέγας	μεγάλη	μέγα	πολύς	πολλή	πολύ
	G.	μεγάλου	μεγάλης	μεγάλου	πολλοῦ	πολλῆς	πολλοῦ
	D.	μεγάλῳ	μεγάλῃ	μεγάλῳ	πολλῷ	πολλῇ	πολλῷ
	A.	μέγαν	μεγάλην	μέγα	πολύν	πολλήν	πολύ
Plur.	N.	μεγάλοι	μεγάλαι	μεγάλα	πολλοί	πολλαί	πολλά
	G.	μεγάλων	μεγάλων	μεγάλων	πολλῶν	πολλῶν	πολλῶν
	D.	μεγάλοις	μεγάλαις	μεγάλοις	πολλοῖς	πολλαῖς	πολλοῖς
	A.	μεγάλους	μεγάλᾱς	μεγάλα	πολλούς	πολλᾱ́ς	πολλά

II. Komparation der Adjektive

§ 56. 1. Die **gebräuchlicheren Komparationsendungen** sind

für den Komparativ: -τερος, -τέρᾱ, -τερον, 56
für den Superlativ: -τατος, -τάτη, -τατον.

Diese Endungen treten an den Stamm des Maskulinums:

δίκαιος	gerecht,	St. δικαιο-,	K. δικαιό-τερος,	S. δικαιό-τατος,
μέλᾱς	schwarz,	μελαν-,	μελάν-τερος,	μελάν-τατος,
σαφής	deutlich,	σαφεσ-,	σαφέσ-τερος,	σαφέσ-τατος,
εὐκλεής	berühmt,	εὐκλεεσ-,	εὐκλεέσ-τερος,	εὐκλεέσ-τατος,
βραχύς	kurz,	βραχυ-,	βραχύ-τερος,	βραχύ-τατος,
πρέσβυς	alt,	πρεσβυ-,	πρεσβύ-τερος,	πρεσβύ-τᾰτος.

2. Die Stämme auf -ο lassen dieses nur dann unverändert, wenn die vorhergehende Silbe (von Natur oder durch Position vgl. § 5) lang ist; ist sie kurz, so wird -ο in -ω gedehnt.

	δεινός	furchtbar,	δεινό-τερος,	δεινό-τατος,
	ἔντῑμος	geehrt,	ἐντῑμό-τερος,	ἐντῑμό-τατος,
	πικρός	bitter,	πικρό-τερος,	πικρό-τατος,
	ἔνδοξος	berühmt,	ἐνδοξό-τερος,	ἐνδοξό-τατος;
aber	σοφός	weise,	σοφώ-τερος,	σοφώ-τατος,
	ἄξιος	würdig,	ἀξιώ-τερος,	ἀξιώ-τατος,
	πολεμικός	kriegerisch,	πολεμικώ-τερος,	πολεμικώ-τατος.

3. Den Stammauslaut -ο verlieren vor -τερος und -τατος

γεραιός	bejahrt,	γεραί-τερος	γεραί-τατος,
φίλος	lieb,	φίλ-τερος,	φίλ-τατος.

4. -έσ-τερος, -έσ-τατος treten an den Stamm

a) bei den Adjektiven auf -ων, -ον:

εὐδαίμων	glücklich,	εὐδαιμον-έσ-τερος,	εὐδαιμον-έσ-τατος,
σώφρων	besonnen,	σωφρον-έσ-τερος,	σωφρον-έσ-τατος.

b) bei den contracta auf (-οος)-ους:

ἁπλοῦς	einfach,	ἁπλούστερος,	ἁπλουστατος,
εὔνους	wohlgesinnt,	εὐνούστερος,	εὐνούστατος,

aus ἁπλο-έσ-τερος, εὐνο-έσ-τερος usf.

c) bei ἐρρωμένος stark (mit Unterdrückung des vokalischen Stammauslauts): ἐρρωμεν-έσ-τερος, ἐρρωμεν-έσ-τατος.

Anm. Die Komparativformen werden oft umschrieben:
der Komparativ durch μᾶλλον, magis, mehr,
der Superlativ durch μάλιστα, maxime, meist, in Verbindung mit dem Positiv: μᾶλλον φίλος, μάλιστα σοφός.

§ 57. 1. Die **selteneren Komparationsendungen** sind:

57 für den Komparativ: -ῑ́ων, -ῑων, -ῑον, Stamm -ῑον,
für den Superlativ: -ιστος, -ίστη, -ιστον, Stamm -ιστο.

2. Diese Bildung zeigen (außer den unregelmäßigen § 58) in Prosa besonders sechs Adjektive. Von ihnen werfen
drei vor den Endungen ihren vokalischen Stammauslaut ab,
und drei legen einen anderen verwandten Stamm zugrunde:

κακός	schlecht,	κακῑ́ων,	κάκῑον,	κάκιστος, 3.	
ἡδύς	angenehm,	ἡδῑ́ων,	ἥδῑον,	ἥδιστος, 3.	
ταχύς	schnell,	θᾱ́ττων,	θᾶττον,	τάχιστος, 3.	
		(θᾱ́ττων aus θαχ-jων)			
καλός	schön,	καλλῑ́ων,	κάλλῑον,	κάλλιστος, 3.	(τὸ κάλλος Schönheit),
αἰσχρός	häßlich,	αἰσχῑ́ων,	αἴσχῑον,	αἴσχιστος, 3.	(τὸ αἶσχος Schmach),
ἐχθρός	feindlich,	ἐχθῑ́ων,	ἔχθῑον,	ἔχθιστος, 3.	(τὸ ἔχθος Feindschaft).

3. Die Deklination der Komparative siehe § 40, 3; der Superlative § 32.

§ 58. Unregelmäßige Komparation

58 Die Komparationsformen werden aus einem oder mehreren Stämmen gebildet, die von dem des entsprechenden Positivs verschieden sind.

1. ἀγαθός	gut,	ἀμείνων,	ἄμεινον,	ἄριστος, 3.	(tüchtig, ἀρ-ετή).
		βελτῑ́ων,	βέλτῑον,	βέλτιστος, 3.	(sittlich gut),
		κρείττων,	κρεῖττον,	κράτιστος, 3.	(stark, κράτος).
2. κακός	schlecht,	κακῑ́ων,	κάκῑον,	κάκιστος, 3.	(schlechter, peior),
		χείρων,	χεῖρον,	χείριστος, 3.	(geringer, deterior),
		ἥττων,	ἧττον,	ἥκιστα	(schwächer, inferior).
				(Adv.!, = am wenigsten)	
3. μέγας	groß,	μείζων,	μεῖζον,	μέγιστος, 3.	
4. μῑκρός	klein,	μῑκρότερος,	3.,	μῑκρότατος, 3.	
	gering,	ἐλᾱ́ττων,	ἔλᾱττον,	ἐλάχιστος, 3.	
5. ὀλίγος	wenig,	ἐλᾱ́ττων,	ἔλᾱττον,	ἐλάχιστος, 3.	
		μείων,	μεῖον,	—	
6. πολύς	viel,	πλείων,	πλέον,	πλεῖστος, 3.	(πλέ-ως, τὸ πλῆ-θος)
		(Gen. πλείονος u. πλέονος)			
7. ῥᾴδιος	leicht,	ῥᾴων,	ῥᾷον,	ῥᾷστος, 3.	(facilis).

Anm. Als Defektive sind zu merken:

(πρό	vor),	πρότερος	prior,	πρῶτος	primus,
(ὑπέρ	über),	ὑπέρτερος	superior,	ὑπέρτατος	supremus,
—		ὕστερος	posterior,	ὕστατος	postremus,
(ἐξ	aus),	—,		ἔσχατος	extremus.

III. Das Adverb

§ 59. 1. Die von Adjektiven abgeleiteten Adverbien haben die Endung -ως. Sie stimmen in Form und Akzent außer dem Schlußkonsonanten stets mit dem gen. plur. masc. der betreffenden Adjektive überein: 59

σοφός	weise,	gen. plur. σοφῶν,	Adv. σοφῶς,
δίκαιος	gerecht,	δικαίων,	δικαίως,
ἁπλοῦς	einfach,	ἁπλῶν,	ἁπλῶς,
πᾶς	ganz,	πάντων,	πάντως,
εὐδαίμων	glücklich,	εὐδαιμόνων,	εὐδαιμόνως,
σαφής	deutlich,	σαφῶν,	σαφῶς,
συνήθης	gewohnt,	συνήθων,	συνήθως,
ἡδύς	angenehm,	ἡδέων,	ἡδέως.

2. Zuweilen dient das Neutrum des Adj. als Adverb: πολύ sehr, μῑκρόν ein wenig, ταχύ schnell (neben ταχέως).

Als Adverb von ἀγαθός dient εὖ gut, wohl.

3. **Komparation** Bei den von Adjektiven abgeleiteten Adverbien dient als adverbiale Komparationsform

im Komparativ der acc. sing. des Neutrums,
im Superlativ der acc. plur. des Neutrums

des Adjektivs (beide ohne Artikel):

σοφῶς	weise,	σοφώτερον,	σοφώτατα,
ἁπλῶς	einfach,	ἁπλούστερον,	ἁπλούστατα,
εὐδαιμόνως	glücklich,	εὐδαιμονέστερον,	εὐδαιμονέστατα,
σαφῶς	deutlich,	σαφέστερον,	σαφέστατα,
ἡδέως	angenehm,	ἥδῑον,	ἥδιστα.
Ähnlich εὖ	gut,	ἄμεινον,	ἄριστα,
und μάλα	sehr,	μᾶλλον,	μάλιστα.

4. Selten sind Komparative von Adverbien wie μειζόνως (neben μεῖζον) und πλουσιωτέρως (neben πλουσιώτερον) — ἐχθροτέρως = gew. ἔχθῑον.

5. Auch Ortsadverbien bilden Komparationsformen, besonders solche auf -ω:

ἐγγύς	nahe,	ἐγγύτερον,	ἐγγύτατα
		und ἐγγυτέρω,	ἐγγυτάτω,
πόρρω	ferne,	πορρωτέρω,	πορρωτάτω.

§ 60. Seltener vorkommende Unregelmäßigkeiten in der Nominalflexion der attischen Prosa

60 ἀθρόος, 3. vereinigt, hat im Fem. ἀθρόα gegen 32, 1.

Ἀπόλλων, -ωνος, ὁ Apollon, ist regelmäßig, bildet aber außerdem τὸν Ἀπόλλω (vgl. κακίω § 40, 3) und ὦ Ἄπολλον mit zurückgezogenem Akzent (§ 25, 4. A.).

βορέας, -έου, ὁ Nordwind, regelm., daneben βορρᾶς, -ᾶ (§ 29, 3), -ᾷ, -ᾶν.

γέρας, τό Ehrengabe: γέρως, γέρᾳ, — γέρᾱ, γερῶν, γέρασι, nach 44, 2.

γραῦς, ἡ alte Frau: γρᾱός, γρᾱΐ, γραῦν — γρᾶες, γρᾱῶν, γραυσί, γραῦς; vgl. ναῦς § 50, 5.

δάκρυον, τό Träne, hat im dat. pl. neben δακρύοις auch δάκρυσι (vom poet. τὸ δάκρυ).

δένδρον, τό Baum, regelm.; dat. pl. auch δένδρεσι(ν) vom ion. τὸ δένδρος.

δεσμός, ὁ Band, hat im Pl. neben οἱ δεσμοί auch τὰ δεσμά.

δεσπότης, ὁ Herr, hat im Vok. ὦ δέσποτα mit Anfangsbetonung (§ 25, 4 A.).

Δημήτηρ, ἡ Demeter: Δήμητρος, Δήμητρι, Δήμητρα, Δήμητερ, vgl. 42, 1.

δόρυ, -ρατος, τό; daneben δορός, δορί (hom. δουρός, δουρί, vgl. zu 39, 3).

ἔαρ, -ρος, τό Frühling, flektiert altatt. ἦρος, ἦρι (scheinbar gegen § 36, 6 betont), hernach auch ἔαρος, ἔαρι.

Εὐθύφρων, -ονος, ὁ Euthyphron, betont im Vok. Εὐθύφρον (gegen 40, 2).

ἥρως, ὁ § 49, daneben auch τῷ ἥρῳ, τὸν ἥρω, ὦ ἥρως, — τοὺς ἥρως.

θρίξ, τριχός, ἡ Haar: τριχός, τριχί usf., dat. pl. θριξί(ν) nach § 20, 3.

κενός, 3. leer, bildet κενότερος κενότατος gegen § 56, 2 (vgl. ion. κεινός).

κέρας, κέρᾱτος, τό § 39, 3; daneben auch τοῦ κέρως, τῷ κέρᾳ, τὰ κέρᾱ, τῶν κερῶν, τοῖς κέρᾱσι (nach § 44, 2).

Κέως, ἡ Keos, nach § 35; auch mit Akk. τὴν Κέω (wie τὴν ἕω § 35, 4).

κῆρυξ, -ῡκος, ὁ Herold, mit Zirkumflex im Nom. trotz des stammhaften ῡ, das vor ξ gekürzt erscheint.

κνέφας, τό Dunkel, hat im Gen. κνέφους, im Dat. κνέφᾳ nach § 44, 1. 2.

Κῶς, ἡ Kos, nach § 35; auch mit Akk. τὴν Κῶ (§ 35, 4).

λαγώς (od. λαγῶς), ὁ Hase, nach § 35, auch mit Akk. λαγώ (λαγῶ) nach 35, 4.

Μΐνως, ὁ Minos, flektiert bald nach § 35 (Akk. auch Μΐνω nach § 35, 4), bald nach § 49.

οἶς, ὁ ἡ ovis: οἰός, οἰΐ, οἶν — οἶες, οἰῶν, οἰσίν, οἶς, vgl. § 48, 4.

ὅτων u. ὅτοις, seltene Nebenformen zu ὧντινων u. οἷστισιν, vgl. § 67, 3 A. 1.

οὖς, ὠτός Ohr § 39, 3, betont ὤτων, ὠσίν — ὤτοιν wie παῖς § 36, 7. c.

παλαιός, 3. alt, steigert sowohl regelm. παλαιότερος, παλαιότατος als παλαίτερος, παλαίτατος nach § 56, 3 (vgl. πάλαι).

πέλεκυς, ὁ Axt, flektiert (wie ἄστυ § 47, 2) nach den ι-Stämmen: πελέκεως, πελέκει, πέλεκυν — πελέκεις, πελέκεων, πελέκεσι(ν).

πῆχυς, ὁ Ellenbogen, Arm, flekt. (wie ἄστυ § 47, 2) nach den ι-Stämmen: πήχεως, πήχει, πῆχυν, — πήχεις, πήχεων, πήχεσι(ν).

-πηχυς: Adj. auf -πηχυς haben im neutr. pl. neben -πήχεα (§ 47) auch -πήχη: διπήχη, τριπήχη.

πλέως, 2. voll, geht regelm. nach § 35, dazu auch ἡ πλέᾱ und τὰ ἔκπλεω.

πλησίον nahe, Adv., steigert πλησιαίτερος, -αίτατος, vgl. § 56, 3.

Πνύξ, ἡ Pnyx: Πυκνός, Πυκνί, Πύκνα, und früh auch schon Πνυκός, Πνυκί, Πνύκα.

Ποσειδῶν, -ῶνος, ὁ Poseidon, ist regelmäßig, bildet aber (wie Ἀπόλλων) außerdem τὸν Ποσειδῶ (vgl. κακίω § 40, 3) und ὦ Πόσειδον mit Anfangsbetonung (§ 25, 4. A.).

-πους: Adj. auf -πους haben im acc. sing. bald -ποδα, bald -πουν.

πρᾱΰς, -εῖα, -ύ sanft, mit gen. plur. πρᾱέων (§ 47, 3) ist Nebenf. zu πρᾷος.

σκότος, -ου, ὁ Finsternis, hat im Sing. auch τὸ σκότος, -ους, -ει.

στενός, 3. eng, steigert στενότερος, στενότατος gegen § 56, 2 (vgl. ion. στεινός).

στοά Halle, behält im ganzen Sing. das ᾱ.

σχολαῖος, 3. langsam, steigert σχολαίτερος, σχολαίτατος nach § 56, 3.

σῶς, σῶν gesund, heil, ist Nebenform zu σῷος, σῴα, σῷον, od. σῶος, σώα, σῶον und bildet nach § 35 τὸν τὴν τὸ σῶν, οἱ αἱ σῷ, τοὺς τὰς σῶς, τὰ σᾶ.

χαρίεις, -εσσα, -εν anmutig, steigert χαριέστερος, χαριέστατος vom kürzeren St. χαριετ- (wie χαρίεσι u. χαρίεσσα § 41, 4).

(χρέος, τό und) τὸ χρέως Schuld: τοῦ χρέως (χρέους), τὰ χρέᾱ, τῶν χρεῶν.

χρώς, ωτός, ὁ Haut, ist regelm. und hat daneben auch χροός, χροΐ u. χρῷ (ἐν χρῷ eig. auf der Haut, d. i. nahe).

IV. Das Pronomen

§ 61. Die Personalpronomina

61

	Erste Person		Zweite Person		Dritte Person	
Sing. N.	ἐγώ	ich	σύ	du	—	er (sie, es)
G.	ἐμοῦ, μου	meiner	σοῦ, σου	deiner	[οὗ]	seiner
D.	ἐμοί, μοι	mir	σοί, σοι	dir	οἷ	ihm } usw.
A.	ἐμέ, με	mich	σέ, σε	dich	[ἕ]	ihn } usw.
Plur. N.	ἡμεῖς	wir	ὑμεῖς	ihr	σφεῖς	sie
G.	ἡμῶν	unser	ὑμῶν	euer	σφῶν	ihrer
D.	ἡμῖν	uns	ὑμῖν	euch	σφίσι(ν)	ihnen
A.	ἡμᾶς	uns	ὑμᾶς	euch	σφᾶς	sie

1. Die betonten Formen (ἐμοῦ usw.) braucht man bei nachdrücklicher Hervorhebung des Pronomens:

a) im Gegensatz: οὐκ ἐμοί, ἀλλὰ σοὶ ἀρέσκει.

b) nach Präpositionen: ἐπ' ἐμοί auf mir, πρὸς σέ zu dir.

Sonst stehen die Enklitika μου, μοι, με — σου, σοι, σε.

2. Für das betonte er, sie, es in allen Kasus des Sing. und Plur. steht ἐκεῖνος jener oder οὗτος dieser (§ 65).

Für die unbetonten obliquen Kasus von er, sie, es stehen die obliquen Kasus von αὐτός (vgl. § 62):

Sing. G.	αὐτοῦ	αὐτῆς	αὐτοῦ	seiner, ihrer, seiner (eius)
D.	αὐτῷ	αὐτῇ	αὐτῷ	ihm, ihr, ihm (ei)
A.	αὐτόν	αὐτήν	αὐτό	ihn, sie, es (eum, eam, id)
Plur. G.	αὐτῶν	αὐτῶν	αὐτῶν	ihrer (eorum, earum)
D.	αὐτοῖς	αὐταῖς	αὐτοῖς	ihnen (iis)
A.	αὐτούς	αὐτᾱ́ς	αὐτά	sie (eōs, eās, ea)

3. Stark hervorhebend sind ἔγωγε, ἐμοῦγε, ἔμοιγε, ἐμέγε, σύγε usw.

4. οἷ (auch enkl. οἱ) u. σφίσι (σφῶν, σφᾶς) stehen nur bezogen auf das Subj. des regierenden Satzes (indirekt reflexiv). § 123, 2. b.

§ 62. Αὐτός, ἄλλος und das Reziprokpronomen

62 1. Αὐτός, αὐτή, αὐτό flektiert regelmäßig wie ein Adj., mit Ausnahme des nom. acc. sg. neutr. auf -ό (ohne -ν); s. § 61, 2. Es bedeutet:

a) selbst **ipse:** ὁ υἱὸς αὐτός filius ipse.

b) in den obliquen Kasus **eius** (nie am Anfang des Satzes): ὁ υἱὸς αὐτοῦ filius eius; στέργω αὐτόν amo eum.

c) mit dem Artikel: **idem,** derselbe: ὁ αὐτὸς υἱός idem filius.

Anm. Durch Krasis mit dem Artikel (§ 13) entstehen die Formen αὑτός, ταὐτό und ταὐτόν (§ 68, 2), ταὐτοῦ, ταὐτῇ, ταὐτά u. ä.

2. Wie αὐτός flektiert ἄλλος, ἄλλη, ἄλλο alius, alia, aliud.

3. Dem Reziprokpronomen fehlen Sing. und Nom.; es flektiert

Plur. G.	ἀλλήλων,	ἀλλήλων,	ἀλλήλων einander,
D.	ἀλλήλοις,	ἀλλήλαις,	ἀλλήλοις,
A.	ἀλλήλους,	ἀλλήλᾱς,	ἄλληλα.

§ 63. Die Reflexivpronomina

63

	Erste Person	Zweite Person	Dritte Person
	Subj.: ich	Subj.: du	Subj.: er, sie, es
Sing. G.	ἐμαυτοῦ, -ῆς	σεαυτοῦ, -ῆς	ἑαυτοῦ, -ῆς
D.	ἐμαυτῷ, -ῇ	σεαυτῷ, -ῇ	ἑαυτῷ, -ῇ
A.	ἐμαυτόν, -ήν	σεαυτόν, -ήν	ἑαυτόν, -ήν, -ό
	Subj.: wir	Subj.: ihr	Subj.: sie
Plur. G.	ἡμῶν αὐτῶν	ὑμῶν αὐτῶν	σφῶν αὐτῶν od. ἑαυτῶν
D.	ἡμῖν αὐτοῖς, -αῖς	ὑμῖν αὐτοῖς, -αῖς	σφίσιν αὐτοῖς, -αῖς od. ἑαυτοῖς, -αῖς
A.	ἡμᾶς αὐτούς, -ᾱ́ς	ὑμᾶς αὐτούς, -ᾱ́ς	σφᾶς αὐτούς, -ᾱ́ς od. ἑαυτούς, -ᾱ́ς, -ά

Anm. Statt σεαυτοῦ usf., ἑαυτοῦ usf., ἑαυτῶν usf.
sagt man auch σαυτοῦ usf., αὑτοῦ usf., αὑτῶν usf.

§ 64. Die Possessivpronomina

1. Ἐμός, ἐμή, ἐμόν meus, mein, ἡμέτερος, -ᾱ, -ον noster, unser, 64
σός, σή, σόν tuus, dein, ὑμέτερος, -ᾱ, -ον vester, euer.

2. Statt des Possessivpronomens der dritten Person gebraucht man reflexiv die Gen. ἑαυτοῦ, -ῆς, ἑαυτῶν in attributiver Stellung, nichtrefl. die Gen. αὐτοῦ, -ῆς, αὐτῶν in prädikativer Stellung; s. 3.

Anm. **Attributiv** heißt die Stellung zwischen Artikel und Subst. oder mit wiederholtem Artikel nach dem Substantiv;
prädikativ heißt die Stellung vor dem Artikel oder (ohne Artikel) hinter dem mit Artikel versehenen Subst.

3. Das **possessive Verhältnis** wird (abgesehen vom individuellen Artikel § 115, 1) folgendermaßen bezeichnet:

1. nicht-reflexiv,

a) schwächer betont:	b) stärker betont:
ὁ φίλος μου,	ὁ ἐμὸς φίλος,
ὁ φίλος σου,	ὁ σὸς φίλος,
ὁ φίλος αὐτοῦ (-ῆς),	ὁ τούτου (ἐκείνου) φίλος,
ὁ φίλος ἡμῶν,	ὁ ἡμέτερος φίλος,
ὁ φίλος ὑμῶν,	ὁ ὑμέτερος φίλος,
ὁ φίλος αὐτῶν.	ὁ τούτων (ἐκείνων) φίλος.

2. reflexiv,

a) schwächer betont:	b) stärker betont:
στέργω τὸν ἐμὸν φίλον,	στέργω τὸν ἐμαυτοῦ (-ῆς) φίλον,
στέργεις τὸν σὸν φίλον,	στέργεις τὸν σεαυτοῦ (-ῆς) φίλον,
στέργει τὸν ἑαυτοῦ (-ῆς) φίλον,	στέργει τὸν ἑαυτοῦ (-ῆς) φίλον,
στέργομεν τὸν ἡμέτερον φίλον,	στέργομεν τὸν ἡμέτερον αὐτῶν φίλον,
στέργετε τὸν ὑμέτερον φίλον,	στέργετε τὸν ὑμέτερον αὐτῶν φίλον,
στέργουσι τὸν ἑαυτῶν φίλον,	στέργουσι τὸν ἑαυτῶν φίλον.

§ 65. Die Demonstrativpronomina

65 ὅδε, ἥδε, τόδε, der da, dieser (vorwärtsdeutend),
οὗτος, αὕτη, τοῦτο dieser, derjenige (welcher) (zurückweisend),
ἐκεῖνος, ἐκείνη, ἐκεῖνο, jener (auf Fernerliegendes zeigend).

1. Ὅδε besteht aus dem Artikel und dem demonstrativen enklitischen -δε (da, hier); es hat daher die Flexion des Artikels.

2. Auch οὗτος enthält den Artikel, nach dem es sich richtet, sowohl im Anlaut (spir. asper oder τ: οὗτος, αὕτη, τοῦτο, ταῦτα), als im Inlaut (ου entspricht dem ο-Laut, αυ dem α-Laut des Artikels).

Sing. N.	οὗτος	αὕτη	τοῦτο	Plur. N.	οὗτοι	αὗται	ταῦτα
G.	τούτου	ταύτης	τούτου	G.	τούτων	τούτων	τούτων
D.	τούτῳ	ταύτῃ	τούτῳ	D.	τούτοις	ταύταις	τούτοις
A.	τοῦτον	ταύτην	τοῦτο	A.	τούτους	ταύτᾱς	ταῦτα

3. Ἐκεῖνος flektiert regelmäßig nach αὐτός, αὐτή, αὐτό (§ 61).

4. Merke: ὅδε ὁ ἀνήρ od. ὁ ἀνὴρ ὅδε dieser Mann da,
οὗτος ὁ ἀνήρ od. ὁ ἀνὴρ οὗτος dieser Mann,
ἐκείνη ἡ γυνή od. ἡ γυνὴ ἐκείνη jene Frau.

§ 66. Die Relativpronomina

66 1. Ὅς, ἥ, ὅ qui, quae, quod, welcher, welche, welches.

Sing. N.	ὅς	ἥ	ὅ	Plur. N.	οἵ	αἵ	ἅ
G.	οὗ	ἧς	οὗ	G.	ὧν	ὧν	ὧν
D.	ᾧ	ᾗ	ᾧ	D.	οἷς	αἷς	οἷς
A.	ὅν	ἥν	ὅ	A.	οὕς	ἅς	ἅ

Verstärkt: ὅσπερ, ἥπερ, ὅπερ, οὗπερ usf. eben (der), welcher.

2. Ὅστις, ἥτις, ὅτι quisquis, quicumque, ein jeder, der, ist unbestimmt verallgemeinerndes Relativ (§ 67, 3).

§ 67. Interrogative und indefinite Pronomina

1. Τίς, τί ist direktes Fragepronomen und steht 67
sowohl substantivisch: quis, quid? wer, was?
als adjektivisch: qui, quae, quod? welcher, welche, welches?
Es betont stets die Stammsilbe und hat immer den **Akut.**

2. Τις, τι ist unbestimmtes Pronomen = aliquis, quidam, irgend wer, was — irgend ein, eine, ein.

Es steht ebenfalls substantivisch und adjektivisch und ist stets **enklitisch,** kann also einen Akzent nur auf der letzten Silbe haben (§ 9, 2. b).

3. Ὅστις ist a) indirektes Fragepronomen = quis;
b) unbestimmtes Relativ = quicumque (§ 66, 2).

Sing. N.	τίς; τί;	τις τι	ὅστις	ἥτις ὅτι
G.	τίνος;	τινός	οὗτινος, ὅτου	ἧστινος οὗτινος, ὅτου
D.	τίνι;	τινί	ᾧτινι, ὅτῳ	ᾗτινι ᾧτινι, ὅτῳ
A.	τίνα; τί;	τινά τι	ὅντινα	ἥντινα ὅτι
Plur. N.	τίνες; τίνα;	τινές τινά	οἵτινες	αἵτινες ἅτινα
G.	τίνων;	τινῶν	ὧντινων	ὧντινων ὧντινων
D.	τίσι(ν);	τισί(ν)	οἷστισι(ν)	αἷστισι(ν) οἷστισι(ν)
A.	τίνας; τίνα;	τινάς τινά	οὕστινας	ἅστινας ἅτινα

Anm. 1. Häufig gebrauchte Nebenformen sind folgende:

für τίνος: τοῦ; für τινός: του enkl., für οὗτινος meist: ὅτου,
für τίνι: τῷ; für τινί: τῳ enkl., für ᾧτινι meist: ὅτῳ,
für neutrales τινά: ἄττα (nicht enkl.), für ἅτινα: ἅττα.

Anm. 2. Zur Unterscheidung von der Konjunktion ὅτι quod, daß, weil, schreibt man das Neutrum des Rel. und Interrog. auch ὅ, τι.

§ 68. Entsprechung der Pronomina

1. Ποῖος, ποία, ποῖον; quālis? wie beschaffen? 68
Πόσος, πόση, πόσον; quantus? wie groß? Pl. quot? wie viele?
πότερος, ποτέρα, πότερον; uter? welcher von beiden?

Interrogativa direkt und indirekt	Interrogativa nur indirekt	Indef. enklit.	Demonstrativa	Relativa individuell	Relativa generell
πο-	ὁπο-	πο-	(το-)	ὁ-	ὁπο-
τίς;	ὅστις (= quis)	τις	ὅδε, οὗτος ἐκεῖνος	ὅς	ὅστις (= quicumque)
ποῖος;	ὁποῖος	(ποιός)	(τοῖος) τοιόσδε τοιοῦτος (= talis)	οἷος	ὁποῖος
πόσος;	ὁπόσος	(ποσός)	(τόσος) τοσόσδε τοσοῦτος (= tantus)	ὅσος	ὁπόσος
πότερος;	ὁπότερος		ὁ ἕτερος (alter)		ὁπότερος

2. Τοιόσδε, τοιᾶδε, τοιόνδε und τοσόσδε, τοσῆδε, τοσόνδε flektieren regelmäßig, τοιοῦτος und τοσοῦτος nach οὗτος, also

τοιοῦτος, τοιαύτη, τοιοῦτο	τοιοῦτοι, τοιαῦται, τοιαῦτα,
τοιούτου, τοιαύτης, τοιούτου usf.	τοιούτων, τοιούτων, τοιούτων usf.

Neben τοιοῦτο, τοσοῦτο und ταὐτό (§ 62, 1. Anm.) heißt das Ntr. auch τοιοῦτον, τοσοῦτον und ταὐτόν.

Anm. Ὁ ἕτερος der eine, der andere wird durch Krasis zu ἅτερος, τὸ ἕτερον zu θάτερον usw.

69
§ 69. Entsprechung der Pronominaladverbien

Interrogativa direkt und indirekt	Interrogativa nur indirekt	Indefin. (alle enklit.)	Demonstrativa	Relativa individuell	Relativa generell
ποῦ; ubi? wo?	ὅπου ubi	που alicubi	ἐνθάδε hic ἐνταῦθα ibi αὐτοῦ ibidem ἐκεῖ illic	οὗ ubi ἔνθα	ὅπου ubi
ποῖ; quo? wohin?	ὅποι quo	ποι aliquo	ἐνθάδε huc ἐνταῦθα eō αὐτόσε eōdem ἐκεῖσε illuc	οἷ quo ἔνθα	ὅποι quo
πόθεν; unde? woher?	ὁπόθεν unde	ποθέν alicunde	ἐνθένδε hinc ἐντεῦθεν inde αὐτόθεν indidem ἐκεῖθεν illinc	ὅθεν unde ἔνθεν	ὁπόθεν unde
πότε; quando? wann?	ὁπότε quando	ποτέ aliquando	τότε tum	ὅτε cum	ὁπότε cum
πῶς; quomodo? wie?	ὅπως	πως	(ὣς od. ὥς) ὧδε οὕτω(ς)	ὡς, ὥσπερ	ὅπως
πῇ; quā? wie? wo? wohin?	ὅπῃ	πῃ	τῇδε ταύτῃ	ᾗ, ᾗπερ	ὅπῃ

Anm. 1. Ἔνθα und ἔνθεν sind meist relativ (wo, wohin; woher); demonstrativ in Verbindungen wie ἔνθα δή da .. denn u. ä.

Anm. 2. Merke: καὶ ὣς (ὥς) auch so, οὐδ' ὣς (ὥς) auch so nicht.

V. Das Zahlwort

(Siehe Tabelle Seite 44.)

§ 70. 1. Alle **Ordinalzahlen** und die **Kardinalzahlen** von 200 an sind 70
Adjektive dreier Endungen; von den übrigen Kardinalzahlen werden nur die vier ersten dekliniert:

N.	1. εἷς	μία	ἕν,	2. δύο,	3. τρεῖς τρία,	4. τέτταρες	τέτταρα,
G.	ἑνός	μιᾶς	ἑνός,	δυοῖν,	τριῶν,	τεττάρων,	
D.	ἑνί	μιᾷ	ἑνί,	δυοῖν,	τρισί(ν),	τέτταρσι(ν),	
A.	ἕνα	μίαν	ἕν.	δύο.	τρεῖς τρία.	τέτταρας	τέτταρα.

Wie εἷς gehen οὐδείς und μηδείς (Akzent!), keiner; wie δύο geht ἄμφω:

S. οὐδείς	οὐδεμία	οὐδέν,	Pl. M.	οὐδένες,	ἄμφω,
οὐδενός	οὐδεμιᾶς	οὐδενός,		οὐδένων,	ἀμφοῖν,
οὐδενί	οὐδεμιᾷ	οὐδενί,		οὐδέσι(ν),	ἀμφοῖν,
οὐδένα	οὐδεμίαν	οὐδέν.		οὐδένας.	ἄμφω.

Anm. Δύο ist auch indeklinabel. Von μύριοι, μύριαι, μύρια unterscheidet man μῡρίοι, μῡρίαι, μῡρία unendlich viele; vgl. den Gebrauch von mille und sescenti.

2. **Regel für die Verbindung von Einern, Zehnern** usw.:

Geht die kleinere Zahl voran, so muß καί stehen,
geht aber die größere voran, so kann καί stehen oder fehlen;

z. B. πέντε καὶ τριάκοντα καὶ διᾱκόσιοι
od. διᾱκόσιοι καὶ τριάκοντα καὶ πέντε
od. διᾱκόσιοι τριάκοντα πέντε.

Dieselbe Regel gilt für die Ordinalien: τριᾱκοστὸς πέμπτος oder τριακοστὸς καὶ πέμπτος, aber nur πέμπτος καὶ τριᾱκοστός.

3. Neben den gewöhnlichen Formen der Tabelle finden sich vereinzelt noch τρισκαίδεκα, ἑπτακαιδέκατος, ὀκτωκαιδέκατος. — Ferner gibt es εἷς καὶ εἰκοστός, ἑνὶ καὶ τριᾱκοστῷ u. ä., sowie δυοῖν δέοντα τριάκοντα ἔτη '30 Jahre zweier ermangelnd' = 28 Jahre, δυοῖν δέον τριᾱκοστὸν ἔτος u. ä.

4. Außer den Kardinalien, Ordinalien und Zahladverbien bildet das Griechische ferner noch:

a) **Zahladjektive** auf -πλοῦς, -fach, -plex (§ 34, 1. b):
ἁπλοῦς einfach, διπλοῦς usw.,
und auf -πλᾰ́σιος: διπλάσιος doppelt so groß, so viel;

		Kardinalzahlen	Ordinalzahlen	Zahladverbien
α'	1	εἷς μία ἕν	πρῶτος, -η, -ον	ἅπαξ einmal
β'	2	δύο	δεύτερος, -ᾱ, -ον	δίς zweimal
γ'	3	τρεῖς τρία	τρίτος, -η, -ον	τρίς dreimal
δ'	4	τέτταρες τέτταρα	τέταρτος	τετρᾰ́κις
ε'	5	πέντε	πέμπτος	πεντάκις
ς'	6	ἕξ	ἕκτος	ἑξάκις
ζ'	7	ἑπτά	ἕβδομος	ἑπτάκις
η'	8	ὀκτώ	ὄγδοος	ὀκτάκις
ϑ'	9	ἐννέα	ἔνατος	ἐνάκις
ι'	10	δέκα	δέκατος	δεκάκις
ια'	11	ἕνδεκα	ἑνδέκατος	ἑνδεκάκις
ιβ'	12	δώδεκα	δωδέκατος	δωδεκάκις
ιγ'	13	τρεῖς (τρία) καὶ δέκα	τρίτος καὶ δέκατος	τρισκαιδεκάκις
ιδ'	14	τέτταρες (-ρα) καὶ δέκα	τέταρτος καὶ δέκατος	τετρακαιδεκάκις
ιε'	15	πεντεκαίδεκα	πέμπτος καὶ δέκατος	πεντεκαιδεκάκις
ις'	16	ἑκκαίδεκα	ἕκτος καὶ δέκατος	usf.
ιζ'	17	ἑπτακαίδεκα	ἕβδομος καὶ δέκατος	
ιη'	18	ὀκτωκαίδεκα	ὄγδοος καὶ δέκατος	
ιϑ'	19	ἐννεακαίδεκα	ἔνατος καὶ δέκατος	
κ'	20	εἴκοσι(ν)	εἰκοστός	εἰκοσάκις
λ'	30	τριᾱ́κοντα	τριᾱκοστός	τριακοντάκις
μ'	40	τετταρᾰ́κοντα	τετταρᾰκοστός	usf.
ν'	50	πεντήκοντα	πεντηκοστός	
ξ'	60	ἑξήκοντα	ἑξηκοστός	
ο'	70	ἑβδομήκοντα	ἑβδομηκοστός	
π'	80	ὀγδοήκοντα	ὀγδοηκοστός	
ϙ'	90	ἐνενήκοντα	ἐνενηκοστός	
ρ'	100	ἑκατόν	ἑκατοστός	ἑκατοντάκις
σ'	200	διᾱκόσιοι, -αι-, -α	διακοσιοστός	διακοσιάκις
τ'	300	τριᾱκόσιοι, -αι, -α	τριακοσιοστός	usf.
υ'	400	τετρᾰκόσιοι	τετρακοσιοστός	
φ'	500	πεντᾰκόσιοι	πεντακοσιοστός	
χ'	600	ἑξᾰκόσιοι	ἑξακοσιοστός	
ψ'	700	ἑπτᾰκόσιοι	ἑπτακοσιοστός	
ω'	800	ὀκτᾰκόσιοι	ὀκτακοσιοστός	
ϡ'	900	ἐνᾰκόσιοι	ἐνακοσιοστός	
,α	1000	χῑ́λιοι, -αι, -α	χῑλιοστός	χῑλιάκις usf.
,β	2000	δισχῑ́λιοι, -αι, -α	δισχῑλιοστός	
,ι	10000	μῡ́ριοι, -αι, -α	μῡριοστός usf.	μῡριάκις usf.
,κ	20000	δισμῡ́ριοι		

b) **Zahlsubstantive** auf -ᾰ́ς, -άδος: ἡ μονάς Einheit, ἡ δεκάς Zehner, ἡ μῡριάς Anzahl von 10000.

5. Distributivzahlen gibt es nicht; das distributive Verhältnis wird durch Präpositionen ausgedrückt: ἀνὰ πέντε quini je fünf, καθ' ἕνα singuli, κατὰ δύο bini. — Selten: σύνδυο je zwei, σύντρεις, -τρια zu dreien.

6. Als Zahlzeichen dienen die Buchstaben, ergänzt durch ϛ (Stigma, Zeichen für στ, früher für Ϝ) für 6, ϙ (Koppa) für 90, ϡ (Sampi) für 900.

VI. Flexion des Verbs (Konjugation)

§ 71. Vorbemerkungen

1. Das griechische Verb hat vor dem lateinischen voraus 71

einen Numerus: den **Dual**; s. § 95;
ein Genus: das **Medium**;
ein Tempus: den **Aorist**; über das futurum perfecti vgl. 6.
einen Modus: den **Optativ**;
— und zwei **Verbaladjektive**; s. § 78, 9 u. 201.

2. Das **Medium** enthält bei aktiver Bedeutung noch eine Zurückbeziehung auf das Subjekt, besonders im Sinne eines Dativs oder Akkusativs; z. B. bedeutet λούω ich wasche, λούομαι ich wasche für mich oder ich wasche mich.

3. Medium und Passivum fallen in der Form zusammen außer beim Futur und Aorist.

Anm. Verben, die aktive Bedeutung bei medialer oder passiver Form haben, heißen deponentia.

Deponentien mit medialem Aor. heißen deponentia media (d. m.), solche mit passivem Aor dagegen deponentia passiva (d. p.).

4. Der **Aorist** ist im Indikativ das Tempus der Erzählung entsprechend dem lateinischen perfectum historicum.

5. Der **Optativ** in Hauptsätzen drückt einen Wunsch aus: παιδεύοιμι möge ich erziehen!, mit ἄν eine Möglichkeit: παιδεύοιμι ἄν ich dürfte erziehen. (Über andere Verwendungsarten vgl. die Syntax.)

6. **Tempora** gibt es sechs, welche zerfallen
in Haupttempora: Präsens, Futur, Perfekt (mit futurum perfecti)
und
in Nebentempora (Präterita, historische, Augmenttempora): Imperfekt, Aorist (Ind.), Plusquamperfekt.

7. **Verbalstamm und Tempusstämme** Allen Verbalformen liegt der Verbalstamm zugrunde. Dieser ist im Präsens meist erweitert (§ 75 und 106—110). Im Aorist und im aktiven Perfekt und Plusquamperfekt unterscheiden wir schwache und starke Tempusbildung, je nachdem der Verbalstamm durch einen Konsonanten (z. B. σ im Aorist des Akt. u. Med., ϑ im Aorist des Pass.) erweitert wird oder nicht. Stark gebildete Tempora heißen auch tempora secunda, schwach gebildete tempora prima. (Darauf beziehen sich die Zusätze I. und II. in Abkürzungen wie aor. I. od. perf. II.)

8. **Konjugationen** gibt es zwei:

1. auf -ω **mit** Bildevokal: τιμά-ο-μεν, τιμά-ε-τε.
2. auf -μι, **ohne** Bildevokal: ἵστα-μεν, ἵστα-τε.

9. **Moduszeichen** Vom Indikativ unterscheidet sich

a) der Konjunktiv durch die gedehnten Bildevokale;
vgl. die Ind. παιδεύ-ο-μεν, παιδεύ-ε-τε
mit den Konj. παιδεύ-ω-μεν, παιδεύ-η-τε.

b) der Optativ durch das Optativzeichen -ιη- (-ιε-) oder -ι-;
vgl. die Ind. παιδεύ-ο-μεν, ἵστα-τε
mit den Opt. παιδεύ-ο-ι-μεν, ἱστα-ίη-τε.

10. **Personalendungen** gibt es primäre und sekundäre,

die primären für die Indikative der Haupttempora und die Konjunktive,

die sekundären für die Indikative der Nebentempora und die Optative,
d. h. für alle Augmentformen und Optative.

Nur die 1. P. des Sing. der aktivischen Optative hat das primäre -μι. Der passive Aorist hat die aktiven, das passive Futur die medialen Endungen.

11. Hauptregel für den **Akzent in der Konjugation:**

Der Akzent tritt in allen Verbalformen möglichst weit vom Ende zurück, doch darf er nie über das Augment zurückgehen; dabei gelten -αι und -οι nur im Optativ als lang.

12. Ferner bleibt noch zu beachten:

a) Kontrahierte Formen behalten den Akzent auf der Kontraktionssilbe, wenn einer der kontrahierten Vokale betont war (§ 11):

ἐποιούμεϑα (aus ἐποιε-όμεϑα), βαλοῦ (aus βαλέ-ο),
παιδευϑῶ (aus παιδευϑέ-ω), διδῶ (aus διδό-ω).

b) Optative von Passivaoristen und Verben auf -μι betonen tunlichst die Silbe des Modusvokals ι: παιδευθεῖμεν, παιδευθεῖεν — τιθεῖμεν, ἱεῖτε, διδοῖεν, ἱσταῖντο.

c) Infinitive, Partizipien und Verbaladjektive fallen als Verbalnomina nicht unter obige Regel; die Partizipien behalten den Akzent tunlichst auf der Tonsilbe des nom. sing. masc. (§ 25, 5).

d) Ausnahmen von der genannten Hauptregel für den Verbalakzent bleiben hiernach nur diejenigen Formen von starken Aoristen des Akt. und Med., die auf dem Bildevokal betont sind (vgl. § 85, 1. m. A.):

die 2. P. sing. imper. aor. med.: βαλοῦ (aus βαλέ-ο, siehe a),
und die aktiven Imperativformen εἰπέ, ἐλθέ, εὑρέ, ἰδέ, λαβέ
(aber ἄπειπε, ἔξελθε, εἴσιδε, ὑπόλαβε).

§ 72. Das Augment

1. Das Augment (augmentum = Zuwachs) ist das Zeichen der Vergangenheit und steht im **Indikativ der Nebentempora** (Imperfekt, Aorist, Plusquamperfekt), niemals in anderen Formen. 72

Man unterscheidet ein syllabisches und ein temporales Augment.

2. Konsonantisch anlautende Verben haben das syllabische Augment; es besteht in der vorgesetzten Silbe ἐ:

παιδεύω: ἐ-παίδευον, ἐ-παιδευσάμην.

Anlautendes ρ wird nach ε verdoppelt: ἔρρῑπτον ich warf (§ 21).

3. Vokalisch anlautende Verben haben das temporale Augment; es besteht in der Dehnung des anlautenden Vokals, dessen Spiritus unverändert bleibt. Dabei wird

α zu	η:	ἄγω	führe,	Impf.	ἦγον,
ε zu	η:	ἐλπίζω	hoffe,	,,	ἤλπιζον,
ο zu	ω:	ὁπλίζω	bewaffne,	,,	ὥπλιζον,
ῐ zu	ῑ:	ἱδρύω	setze,	,,	ἵδρῡον,
ῠ zu	ῡ:	ὑβρίζω	bin übermütig,	,,	ὕβριζον,
αι zu	ῃ:	αἰσχύνω	beschäme,	,,	ᾔσχῡνον,
ᾳ zu	ῃ:	ᾄδω	singe,	,,	ᾖδον,
αυ zu	ηυ:	αὐξάνω	vermehre,	,,	ηὔξανον,
ει zu	ῃ:	εἰκάζω	vermute,	,,	ᾔκαζον,
ευ zu	ηυ:	εὔχομαι	flehe, gelobe,	,,	ηὐχόμην,
οι zu	ῳ:	οἰκτίρω	bemitleide,	,,	ᾤκτῑρον.

4. Unbezeichnet bleibt das Augment bei anlautendem langem Vokal und ου, zuweilen auch bei anlautendem ει und ευ:

ἥκω	bin gekommen, bin da,	Impf. ἧκον,
οὐτάζω	verwunde,	,, οὔταζον;

neben ᾗκαζον und ηὐχόμην auch εἴκαζον und εὐχόμην.

§ 73. Die Reduplikation

73 Die Reduplikation bildet den **Perfekt**stamm, der dem Perfekt, dem Plusquamperfekt und dem futurum perfecti zugrunde liegt. Ihre Bildungsregeln sind:

1. Beginnt das Verb mit einem einfachen Konsonanten (außer ρ), so tritt dieser mit ε vor den Stamm; statt einer Aspirata tritt die entsprechende Tenuis ein (§ 20, 2):

παιδεύω	erziehe,	Perf. πε-παίδευκα,
χορεύω	tanze,	,, κε-χόρευκα,
φυτεύω	pflanze,	,, πε-φύτευκα,
θηρεύω	jage,	,, τε-θήρευκα.

2. Beginnt das Verb mit muta cum liquida, so tritt nur die Muta mit ε vor den Stamm:

κλείω	schließe	Perf. κέ-κλεικα,
δράω	tue	,, δέ-δρᾱκα.

3. In allen übrigen Fällen ist die Reduplikation gleich dem Augment:

1)	ἄγω	führe,	Impf. ἦγον,	Perf. ἦχα,
	ὁπλίζω	bewaffne,	,, ὥπλιζον,	,, ὥπλικα,
2)	κτίζω	gründe,	,, ἔ-κτιζον,	,, ἔ-κτικα,
	στρατεύω	ziehe zu Felde,	,, ἐ-στράτευον,	,, ἐ-στράτευκα,
	ζητέω	suche,	Aor. ἐ-ζήτησα,	,, ἐ-ζήτηκα,
	ψαύω	berühre,	,, ἔ-ψαυσα,	,, ἔ-ψαυκα,
3)	ῥίπτω	schleudere,	,, ἔρρῑψα,	,, ἔρρῑφα.
Nur	κτάομαι	erwerbe,	hat gewöhnlich	,, κέ-κτημαι.

§ 74. Augment und Reduplikation in Komposita

74 1. Präpositionalkomposita augmentieren und reduplizieren das Simplex:

εἰσ-άγω,	εἰσ-ῆγον,	εἰσ-ῆχα
ἐκ-στρατεύω,	ἐξ-εστράτευον,	ἐξ-εστράτευκα.

2. Vor dem Augment erhalten konsonantisch auslautende Präpositionen ihre im Präsens zum Teil veränderte ursprüngliche Gestalt wieder; vokalisch auslautende (außer περί und πρό) verlieren den Endvokal:

	ἐμβάλλω	werfe hinein,	Impf.	ἐν-έβαλλον,
	συλλέγω	sammle,	,,	συν-έλεγον,
	συστέλλω	sende zusammen,	,,	συν-έστελλον,
	ἀπο-βάλλω	werfe weg,	,,	ἀπ-έβαλλον,
	ἐπι-βάλλω	werfe darauf,	,,	ἐπ-έβαλλον,
	παρα-βάλλω	werfe daneben,	,,	παρ-έβαλλον,
aber	περι-βάλλω	werfe herum,	,,	περι-έβαλλον,
	περιρρέω	umfließe,	,,	περι-έρρεον,
	προ-βάλλω	werfe vor,	,,	προ-έβαλλον
			(od.	προὔβαλλον, § 13).

3. Verben, die von Nominalkomposita (vgl. § 211) abgeleitet sind, augmentieren und reduplizieren am Anfang:

ἀδικέω	tue unrecht	ἠδίκησα,	ἠδίκηκα,
ἐναντιόομαι	widersetze mich	(von ἐναντίος)	ἠναντιώθην,
δυστυχέω	bin unglücklich,	ἐδυστύχησα,	δεδυστύχηκα,

Vgl. auch § 112 εὐεργετέω.

A. Erste Konjugation oder Verben auf -ω

§ 75. Die drei ersten Präsensklassen

Nach der Art, wie aus dem Verbalstamm der Präsensstamm gebildet 75
wird (§ 71, 7), unterscheiden wir zunächst drei Klassen.

1. **Erste oder ω-Klasse:** Präsens auf -ω

Der Verbalstamm ist durch den Bildevokal -ο, -ε erweitert; fast alle verba vocalia, sehr viele verba muta, einige verba liquida:

παιδεύ-ω	erziehe,	διώκ-ω	verfolge,	τρέφ-ω	nähre,
παύ-ω	mache aufhören,	λέγ-ω	sage,	ψεύδ-ω	täusche,
μηνί-ω	grolle,	ἄρχ-ω	herrsche,	πέρθ-ω	zerstöre;
μηνῦ-ω	zeige an;	τρέπ-ω	wende,	δέρ-ω	schinde.

2. **Zweite oder *T*-Klasse:** Präsens auf **-τω.**

Der Verbalstamm ist durch die Bildesilbe -το, -τε erweitert; fast ausschließlich verba labialia:

τύπτω	schlage,	St.	τυπ-	(ὁ τύπ-ος	Schlag),
βλάπτω	schade,	,,	βλαβ-	(ἡ βλάβ-η	Schaden),
κρύπτω	verberge,	,,	κρυφ-	(κρύφ-α Adv.	heimlich),
θάπτω	begrabe,	,,	θαφ-	(ὁ τάφ-ος	Grab, vgl. § 20, 3).

Anm. Da j zwischen Vokalen schwindet und πτ aus Labial + j entstanden ist (§ 19, 6), gehören — geschichtlich gesehen — die meisten verba vocalia und die verba labialia zur j-Klasse. τίκτω gebäre, gehört nicht in die T-Klasse, da es aus τι-τκ-ω entstanden ist (St. τεκ).

3. **Dritte oder Jot-Klasse:** Präsens auf **-jω**

Der Verbalstamm ist durch die Bildesilbe -jο, -jε erweitert; bei der Verbindung des j mit dem Stammeslaut treten verschiedene lautliche Umgestaltungen ein:

a) ein Guttural (κ, γ, χ) wird mit j zu ττ (σσ) § 19, 6,

z. B. φυλάττω	bewache,	St.	φυλακ-	(ἡ φυλακ-ή	Wache),
ταράττω	verwirre,	,,	ταραχ-	(ἡ ταραχ-ή	Verwirrung),
τάττω	ordne,	,,	ταγ-	(ἡ τάξις	Ordnung).

Anm. Ein τ wird mit j zu ττ (σσ) in

ἁρμόττω	füge, passe,	St.	ἁρμοτ-	(ὁ ἁρμοστής	Ordner),
πλάττω	forme, bilde,	,,	πλατ-	(τὸ πλάσμα	Gebilde).

b) δ wird mit j zu ζ § 19, 5,

z. B. ἐλπίζω	hoffe,	St.	ἐλπιδ-	(ἡ ἐλπίς	Hoffnung),
καθ-έζομαι	setze mich	,,	ἑδ-	(τὸ ἕδ-ος	Sitz),
ὄζω	dufte,	,,	ὀδ-	(ἡ ὀδ-μή	od-or).

Anm. Auch ein Guttural kann dem ζ zugrunde liegen (§ 19, 5), namentlich in Verben, welche einen Schall bezeichnen,

z. B. στενάζω	seufze,	St.	στεναγ-	(ὁ στεναγ-μός	Seufzen),
οἰμώζω	wehklage,	,,	οἰμωγ-	(ἡ οἰμωγ-ή	Wehklage).

c) λ wird mit j zu λλ (vgl. μάλα, μᾶλλον), § 19, 2,

z. B. ἅλλομαι	springe,	St.	ἁλ-	(τὸ ἅλ-μα	Sprung, lat. sal-io),
ἀγγέλλω	melde,	,,	ἀγγελ-	(ὁ ἄγγελ-ος	Bote).

d) -ανjω, -ενjω, -ῐνjω, -ῠνjω und -αρjω, -ερjω, -ῐρjω, -ῠρjω
werden zu
-αίνω, -είνω, -ῑνω, -ῡνω und -αίρω, -είρω, -ῑρω, -ῡρω (§ 19, 1),

z. B. φαίνω	zeige,	St. φαν-	(φαν-ε-ρός	sichtbar),
καθαίρω	reinige,	,, καθαρ-	(καθαρ-ός	rein),
τείνω	spanne,	,, τεν-	(ἀ-τεν-ής	angespannt),
σπείρω	säe,	,, σπερ-	(τὸ σπέρ-μα	Same),
κρῑνω	richte,	,, κρῐν-	(Fut. κρῐν-ῶ),	
ἀμῡνω	wehre ab,	,, ἀμῠν-	(Fut. ἀμῠν-ῶ).	

Anm. In καίω (neben κᾱ́ω) brenne, St. καυ- (τὸ καῦμα Hitze) und κλαίω (neben κλᾱ́ω) weine, St. κλαυ- (ὁ κλαυ-θμός Weinen) bleibt die Stammform vor Konsonanten unverändert; die Präsentien sind aus κᾰϜ-jω, καίϜω und κλᾰϜ-jω, κλαίϜω entstanden. — § 91, 2. 96, 44. 45.

Die Klassen 4—8 enthalten die unregelmäßigen Verben (§ 106—111).

§ 76. Einteilung der Verben nach dem Auslaut des Verbalstammes

Nach dem Auslaut des Verbalstammes werden die Verben in drei Klassen eingeteilt: 76

1. in **verba vocalia**: Der Auslaut des Verbalstammes ist ein Vokal,

z. B.	παιδεύ-ω	erziehe,	λῡ́-ω	löse,	τί-ω	schätze,
	τῑμά-ω	ehre,	ποιέ-ω	tue,	δουλό-ω	knechte.

2. in **verba muta**: Auslaut eine Muta,

z. B.	διώκ-ω	verfolge,	λέγ-ω	sage,	τρέχ-ω	laufe,
	τρέπ-ω	wende,	τρῑ́β-ω	reibe,	τρέφ-ω	nähre,
	ψεύδ-ω	täusche,	σπένδ-ω	spende,	πείθ-ω	überrede.

3. in **verba liquida**: Auslaut eine Liquida,

z. B.	στέλ-λ-ω	sende,	δέρ-ω	schinde,	σπείρ-ω	säe,
	νέμ-ω	teile zu,	μέν-ω	bleibe,	κρῑ́ν-ω	richte.

Verba

§ 77. Paradigma:

77

Aktiv

		Indikativ der Haupttempora		Indikativ der Nebentempora		Konjunktiv	
Präs. u. Imperf.	S. 1.	παιδεύ-ω	ich erziehe, bin am Erziehen	ἐ-παίδευ-ο-ν	ich erzog, erudiebam	ἵνα παιδεύ-ω	damit ich erziehe
	2.	παιδεύ-εις		ἐ-παίδευ-ε-ς		παιδεύ-ῃς	
	3.	παιδεύ-ει		ἐ-παίδευ-ε(ν)		παιδεύ-ῃ	
	Pl. 1.	παιδεύ-ο-μεν		ἐ-παιδεύ-ο-μεν		παιδεύ-ω-μεν	
	2.	παιδεύ-ε-τε		ἐ-παιδεύ-ε-τε		παιδεύ-η-τε	
	3.	παιδεύ-ουσι(ν)[1])		ἐ-παίδευ-ο-ν		παιδεύ-ωσι(ν)[2])	
Futur	S. 1.	παιδεύ-σω	ich werde erziehen				
	2.	παιδεύ-σεις					
	3.	παιδεύ-σει					
		usf. wie im Präsens.					
Schwacher Aorist	S. 1.			ἐ-παίδευ-σα	ich erzog (einst), erudivi	ἵνα παιδεύ-σω	damit ich erziehe
	2.			ἐ-παίδευ-σα-ς		παιδεύ-σῃς	
	3.			ἐ-παίδευ-σε(ν)		παιδεύ-σῃ	
	Pl. 1.			ἐ-παιδεύ-σα-μεν		παιδεύ-σω-μεν	
	2.			ἐ-παιδεύ-σα-τε		παιδεύ-ση-τε	
	3.			ἐ-παίδευ-σα-ν		παιδεύ-σωσι(ν)	
Perf. u. Plusqpfkt.	S. 1.	πε-παίδευ-κα	ich habe erzogen, bin mit Erziehen fertig	ἐ-πε-παιδεύ-κει-ν[4])	ich hatte erzogen, war mit Erziehen fertig	ἵνα πε-παιδεύ-κω	damit ich erz. habe, mit Erziehen fertig bin
	2.	πε-παίδευ-κα-ς		ἐ-πε-παιδεύ-κει-ς[4])		πε-παιδεύ-κῃς	
	3.	πε-παίδευ-κε(ν)		ἐ-πε-παιδεύ-κει[4])		usf.	
	Pl. 1.	πε-παιδεύ-κα-μεν		ἐ-πε-παιδεύ-κε-μεν[5])		dafür gewöhnlich	
	2.	πε-παιδεύ-κα-τε		ἐ-πε-παιδεύ-κε-τε[5])		πεπαιδευκὼς ὦ,	
	3.	πε-παιδεύ-κασι(ν)[3])		ἐ-πε-παιδεύ-κε-σαν[5])		ᾖς, ᾖ usf.	

Bem. Beachte im Konj. die iota subscripta: παιδεύῃς, παιδεύῃ.

[1]) aus *παιδευ-ο-ντι, *παιδευ-ο-νσι.

[2]) aus *παιδευ-ω-ντι, *παιδευ-ω-νσι.

[3]) aus *πεπαιδευ-κα-ντι, *πεπαιδευ-κα-νσι.

[4]) Ältere Nbf. ἐπεπαιδεύκη, -κης, -κει(ν).

[5]) Spätere Nbf. ἐπεπαιδεύ-κειμεν, -κειτε, -κεισαν.

vocalia

παιδεύω ich erziehe

Aktiv

77

Optativ		Imperativ		Infinitiv und Partizip
εἴθε παιδεύ-οι-μι παιδεύ-οι-ς παιδεύ-οι παιδεύ-οι-μεν παιδεύ-οι-τε παιδεύ-οιε-ν	möge ich erziehen!	παίδευ-ε παιδευ-έ-τω παιδεύ-ε-τε παιδευ-ό-ντων[1])	erziehe! er soll erziehen! erziehet! sie sollen erziehen!	παιδεύ-ειν (zu) erziehen παιδεύ-ων, -οντος παιδεύ-ουσα, -ούσης παιδεῦ-ον, -οντος erziehend; einer der erzieht
παιδεύ-σοι-μι παιδεύ-σοι-ς παιδεύ-σοι usf. wie im Präsens	ich würde erziehen (§ 166, 3 Anm.)			παιδεύ-σειν παιδεύ-σων usf. einer der erziehen wird
εἴθε παιδεύ-σαι-μι παιδεύ-σαι-ς, -σειας παιδεύ-σαι(Akz.!), -σειε(ν) παιδεύ-σαι-μεν παιδεύ-σαι-τε παιδεύ-σαιε-ν, -σειαν	möge ich erziehen!	παίδευ-σον παιδευ-σά-τω παιδεύ-σα-τε παιδευ-σά-ντων[2])	erziehe! er soll erziehen! erziehet! sie sollen erziehen!	παιδεῦ-σαι (Akz.!) (zu) erziehen, od. erzogen (zu) haben παιδεύ-σᾱς, -σαντος παιδεύ-σᾱσα, -σᾱ́σης παιδεῦ-σαν, -σαντος erziehend, od. erzogen habend
εἴθε πε-παιδεύ-κοι-μι πε-παιδεύ-κοι-ς usf. dafür gewöhnlich πεπαιδευκὼς εἴην, εἴης, εἴη usf.	möge ich erz. haben, mit Erz. fertig sein!			πε-παιδευ-κέ-ναι erzogen (zu) haben, mit Erziehen fertig (zu) sein πε-παιδευ-κώς, -κότος πε-παιδευ-κυῖα, -κυίᾱς πε-παιδευ-κός, -κότος erzogen habend, mit Erz. fertig

Bem. [1]) Spätere Nbf. παιδευ-έ-τωσαν.
[2]) Spätere Nbf. παιδευ-σά-τωσαν.

77 **Medium** (παιδεύομαι

		Indikativ				Konjunktiv	
		der Haupttempora		der Nebentempora			
Präs. u. Imperf.	S. 1.	παιδεύ-ο-μαι	ich erziehe mir	ἐ-παιδευ-ό-μην	ich erzog mir	ἵνα παιδεύ-ω-μαι	damit ich mir erziehe
	2.	παιδεύ-ῃ[1]) (-ει)[3])		ἐ-παιδεύ-ου[4])		παιδεύ-ῃ[2])	
	3.	παιδεύ-ε-ται		ἐ-παιδεύ-ε-το		παιδεύ-η-ται	
	Pl. 1.	παιδευ-ό-μεθα		ἐ-παιδευ-ό-μεθα		παιδευ-ώ-μεθα	
	2.	παιδεύ-ε-σθε		ἐ-παιδεύ-ε-σθε		παιδεύ-η-σθε	
	3.	παιδεύ-ο-νται		ἐ-παιδεύ-ο-ντο		παιδεύ-ω-νται	
Futur	S. 1.	παιδεύ-σο-μαι	ich werde mir erziehen				
	2.	παιδεύ-σῃ					
	3.	παιδεύ-σε-ται					
	Pl. 1.	παιδευ-σό-μεθα					
	2.	παιδεύ-σε-σθε					
	3.	παιδεύ-σο-νται					
Schwacher Aorist	S. 1.			ἐ-παιδευ-σά-μην	ich erzog mir (einst)	ἵνα παιδεύ-σω-μαι	damit ich mir erziehe
	2.			ἐ-παιδεύ-σω[5])		παιδεύ-σῃ	
	3.			ἐ-παιδεύ-σα-το		παιδεύ-ση-ται	
	Pl. 1.			ἐ-παιδευ-σά-μεθα		παιδευ-σώ-μεθα	
	2.			ἐ-παιδεύ-σα-σθε		παιδεύ-ση-σθε	
	3.			ἐ-παιδεύ-σα-ντο		παιδεύ-σω-νται	
Perf. u. Plusqpfkt.	S. 1.	πε-παίδευ-μαι	ich habe mir erzogen, bin mit Erziehen für mich fertig	ἐ-πε-παιδεύ-μην	ich hatte mir erzogen, war mit Erziehen für mich fertig	ἵνα πεπαιδευμένος ὦ	damit ich mir erzog. habe
	2.	πε-παίδευ-σαι		ἐ-πε-παίδευ-σο		ᾖς	
	3.	πε-παίδευ-ται		ἐ-πε-παίδευ-το		ᾖ	
	Pl. 1.	πε-παιδεύ-μεθα		ἐ-πε-παιδεύ-μεθα		πεπαιδευμένοι ὦμεν	
	2.	πε-παίδευ-σθε		ἐ-πε-παίδευ-σθε		ἦτε	
	3.	πε-παίδευ-νται		ἐ-πε-παίδευ-ντο		ὦσι(ν)	

Bem. [1]) aus *παιδευ-ε-σαι, παιδευ-ε-αι } daher iota subscriptum.
[2]) aus *παιδευ-η-σαι, παιδευ-η-αι }

[3]) Im Ind. erscheint für älteres παιδεύῃ oft jüngeres παιδεύει, regelmäßig in βούλει, οἴει (und ὄψει; vergl. § 111,6).

[4]) aus *ἐπαιδευ-ε-σο, ἐπαιδευ-ε-ο.

[5]) aus *ἐπαιδευ-σα-σο, ἐπαιδευ-σα-ο.

ich erziehe mir)

Medium

Optativ		Imperativ		Infinitiv und Partizip
εἴθε παιδευ-οί-μην παιδεύ-οι-ο[1] παιδεύ-οι-το παιδευ-οί-μεθα παιδεύ-οι-σθε παιδεύ-οι-ντο	möge ich mir erziehen!	παιδεύ-ου[2] παιδευ-έ-σθω παιδεύ-ε-σθε παιδευ-έ-σθων[3]	erziehe dir! usw. (wie beim Akt.)	παιδεύ-ε-σθαι für sich (zu) erziehen — παιδευ-ό-μενος παιδευ-ο-μένη παιδευ-ό-μενον für sich erziehend; einer, der für sich erzieht
παιδευ-σοί-μην παιδεύ-σοι-ο[1] παιδεύ-σοι-το παιδευ-σοί-μεθα παιδεύ-σοι-σθε παιδεύ-σοι-ντο	ich würde mir erziehen (§ 166, 3. Anm.)			παιδεύ-σε-σθαι — παιδευ-σό-μενος παιδευ-σο-μένη παιδευ-σό-μενον einer, der für sich erziehen wird
εἴθε παιδευ-σαί-μην παιδεύ-σαι-ο[1] παιδεύ-σαι-το παιδευ-σαί-μεθα παιδεύ-σαι-σθε παιδεύ-σαι-ντο	möge ich mir erziehen!	παίδευ-σαι (Akz.!) παιδευ-σά-σθω παιδεύ-σα-σθε παιδευ-σά-σθων[4]	erziehe dir! usw.	παιδεύ-σα-σθαι für sich (zu) erziehen, für sich erzogen (zu) haben — παιδευ-σά-μενος παιδευ-σα-μένη παιδευ-σά-μενον für sich erziehend od. erzogen habend
εἴθε πεπαιδευμένος εἴην εἴης εἴη πεπαιδευμένοι εἴημεν εἴητε εἴησαν	möchte ich mir erzogen haben!	πε-παίδευ-σο πε-παιδεύ-σθω πε-παίδευ-σθε πε-παιδεύ-σθων[5]	sei mit Erz. f. dich fertig! er soll mit Erz. (für sich) fertig sein! usw.	πε-παιδεῦ-σθαι (Akz.!) für sich erzogen (zu) haben, mit Erz. für sich fertig (zu) sein — πε-παιδευ-μένος (Akz.!) πε-παιδευ-μένη πε-παιδευ-μένον (Akz.!) für sich erzogen habend, mit Erz. für sich fertig

Bem. [1]) aus *παιδευ-οι-σο (F. *παιδευ-σοι-σο, A. *παιδευ-σαι-σο).
[2]) aus *παιδευ-ε-σο, παιδευ-ε-ο.
[3]) Spätere Nbf. παιδευ-έ-σθωσαν.
[4]) Spätere Nbf. παιδευ-σά-σθωσαν.
[5]) Spätere Nbf. πεπαιδεύ-σθωσαν.

77

Passiv

(παιδεύομαι

		Indikativ der Haupttempora		Indikativ der Nebentempora		Konjunktiv	
Präsens u. Imperf.	S. 1.	παιδεύ-ο-μαι	ich werde erzogen	ἐ-παιδευ-ό-μην	ich wurde erzogen	ἵνα παιδεύ-ω-μαι	damit ich erzogen werde
	2.	παιδεύ-ῃ (-ει)		ἐ-παιδεύ-ου		παιδεύ-ῃ	
	3.	παιδεύ-ε-ται		ἐ-παιδεύ-ετο		παιδεύ-η-ται	
	Pl. 1.	usf.		usf.		usf.	
	2.						
	3.						
		gleichlautend wie im Medium, S. 54					
Futur	S. 1.	παιδευ-θή-σομαι	ich werde erzogen werden				
	2.	παιδευ-θή-σῃ					
	3.	παιδευ-θή-σε-ται					
	Pl. 1.	παιδευ-θη-σό-μεθα					
	2.	παιδευ-θή-σε-σθε					
	3.	παιδευ-θή-σο-νται					
Schwacher Aorist	S. 1.			ἐ-παιδεύ-θη-ν	ich wurde (einst) erzogen	ἵνα παιδευ-θῶ	damit ich erzogen werde
	2.			ἐ-παιδεύ-θη-ς		παιδευ-θῇς	
	3.			ἐ-παιδεύ-θη		παιδευ-θῇ	
	Pl. 1.			ἐ-παιδεύ-θη-μεν		παιδευ-θῶ-μεν	
	2.			ἐ-παιδεύ-θη-τε		παιδευ-θῆ-τε	
	3.			ἐ-παιδεύ-θη-σαν		παιδευ-θῶσι(ν)	
Perf. u. Plusqpfkt.	S. 1.	πε-παίδευ-μαι	ich bin erzogen	ἐ-πε-παιδεύ-μην	ich war erzogen	ἵνα πεπαιδευμένος ὦ	damit ich erzogen bin
	2.	πε-παίδευ-σαι		ἐ-πε-παίδευ-σο		ᾖς	
	3.	πε-παίδευ-ται		ἐ-πε-παίδευ-το		ᾖ	
	Pl. 1.	usf.		usf.		usf.	
	2.						
	3.						
		gleichlautend wie im Medium, S. 54					

Bem. Über παιδεύῃ, παιδεύει, ἐπαιδεύου, παιδεύοιο und παιδεύου siehe die Bemerkungen S. 54 u. 55.

ich werde erzogen)

Passiv

Optativ		Imperativ		Infinitiv und Partizip
εἴθε παιδευ-οί-μην παιδεύ-οι-ο παιδεύ-οι-το usf.	möge ich erzogen werden!	παιδεύ-ου παιδευ-έ-σθω usf.	werde erzogen od. laß dich erziehen! er soll erzogen werden! usw.	παιδεύ-ε-σθαι erzogen (zu) werden παιδευ-ό-μενος erzogen werdend; einer, der erzogen wird
gleichlautend wie im Medium, S. 55				
παιδευ-θη-σοί-μην παιδευ-θή-σοι-ο παιδευ-θή-σοι-το παιδευ-θη-σοί-μεθα παιδευ-θή-σοι-σθε παιδευ-θή-σοι-ντο	ich würde erzogen werden (§ 166, 3. Anm.)			παιδευ-θή-σε-σθαι παιδευ-θη-σό-μενος παιδευ-θη-σο-μένη παιδευ-θη-σό-μενον einer, der erzogen werden wird
εἴθε παιδευ-θείη-ν παιδευ-θείη-ς παιδευ-θείη παιδευ-θείη-μεν, -θεῖμεν παιδευ-θείη-τε, -θεῖτε παιδευ-θείη-σαν, -θεῖεν	möge ich erzogen werden!	παιδεύ-θη-τι παιδευ-θή-τω παιδεύ-θη-τε παιδευ-θέ-ντων[1])	werde erzogen od. laß dich erziehen! er soll erzogen werden! usw.	παιδευ-θῆ-ναι erzogen (zu) werden, erzogen worden (zu) sein παιδευ-θείς, -θέντος παιδευ-θεῖσα, -θείσης παιδευ-θέν, -θέντος erzogen werdend od. erzogen
εἴθε πεπαιδευμένος εἴην εἴης εἴη usf.	möge ich erzogen sein!	πε-παίδευ-σο πε-παιδεύ-σθω usf.	sei erzogen! er soll erzogen sein! usw.	πε-παιδεῦ-σθαι erzogen (zu) sein πε-παιδευ-μένος erzogen
gleichlautend wie im Medium, S. 55				

Bem. [1]) Spätere Nbf. παιδευ-θή-τωσαν, vgl. die Bem. S. 53 u. 55.

§ 78. Bildung der Tempora

78 1. **Praes. u. imperf. act. u. med.-pass.** Bildesilbe sind die Bildevokale -ο, -ε,
und zwar -ο vor μ, ν u. im Optativ,
-ε vor σ, τ u. vor Vokalen;
-ειν im Inf. ist aus -ε-εν entstanden.

2. **Fut act. u. med.** Bildesilbe: -σο, -σε.
Die Flexion ist ganz die des Präsens;
nur fehlen Konj. und Imper.

3. **Aor. I. act. u. med.** Bildesilbe: -σα.
Der Konj. hat die Ausgänge des Präsens.
Unterscheide παίδευσον von παιδεῦσον,
u. παίδευσαι, παιδεύσαι, παιδεῦσαι.
(λῦσαι, λύσαι — γράψαι)

4. **Perf. I. act.** Bildesilbe: -κα am **redupl.** Stamm.
Konj. u. Optativ haben die Ausgänge des Präs., werden aber gewöhnlich umschrieben.

5. **Plqpf. I. act.** Bildesilbe: -κει, -κε am **redupl.** Stamm.
Perfekta mit der Reduplikation ἐ- erhalten kein weiteres Augment.

§ 79. Übersicht der Tempus-

79 Die verba vocalia haben vom Futur an
die Verben auf -άω nach ε, ι, ρ: ᾱ,
sonst immer: η,

1.	**Praesens**	activi med.-pass.	θηρά-ω jage θηρά-ο-μαι	τῑμά-ω ehre τῑμά-ο-μαι
2.	**Futurum**	activi medii	θηρά-σω θηρά-σο-μαι	τῑμή-σω τῑμή-σο-μαι
3.	**Aoristus I.**	activi medii	ἐ-θήρᾱ-σα ἐ-θηρᾱ-σά-μην	ἐ-τί̄μη-σα ἐ-τῑμη-σά-μην
4.	**Perfectum I.**	activi med.-pass.	τε-θήρᾱ-κα τε-θήρᾱ-μαι	τε-τί̄μη-κα τε-τί̄μη-μαι
5.	**Aoristus I.** **Futurum I.**	passivi	ἐ-θηρά-θη-ν θηρᾱ-θή-σομαι	ἐ-τῑμή-θη-ν τῑμη-θή-σομαι
6.	**Adiectiva verbalia**		θηρᾱ-τός, 3. θηρᾱ-τέος, 3.	τῑμη-τός, 3. τῑμη-τέος, 3.

Besonderheiten der verba

aus dem Verbalstamm

6. **Perf. u. plqpf. med. pass.:** Ohne Bildesilbe; die Endungen treten unmittelbar an den **redupl.** Stamm. 78
Konj. u. Optat. werden umschrieben.
Inf. u. Part. betonen die vorletzte Silbe.

7. **Futurum perfecti:** Das **aktive** wird durch das part. perf. act. u. ἔσομαι (§ 103, 3) umschrieben: πεπαιδευκὼς ἔσομαι ich werde erzogen haben.
Das **passive** fügt an den **redupl.** Stamm die medialen Endungen -σομαι usf.: πεπαιδεύσομαι ich werde erzogen sein.

8. **Aor. I. u. fut. I. passivi:** Bildesilbe: -θη, vor Vok. u. -ντ: -θε, im Konj. mit dem Bildevokal kontr.
Der passive Aor. hat aktive,
das passive Fut. hat mediale Endungen.
Merke im Imper. παιδεύθητι
für παιδευθηθι (§ 20, 2).

9. **Adiectiva verbalia:** Bildesilben sind -τός, -τή, -τόν — und -τέος, -τέα, -τέον.
παιδευτός, 3. erziehbar u. erzogen —
παιδευτέος, 3. zu erziehen erudiendus.

Bildung der verba vocalia

Durch alle Tempora langen Stammauslaut, und zwar 79
die Verben auf -έω: η, die Verben auf -όω: ω,
die Verben auf -ίω: ῑ, die Verben auf -ύω: ῡ.

ποιέ-ω tue ποιέ-ο-μαι	δουλό-ω knechte δουλό-ο-μαι	μηνῡ́-ω zeige an μηνῡ́-ο-μαι
ποιή-σω ποιή-σο-μαι	δουλώ-σω δουλώ-σο-μαι	μηνῡ́-σω μηνῡ́-σο-μαι
ἐ-ποίη-σα ἐ-ποιη-σά-μην	ἐ-δούλω-σα ἐ-δουλω-σά-μην	ἐ-μήνῡ-σα ἐ-μηνῡ-σά-μην
πε-ποίη-κα πε-ποίη-μαι	δε-δούλω-κα δε-δούλω-μαι	με-μήνῡ-κα με-μήνῡ-μαι
ἐ-ποιή-θη-ν ποιη-θή-σομαι	ἐ-δουλώ-θη-ν δουλω-θή-σομαι	ἐ-μηνῡ́-θη-ν μηνῡ-θή-σομαι
ποιη-τός, 3. ποιη-τέος, 3.	δουλω-τός, 3. δουλω-τέος, 3.	μηνῡ-τός, 3. μηνῡ-τέος, 3.

vocalia siehe § 90.

§ 80. Präsens und Imperfekt

1. **Paradigma** τῑμάω ich ehre

α + E-Laut (ε, η, ει, ῃ) gibt ᾱ (ᾳ),
α + O-Laut (ο, ω, οι, ου) gibt ω (ῳ),
ursprüngliches wird untergeschrieben.

80

		Aktiv			**Med. u. Pass.**	
Indikativ Präs.	S. 1.	τῑμάω	τῑμῶ		τῑμάομαι	τῑμῶμαι
	2.	τῑμάεις	τῑμᾷς		τῑμάῃ (-ει)	τῑμᾷ
	3.	τῑμάει	τῑμᾷ		τῑμάεται	τῑμᾶται
	Pl. 1.	τῑμάομεν	τῑμῶμεν		τῑμαόμεθα	τῑμώμεθα
	2.	τῑμάετε	τῑμᾶτε		τῑμάεσθε	τῑμᾶσθε
	3.	τῑμάουσι(ν)	τῑμῶσι(ν)		τῑμάονται	τῑμῶνται
Imperfekt	S. 1.	ἐτίμαον	ἐτίμων		ἐτῑμαόμην	ἐτῑμώμην
	2.	ἐτίμαες	ἐτίμᾱς		ἐτῑμάου	ἐτῑμῶ
	3.	ἐτίμαε(ν)	ἐτίμᾱ		ἐτῑμάετο	ἐτῑμᾶτο
	Pl. 1.	ἐτῑμάομεν	ἐτῑμῶμεν		ἐτῑμαόμεθα	ἐτῑμώμεθα
	2.	ἐτῑμάετε	ἐτῑμᾶτε		ἐτῑμάεσθε	ἐτῑμᾶσθε
	3.	ἐτίμαον	ἐτίμων		ἐτῑμάοντο	ἐτῑμῶντο
Konjunktiv	S. 1.	τῑμάω	τῑμῶ		τῑμάωμαι	τῑμῶμαι
	2.	τῑμάῃς	τῑμᾷς		τῑμάῃ	τῑμᾷ
	3.	τῑμάῃ	τῑμᾷ		τῑμάηται	τῑμᾶται
	Pl. 1.	τῑμάωμεν	τῑμῶμεν		τῑμαώμεθα	τῑμώμεθα
	2.	τῑμάητε	τῑμᾶτε		τῑμάησθε	τῑμᾶσθε
	3.	τιμάωσι(ν)	τῑμῶσι(ν)		τῑμάωνται	τῑμῶνται
Optativ	S. 1.	τῑμάοιμι	τῑμῷμι	-ῴην	τῑμαοίμην	τῑμῴμην
	2.	τῑμάοις	τῑμῷς	-ῴης	τῑμάοιο	τῑμῷο
	3.	τῑμάοι	τῑμῷ	-ῴη	τῑμάοιτο	τῑμῷτο
	Pl. 1.	τῑμάοιμεν	τῑμῷμεν	-ῴημεν	τῑμαοίμεθα	τῑμῴμεθα
	2.	τῑμάοιτε	τῑμῷτε	-ῴητε	τῑμάοισθε	τῑμῷσθε
	3.	τῑμάοιεν	τῑμῷεν		τῑμάοιντο	τῑμῷντο
Imperativ	S. 2.	τίμαε	τίμᾱ		τῑμάου	τῑμῶ
	3.	τῑμαέτω	τῑμάτω		τῑμαέσθω	τῑμάσθω
	Pl. 2.	τῑμάετε	τῑμᾶτε		τῑμάεσθε	τῑμᾶσθε
	3.	τῑμαόντων	τῑμώντων		τῑμαέσθων	τῑμάσθων
Inf.		τῑμάειν	τιμᾶν		τῑμάεσθαι	τῑμᾶσθαι
Partizip		τῑμάων	τῑμῶν,	G. -ῶντος	τῑμαόμενος	τῑμώμενος
		τῑμάουσα	τῑμῶσα,	-ώσης	τῑμαομένη	τῑμωμένη
		τῑμάον	τῑμῶν,	-ῶντος	τῑμαόμενον	τῑμώμενον

Anm. 1. Da die Endung des inf. praes. act. aus εεν kontrahiert ist, also kein urspr. ι enthält, so lautet der inf. τῑμᾶν und δουλοῦν.

der verba contracta

2. **Paradigma** ποιέω ich mache

ε + ε gibt ει,
ε + ο gibt ου,
ε vor langem Vokal oder Diphthong wird verschlungen.

80

		Aktiv			Med. u. Pass.	
Indikativ Präs.	S. 1.	ποιέω	ποιῶ		ποιέομαι	ποιοῦμαι
	2.	ποιέεις	ποιεῖς		ποιέῃ (-ει)	ποιῇ (-εῖ)
	3.	ποιέει	ποιει		ποιέεται	ποιεῖται
	Pl. 1.	ποιέομεν	ποιοῦμεν		ποιεόμεθα	ποιούμεθα
	2.	ποιέετε	ποιεῖτε		ποιέεσθε	ποιεῖσθε
	3.	ποιέουσι(ν)	ποιοῦσι(ν)		ποιέονται	ποιοῦνται
Imperfekt	S. 1.	ἐποίεον	ἐποίουν		ἐποιεόμην	ἐποιούμην
	2.	ἐποίεες	ἐποίεις		ἐποιέου	ἐποιοῦ
	3.	ἐποίεε(ν)	ἐποίει		ἐποιέετο	ἐποιεῖτο
	Pl. 1.	ἐποιέομεν	ἐποιοῦμεν		ἐποιεόμεθα	ἐποιούμεθα
	2.	ἐποιέετε	ἐποιεῖτε		ἐποιέεσθε	ἐποιεῖσθε
	3.	ἐποίεον	ἐποίουν		ἐποιέοντο	ἐποιοῦντο
Konjunktiv	S. 1.	ποιέω	ποιῶ		ποιέωμαι	ποιῶμαι
	2.	ποιέῃς	ποιῇς		ποιέῃ	ποιῇ
	3.	ποιέῃ	ποιῇ		ποιέηται	ποιῆται
	Pl. 1.	ποιέωμεν	ποιῶμεν		ποιεώμεθα	ποιώμεθα
	2.	ποιέητε	ποιῆτε		ποιέησθε	ποιῆσθε
	3.	ποιέωσι(ν)	ποιῶσι(ν)		ποιέωνται	ποιῶνται
Optativ	S. 1.	ποιέοιμι	ποιοῖμι	-οίην	ποιεοίμην	ποιοίμην
	2.	ποιέοις	ποιοῖς	-οίης	ποιέοιο	ποιοῖο
	3.	ποιέοι	ποιοῖ	-οίη	ποιέοιτο	ποιοῖτο
	Pl. 1.	ποιέοιμεν	ποιοῖμεν	-οίημεν	ποιεοίμεθα	ποιοίμεθα
	2.	ποιέοιτε	ποιοῖτε	-οίητε	ποιέοισθε	ποιοῖσθε
	3.	ποιέοιεν	ποιοῖεν		ποιέοιντο	ποιοῖντο
Imperativ	S. 2.	ποίεε	ποίει		ποιέου	ποιοῦ
	3.	ποιεέτω	ποιείτω		ποιεέσθω	ποιείσθω
	Pl. 2.	ποιέετε	ποιεῖτε		ποιέεσθε	ποιεῖσθε
	3.	ποιεόντων	ποιούντων		ποιεέσθων	ποιείσθων
Inf.		ποιέειν	ποιεῖν		ποιέεσθαι	ποιεῖσθαι
Partizip		ποιέων	ποιῶν, G.	-οῦντος	ποιεόμενος	ποιούμενος
		ποιέουσα	ποιοῦσα,	-ούσης	ποιεομένη	ποιουμένη
		ποιέον	ποιοῦν,	-οῦντος	ποιεόμενον	ποιούμενον

Anm. 2. Im Optativ sind im Sing. die Formen mit η, im Plur. die Formen ohne η vorherrschend.

3. **Paradigma** δουλόω ich knechte

ο + ε od. ο od. ου gibt ου,
ο + η od. ω gibt ω,
ο + ι- Diphthong (ει, οι, ῃ) gibt οι.

80

		Aktiv			**Med. u. Pass.**	
Indikativ Präs.	S. 1.	δουλόω	δουλῶ		δουλόομαι	δουλοῦμαι
	2.	δουλόεις	δουλοῖς		δουλόῃ (-ει)	δουλοῖ
	3.	δουλόει	δουλοῖ		δουλόεται	δουλοῦται
	Pl. 1.	δουλόομεν	δουλοῦμεν		δουλοόμεθα	δουλούμεθα
	2.	δουλόετε	δουλοῦτε		δουλόεσθε	δουλοῦσθε
	3.	δουλόουσι(ν)	δουλοῦσι(ν)		δουλόονται	δουλοῦνται
Imperfekt	S. 1.	ἐδούλοον	ἐδούλουν		ἐδουλοόμην	ἐδουλούμην
	2.	ἐδούλοες	ἐδούλους		ἐδουλόου	ἐδουλοῦ
	3.	ἐδούλοε(ν)	ἐδούλου		ἐδουλόετο	ἐδουλοῦτο
	Pl. 1.	ἐδουλόομεν	ἐδουλοῦμεν		ἐδουλοόμεθα	ἐδουλούμεθα
	2.	ἐδουλόετε	ἐδουλοῦτε		ἐδουλόεσθε	ἐδουλοῦσθε
	3.	ἐδούλοον	ἐδούλουν		ἐδουλόοντο	ἐδουλοῦντο
Konjunktiv	S. 1.	δουλόω	δουλῶ		δουλόωμαι	δουλῶμαι
	2.	δουλόῃς	δουλοῖς		δουλόῃ	δουλοῖ
	3.	δουλόῃ	δουλοῖ		δουλόηται	δουλῶται
	Pl. 1.	δουλόωμεν	δουλῶμεν		δουλοώμεθα	δουλώμεθα
	2.	δουλόητε	δουλῶτε		δουλόησθε	δουλῶσθε
	3.	δουλόωσι(ν)	δουλῶσι(ν)		δουλόωνται	δουλῶνται
Optativ	S. 1.	δουλόοιμι	δουλοῖμι	-οίην	δουλοοίμην	δουλοίμην
	2.	δουλόοις	δουλοῖς	-οίης	δουλόοιο	δουλοῖο
	3.	δουλόοι	δουλοῖ	-οίη	δουλόοιτο	δουλοῖτο
	Pl. 1.	δουλόοιμεν	δουλοῖμεν	-οίημεν	δουλοοίμεθα	δουλοίμεθα
	2.	δουλόοιτε	δουλοῖτε	-οίητε	δουλόοισθε	δουλοῖσθε
	3.	δουλόοιεν	δουλοῖεν		δουλόοιντο	δουλοῖντο
Imperativ	S. 2.	δούλοε	δούλου		δουλόου	δουλοῦ
	3.	δουλοέτω	δουλούτω		δουλοέσθω	δουλούσθω
	Pl. 2.	δουλόετε	δουλοῦτε		δουλόεσθε	δουλοῦσθε
	3.	δουλοόντων	δουλούντων		δουλοέσθων	δουλούσθων
Inf.		δουλόειν	δουλοῦν		δουλόεσθαι	δουλοῦσθαι
Partizip		δουλόων	δουλῶν, G. -οῦντος		δουλοόμενος	δουλούμενος
		δουλόουσα	δουλοῦσα, -ούσης		δουλοομένη	δουλουμένη
		δουλόον	δουλοῦν, -οῦντος		δουλοόμενον	δουλούμενον

Anm. 3. Über den inf. praes. act. δουλοῦν s. Anm. 1. S. 60.

Anm. 4. Kontrahierte Formen der 3. Pers. des Sing. haben **kein** bewegliches ν: **ἐτίμα, ἐποίει, ἐδούλου.**

Verba muta

§ 81. Ihre Tempusbildung erfolgt durch dieselben Bildesilben und 81
Endungen wie die der verba vocalia. Besondere Beachtung erfordert nur die Art, wie sich jene Tempuselemente gemäß den Lautgesetzen mit dem Stammauslaut verbinden.

1. Bei den **Dentalstämmen** muß der Stammauslaut nach § 17

vor σ und κ schwinden (vgl. ἐλπίσιν, § 39, 1),
vor anderen Dentalen und μ in σ übergehen.

Anm. Bei σπένδω muß überall Ersatzdehnung eintreten:
σπένδω, σπείσω, ἔσπεισα (ἔσπεικα), ἔσπεισμαι, ἐσπείσθην.

2. Bei den **Guttural-** und **Labialstämmen** wird umgebildet nach § 17

mit σ jeder Guttural zu ξ, jeder Labial zu ψ (vgl. § 38),
vor μ „ „ „ γ, „ „ „ μ,
vor τ „ „ „ κ, „ „ „ π,
vor θ „ „ „ χ, „ „ „ φ.

Diesen Stämmen fehlt das perf. I. act. auf -κα; wenn sie überhaupt ein aktives Perfekt haben, so ist es das perf. II. (§ 87).

3. Übersicht der Tempusbildung der verba muta

	γυμναδ- übe	ἁρμοτ- füge	πρᾱγ- tue	κρυφ- verberge
Akt. Präs.	γυμνάζω	ἁρμόττω	πρᾱ́ττω	κρύπ-τω
Fut.	γυμνά-σω	ἁρμό-σω	πρᾱ́ξω	κρύψω
Aor.	ἐγύμνα-σα	ἥρμο-σα	ἔπρᾱξα	ἔκρυψα
Perf.	γεγύμνα-κα	ἥρμο-κα	(§ 87, 3. b)	(§ 87, 3. a)
M.-P. Perf.	γεγύμνασ-μαι	ἥρμοσ-μαι	πέπρᾱγ-μαι	κέκρυμ-μαι
Pass. Aor.	ἐγυμνάσ-θην	ἡρμόσ-θην	ἐπρᾱ́χ-θην	ἐκρύφ-θην
fut. perf.	—	—	πεπρᾱ́ξομαι	κεκρύψομαι
Verbaladj.	γυμνασ-τός	ἁρμοσ-τός	πρᾱκ-τός	κρυπ-τός
	γυμνασ-τέος	ἁρμοσ-τέος	πρᾱκ-τέος	κρυπ-τέος

§ 82. **Flexion des Perf. und Plusquamperf. im Med.-Pass.**

1. Da der Stammauslaut sich dem Anlaut der Endungen assimilieren 82
muß und σ zwischen zwei Konsonanten ausgestoßen wird, so ergeben sich als einzig mögliche Verbindungen nach § 17:

bei Dentalstämmen	bei Gutturalst.	bei Labialstämmen
σμ	γμ	μμ
σ	ξ	ψ
στ	κτ	πτ
σθ	χθ	φθ.

2. In der 3. Person des Plur. können die Endungen -νται und -ντο nicht an konsonantische Stämme treten; deshalb findet hier fast immer Umschreibung durch das part. perf. pass. statt, und zwar

im Perf. mit εἰσί(ν), Neutr. ἐστί(ν),
im Plqpf. mit ἦσαν, Neutr. ἦν.

3. Paradigmen

	Ind. des Perf.	Plusquamperf.	Imperativ	Inf. und Part.
ψεύδω täusche, St. ψευδ	ἔψευσ-μαι	ἐψεύσ-μην		
	ἔψευ-σαι	ἔψευ-σο	ἔψευ-σο	ἐψεῦ-σθαι
	ἔψευσ-ται	ἔψευσ-το	ἐψεύ-σθω	
	ἐψεύσ-μεθα	ἐψεύσ-μεθα		ἐψευσ-μένος
	ἔψευ-σθε	ἔψευ-σθε	ἔψευσ-θε	ἐψευσ-μένη
	ἐψευσ-μένοι εἰσί(ν)	ἐψευσ-μένοι ἦσαν	ἐψεύ-σθων	ἐψευσ-μένον
πρᾱ́ττω tue, St. πρᾱγ	πέπρᾱγ-μαι	ἐπεπρᾱ́γ-μην		
	πέπρᾱξαι	ἐπέπρᾱξο	πέπρᾱξο	πεπρᾶχ-θαι
	πέπρᾱκ-ται	ἐπέπρᾱκ-το	πεπρᾱ́χ-θω	
	πεπρᾱ́γ-μεθα	ἐπεπρᾱ́γ-μεθα		πεπρᾱγ-μένος
	πέπρᾱχ-θε	ἐπέπρᾱχ-θε	πέπρᾱχ-θε	πεπρᾱγ-μένη
	πεπρᾱγ-μένοι εἰσί(ν)	πεπρᾱγ-μένοι ἦσαν	πεπρᾱ́χ-θων	πεπρᾱγ-μένον
γράφω schreibe, St. γραφ	γέγραμ-μαι	ἐγεγράμ-μην		
	γέγραψαι	ἐγέγραψο	γέγραψο	γεγράφ-θαι
	γέγραπ-ται	ἐγέγραπ-το	γεγράφ-θω	
	γεγράμ-μεθα	ἐγεγράμ-μεθα		γεγραμ-μένος
	γέγραφ-θε	ἐγέγραφ-θε	γέγραφ-θε	γεγραμ-μένη
	γεγραμ-μένοι εἰσί(ν)	γεγραμ-μένοι ἦσαν	γεγράφ-θων	γεγραμ-μένον

4. Das stammhafte ε der drei Verben στρέφω drehe, τρέπω wende u. τρέφω ernähre verwandelt sich in α (Ablaut nach § 16):

ἔστραμμαι, τέτραμμαι, τέθραμμαι.

5. Konsonantenhäufungen werden vermieden, z. B. in πέπεμμαι, πεπεμμένος (statt eines dreifachen μ) von πέμπω.

6. Ganz selten wird die 3. P. Pl. Ind. Perf. u. Plqpf. ohne Umschreibung gebildet: τετάχαται, ἐτετάχ-ατο — ἐφθάρ-αται (Ablaut nach § 16).

Verba liquida

§ 83. Futur und 1. Aorist des Aktivs und Mediums

1. Das **Futur** fügt an den Verbalstamm die Ausgänge

(-έσω, -έω): -ῶ, εῖς usw.

nach der Art der verba contracta auf -έω (futurum contractum); s. 3.

2. Im **aor. I.** tritt unter Wegfall des σ in der letzten Stammsilbe Ersatzdehnung ein (§ 18, 1). Dadurch wird

ᾰ nach ι, ρ zu ᾱ:	μιαίνω	beflecke	St. μιαν-	F. μιανῶ,	A. ἐμίᾱνα,
	περαίνω	vollende	περαν-	περανῶ,	ἐπέρᾱνα,
sonst zu η:	φαίνω	zeige	φαν-	φανῶ,	ἔφηνα,
ε zu ει:	δέρω	schinde	δερ-	δερῶ,	ἔδειρα.
ι zu ῑ:	κρΐνω	richte	κριν-	κρινῶ,	ἔκρῑνα,
υ zu ῡ:	ἀμῦνω	wehre ab	ἀμυν-	ἀμυνῶ,	ἤμῡνα.

3. Paradigma: στέλλω sende

		Indikativ	Konjunktiv	Optativ	Imperativ	Inf. u. Part.
Futur	Aktiv	στελ-ῶ		στελ-οῖ-μι -οίη-ν		στελ-εῖν
		στελ-εῖς		στελ-οῖ-ς -οίη-ς		
		στελ-εῖ		στελ-οῖ -οίη		στελ-ῶν, -οῦντος
		στελ-οῦ-μεν		στελ-οῖ-μεν		στελ-οῦσα, -ούσης
		στελ-εῖ-τε		στελ-οῖ-τε		στελ-οῦν, -οῦντος
		στελ-οῦσι(ν)		στελ-οῖε-ν		
	Medium	στελ-οῦ-μαι		στελ-οί-μην		στελ-εῖ-σθαι
		στελ-ῇ, (εῖ)		στελ-οῖ-ο		
		στελ-εῖ-ται		στελ-οῖ-το		στελ-ού-μενος
		στελ-ού-μεθα		στελ-οί-μεθα		στελ-ου-μένη
		στελ-εῖ-σθε		στελ-οῖ-σθε		στελ-ού-μενον
		στελ-οῦ-νται		στελ-οῖ-ντο		
Aorist	Aktiv	ἔ-στειλα	στείλω	στείλαι-μι		στεῖλαι
		ἔ-στειλα-ς	στείλῃς	στείλαι-ς, -ειας	στεῖλον	
		ἔ-στειλε(ν)	στείλῃ	στείλαι, -ειε(ν)	στειλά-τω	στείλᾱς, -αντος
		ἐ-στείλα-μεν	στείλω-μεν	στείλαι-μεν		στείλᾱσα, -ᾱσης
		ἐ-στείλα-τε	στείλη-τε	στείλαι-τε	στείλα-τε	στεῖλαν, -αντος
		ἔ-στειλα-ν	στείλωσι(ν)	στείλαιε-ν, -ειαν	στειλά-ντων	
	Medium	ἐ-στειλά-μην	στείλω-μαι	στειλαί-μην		στείλα-σθαι
		ἐ-στείλ-ω	στείλῃ	στείλαι-ο	στεῖλαι	
		ἐ-στείλα-το	στείλη-ται	στείλαι-το	στειλά-σθω	στειλά-μενος
		ἐ-στειλά-μεθα	στειλώ-μεθα	στειλαί-μεθα		στειλα-μένη
		ἐ-στείλα-σθε	στείλη-σθε	στείλαι-σθε	στείλα-σθε	στειλά-μενον
		ἐ-στείλα-ντο	στείλω-νται	στείλαι-ντο	στειλά-σθων	

§ 84. Die übrigen Tempora

84 1. Sie folgen der gewöhnlichen Tempusbildung; nur ist dabei zu merken:

a) auslautendes ν vor κ wird als γ geschrieben;
b) auslautendes ν vor μ wird oft zu σ umgebildet;
c) σ zwischen zwei Konsonanten wird ausgestoßen;
d) das ε einsilbiger Stämme wandelt sich in α (Ablaut).

2. Übersicht der Tempusbildung der verba liquida

Stämme	φαν- zeige	ἀγγελ- melde	στελ- sende	σπερ- säe
Akt.Präs.	φαίνω	ἀγγέλλω	στέλλω	σπείρω
Fut.	φαν-ῶ, -εῖς	ἀγγελ-ῶ, -εῖς	στελ-ῶ, -εῖς	σπερ-ῶ, -εῖς
Aor.	ἔ-φηνα	ἤγγειλα	ἔ-στειλα	ἔ-σπειρα
Perf.	πέ-φαγ-κα	ἤγγελ-κα	ἔ-σταλ-κα	ἔ-σπαρ-κα
M.-P.Perf.	πέ-φασ-μαι	ἤγγελ-μαι	ἔ-σταλ-μαι	ἔ-σπαρ-μαι
Pass. Aor.	ἐ-φάν-θην	ἠγγέλ-θην	ἐ-στάλ-ην (§ 86,3)	ἐ-σπάρ-ην (§ 86, 3)
Verbaladj.	φαν-τός	ἀγγελ-τός	σταλ-τός	σπαρ-τός
	φαν-τέος	ἀγγελ-τέος	σταλ-τέος	σπαρ-τέος

3. Flexion des Perf. und Plusquamperf. im Med. und Passiv

	Ind. des Perf.	Plusquamperf.	Imperativ	Inf. u. Part.
φαίνω zeige, St. φαν-	πέφασ-μαι	ἐπεφάσ-μην		
	(πέφαν-σαι)	(ἐπέφαν-σο)	(πέφαν-σο)	πεφάν-θαι
	πέφαν-ται	ἐπέφαν-το	πεφάν-θω	
	πεφάσ-μεθα	ἐπεφάσ-μεθα		πεφασ-μένος
	πέφαν-θε	ἐπέφαν-θε	πέφαν-θε	πεφασ-μένη
	πεφασ-μένοι εἰσί(ν)	πεφασ-μένοι ἦσαν	πεφάν-θων	πεφασ-μένον
ἀγγέλλω melde, St. ἀγγελ-	ἤγγελ-μαι	ἠγγέλ-μην		
	ἤγγελ-σαι	ἤγγελ-σο	ἤγγελ-σο	ἠγγέλ-θαι
	ἤγγελ-ται	ἤγγελ-το	ἠγγέλ-θω	
	ἠγγέλ-μεθα	ἠγγέλ-μεθα		ἠγγελ-μένος
	ἤγγελ-θε	ἤγγελ-θε	ἤγγελ-θε	ἠγγελ-μένη
	ἠγγελ-μένοι εἰσί(ν)	ἠγγελ-μένοι ἦσαν	ἠγγέλ-θων	ἠγγελ-μένον

4. Von verba liquida wird kein fut. perfecti gebildet.

5. Über βάλλω, κλίνω, κρίνω, τείνω s. § 91, 4. 6. 7 m. A.

Starke Tempora

1. Der starke Aorist des Aktivs und Mediums

§ 85. 1. Bildesilbe sind -ο und -ε am Verbalstamm, so daß die Ausgänge im Indikativ mit dem Imperfekt, 85
sonst mit den entsprechenden Formen des Präsens
übereinstimmen; nur vier Formen zeigen abweichenden Akzent:
im Akt. der Infinitiv und das Partizip: βαλεῖν, βαλών,
im Med. die 2. Sg. des Imper. und der Inf.: βαλοῦ, βαλέσθαι.

Anm. Auch die Komposita betonen in diesen Formen den Bildevokal: ἀποβαλεῖν, ἀποβαλών, ἀποβαλοῦ, ἀποβαλέσθαι.

2. Paradigma

	Indikativ	Konjunktiv	Optativ	Imperativ	Inf. u. Part.
Aktiv	ἔ-βαλ-ο-ν	βάλ-ω	βάλ-οι-μι		
	ἔ-βαλ-ε-ς	βάλ-ῃς	βάλ-οι-ς	βάλ-ε	βαλ-εῖν
	ἔ-βαλ-ε(ν)	βάλ-ῃ	βάλ-οι	βαλ-έ-τω	
	ἐ-βάλ-ο-μεν	βάλ-ω-μεν	βάλ-οι-μεν		βαλ-ών, -όντος
	ἐ-βάλ-ε-τε	βάλ-η-τε	βάλ-οι-τε	βάλ-ε-τε	βαλ-οῦσα, -ούσης
	ἔ-βαλ-ο-ν	βάλ-ωσι(ν)	βάλ-οιε-ν	βαλ-ό-ντων	βαλ-όν, -όντος
Medium	ἐ-βαλ-ό-μην	βάλ-ω-μαι	βαλ-οί-μην		
	ἐ-βάλ-ου	βάλ-ῃ	βάλ-οι-ο	βαλ-οῦ	βαλ-έ-σθαι
	ἐ-βάλ-ε-το	βάλ-η-ται	βάλ-οι-το	βαλ-έ-σθω	
	ἐ-βαλ-ό-μεθα	βαλ-ώ-μεθα	βαλ-οί-μεθα		βαλ-ό-μενος
	ἐ-βάλ-ε-σθε	βάλ-η-σθε	βάλ-οι-σθε	βάλ-ε-σθε	βαλ-ο-μένη
	ἐ-βάλ-ο-ντο	βάλ-ω-νται	βάλ-οι-ντο	βαλ-έ-σθων	βαλ-ό-μενον

3. In attischer Prosa sind starke Aoriste besonders von folgenden regelmäßigen Verben gebräuchlich:

τίκτω gebäre, St. τεκ- ἔτεκον,
ἀνα-κράζω schreie auf, κραγ- ἀν-έκραγον,
βάλλω werfe, βαλ- ἔβαλον,
κατα-καίνω töte, καν- κατ-έκανον,
ὀφείλω schulde, ὀφελ- ὤφελον ich sollte, o daß ich, mit Inf. § 169, 3. A.;

sowie mit eigentümlicher Bildung von
ἄγω führe, St. ἀγ- ἤγαγον (Reduplikation),
τρέπομαι wende mich τρεπ- ἐτραπόμην (Ablaut).

Sehr zahlreich sind diese Aoriste von unregelmäßigen Verben.

2. Der starke Aorist und das von ihm gebildete Futur des Passivs

86 § 86. 1. Bildesilbe ist bloßes -η, vor Vok. und ντ bloßes -ε am Verbalstamm. Die Flexion ist ganz dieselbe wie im aor. I. und fut. I. pass. (§ 78, 8); nur wird in der 2. P. sing. imper. die Endung -θι nicht verändert: στάλη-θι.

2. Mehrere aor. II. pass. haben intransitive Bedeutung.

3. In attischer Prosa sind von folgenden Verben fast ausschließlich diese aor. II. im Gebrauch:

1.	γράφω	schreibe,	St.	γραφ-	aor. II.	ἐγράφην,	
	βλάπτω	schädige,		βλαβ-		ἐβλάβην,	
	θάπτω	begrabe,		θαφ-		ἐτάφην,	
	κόπτω	schlage,		κοπ-		ἐκόπην,	
	σκάπτω	grabe,		σκαφ-		ἐσκάφην,	
2.	ἀλλάττω	ändere,		ἀλλαγ-		ἠλλάγην,	
	σφάττω	schlachte,		σφαγ-		ἐσφάγην,	
3.	σφάλλω	bringe zu Fall,		σφαλ-		ἐσφάλην,	pass. u. intr.,
	μαίνομαι	rase,		μαν-		ἐμάνην,	
	φαίνομαι	erscheine,		φαν-		ἐφάνην.	

Die Stämme mit Stammvokal ε wandeln dieses in α (Ablaut nach § 16).

1.	τρέπω	wende,	St.	τρεπ-	aor. II.	ἐτράπην,	pass. u. intr.,
	στρέφω	drehe,		στρεφ-		ἐστράφην,	pass. u. intr.,
	τρέφω	nähre,		θρεφ-		ἐτράφην,	
2.	δέρω	schinde,		δερ-		ἐδάρην,	
	στέλλω	sende,		στελ-		ἐστάλην,	
	σπείρω	säe,		σπερ-		ἐσπάρην,	
	δια-φθείρω	verderbe,		φθερ-		δι-εφθάρην,	pass. u. intr.
nur	συλ-λέγω	sammle,		λεγ-		hat συν-ελέγην.	

Anm. 1. Unterscheide ἐφάνην erschien, von φαίνομαι erscheine, und ἐφάνθην wurde gezeigt, von φαίνω zeige.

Anm. 2. Der starke Passivaorist kommt nur von solchen Verben vor, welche keinen starken Aktivaorist haben; nur τρέπω hat sämtliche Aoriste des Aktivs, Mediums, und Passivs:

im Akt.	ἔτρεψα u. ἔτραπον (poet.)	ich wandte,
im Med.	ἐτρεψάμην	wandte von mir, schlug in die Flucht,
und	ἐτραπόμην	wandte mich, ergriff die Flucht,
im Pass.	ἐτρέφθην	wurde gewendet,
und	ἐτράπην	wurde gewendet und wandte mich.

3. Das starke Perfekt und Plusquamperfekt des Aktivs

§ 87. 1. Bildesilben sind bloßes -α und -ει (bezw. -ε) unmittelbar am reduplizierten Verbalstamm: 87

γράφω schreibe, St. γραφ-, perf. II. γέγραφ-α,
plqpf. II. ἐ-γεγράφ-ειν.

Solche perf. II. und plqpf. II. act. ohne κ werden fast nur von verba muta und einigen wenigen verba liquida gebildet.

Die Flexion ist ganz dieselbe wie im perf. u. plusqpf. I.:

Ind.	γέγραφ-α, -ας, -ε(ν) usf.	Plqpf.	ἐγεγράφ-ειν, -εις, -ει usf.
Konj.	γεγράφ-ω, -ῃς, -ῃ usf.	Opt.	γεγράφ-οιμι, -οις, -οι usf.
Inf.	γεγραφ-έ-ναι.	Part.	γεγραφ-ώς, -υῖα, -ός, -ότος, -υίας, -ότος.

2. Der Verbalstamm kann im perf. II. unverändert bleiben; häufiger aber wird er verändert, indem

entw. auslautende Gutturale und Labiale aspiriert werden,
od. kurze Stammvokale Ablaut zeigen,
od. sowohl Aspiration als Ablaut eintritt.

Mehrere starke Perfekta haben intransitive Bedeutung.

3. Von regelmäßigen Verben merke besonders folgende perf. II.:

a) mit unverändertem Verbalstamm:

	κύπτω	bücke mich, St.	κῡφ- Perf.	κέ-κῡφ-α,
	πράττω	tue,	πρᾱγ-	πέ-πρᾱγ-α,
	γράφω	schreibe,	γραφ-	γέ-γραφ-α.

b) mit aspiriertem Stammauslaut:

	ἄγω	führe,	ἀγ-	ἦχ-α,
	τάττω	ordne,	ταγ-	τέ-ταχ-α,
	κόπτω	schlage,	κοπ-	κέ-κοφ-α.

c) mit Ablaut des Stammvokals:

α zu η:	μαίνομαι	rase,	μαν-	μέ-μην-α bin rasend,
	φαίνομαι	erscheine,	φαν-	πέ-φην-α bin erschienen;
ε zu ο:	στρέφω	drehe,	στρεφ-	ἔ-στροφ-α,
	τρέφω	nähre,	θρεφ-	τέ-τροφ-α,
	ἀπο-κτείνω	töte,	κτεν-	ἀπ-έ-κτον-α.

d) mit Aspiration und Ablaut:

	πέμπω	schicke,	πεμπ-	πέ-πομφ-α,
	τρέπω	wende,	τρεπ-	τέ-τροφ-α.

Anm. Unterscheide πέφηνα bin erschienen zu φαίνομαι erscheine
und πέφαγκα habe gezeigt zu φαίνω zeige.

Besonderheiten in der Konjugation der regelmäßigen Verben auf -ω

A. Augment und Reduplikation

88 § 88. 1. Fünf (ursprünglich konsonantisch anlautende) Verben haben als Augment und Reduplikation nicht η sondern ει (aus ε-ε):

ἔχω habe,	ἕλκω ziehe, schleppe,	ἕπομαι sequor,
ἐάω lasse zu,	ἐθίζω gewöhne,	ἐργάζομαι arbeite;

z. B. εἶχον, εἷλκον, εἱπόμην — εἴων, εἴθισα, εἴθικα.

Anm. Aus demselben Grunde haben ὠθέω (urspr. Ϝωθέω) und ὠνέομαι (urspr. Ϝωνέομαι) syllabisches Augment (§ 110, 3 und 111, 18).

2. Syllabisches und temporales Augment zugleich haben

ὁράω sehe, Impf. ἑώρων,		Aor. —	Pf. ἑ-ώρακα (§ 111, 6),
ἀν-οίγω öffne,	ἀν-έ-ῳγον	ἀν-έ-ῳξα (Kj. ἀν-οίξω)	ἀν-έ-ῳχα (§ 87, 3. b)
Pass.	ἀν-ε-ῳγόμην	ἀν-ε-ῴχθην (Inf. ἀν-οιχθῆναι)	ἀν-έ-ῳγμαι.

3. Ähnlich hat ἔοικα gleiche, scheine (defektives perf. II. von εἴκω gleiche) im Plqpf. ἐῴκειν. Sein Partizipium ἐοικώς ähnlich ist zu unterscheiden vom Neutrum εἰκός natürlich, billig, Adv. εἰκότως.

4. Einige mit Präpositionen zusammengesetzte Verben haben die Bedeutung einfacher Verben erhalten und nehmen darum das Augment vor der Präposition an:

καθ-έζομαι setze mich, sitze,		Impf. ἐκαθεζόμην,
καθ-ίζω	setze (tr.) u. setze mich,	,, ἐκάθιζον, Aor. ἐκάθισα,
καθ-εύδω	schlafe,	,, ἐκάθευδον.

5. An dem Verb und an der Präposition zugleich augmentiert sind ἀν-έχομαι halte aus: Impf. ἠνειχόμην, Aor. ἠνεσχόμην (§ 111, 5).

6. εἰ- statt der Reduplikationssilbe haben

διαλέγομαι unterrede mich, Pf. δι-είλεγ-μαι (Aor. δι-ελέχ-θην),
und συλ-λέγω sammle, pf. a. συν-είλοχα, pf. p. συν-είλεγ-μαι und ähnlich das defektive perf. II. εἴωθα, εἰώθειν bin, war gewohnt.

7. Sog. attische Reduplikation haben

ἀκούω höre,	ἀκήκοα,	ἠκηκόειν,
ὀρύττω grabe,	ὀρώρυγμαι,	ὠρωρύγμην, u. andere.

Bei dieser Red. treten die beiden ersten Laute des Stammes vor das augm. temp.; unregelm. ist ἐγρ-ήγορα bin wach von ἐγείρω wecke.

B. Besonderheiten in der Tempusbildung

§ 89. Futur und Aorist

1. Im Fut. des Akt. u. Med. stoßen einige Verben das σ aus und kontrahieren nach Art der verba contracta (sog. futurum Atticum), so 89

βιβάζω mache gehen, Fut. (βιβάσω): βιβῶ, -ᾷς usf.
καλέω rufe, nenne, „ (καλέσω): καλῶ, -εῖς „
τελέω vollende, „ (τελέσω): τελῶ, -εῖς „.

2. Die mehr als zweisilbigen Verben auf -ίζω haben immer das kontrahierte fut. Atticum, im Akt. auf -ιῶ, -ιεῖς usf.
im Med. auf -ιοῦμαι, -ιῇ (-ιεῖ) usf.,

z. B. νομιῶ, -εῖς, νομιοίην, νομιεῖν, νομιῶν, -οῦσα, -οῦν,
νομιοῦμαι, -ῇ, νομιοίμην, νομιεῖσθαι, νομιούμενος.

3. ᾱ statt η hat im Aor. das Verb αἴρω hebe auf, St. ἀρ-:
Fut. ἀρῶ, -εῖς. Aor. ἦρα (ἄρω, ἄραιμι, ἆρον, ἆραι, ἄρας).

§ 90. Verba vocalia

1. χρῆσθαι gebrauchen bildet 90
χρήσομαι, ἐχρησάμην, κέχρημαι.

2. η statt ᾱ als Kontraktionsvokal haben ζῆν leben u. χρῆσθαι:
ζῶ, ζῇς, ζῇ, ζῆτε, ἔζων, ἔζης, ἔζη, ἐζῆτε, ζῆν,
χρῶμαι, χρῇ, χρῆται, χρῆσθε, ἐχρῆτο, ἐχρῆσθε, χρῆσθαι.

3. Einsilbige Stämme auf -ε außer δέω binde kontrahieren nur in ει:
πλέω, πλεῖς, πλεῖ, πλέομεν, πλεῖτε, πλέουσιν,
ἔπλεον, ἔπλεις, ἔπλει, ἐπλέομεν, ἐπλεῖτε, πλέῃς, πλέοιμι, πλεῖν.

4. Kurzen Endvokal des Stammes in allen Tempora und (sog. eingeschobenes) σ vor den mit -μ, -τ und -θ beginnenden Endungen im perf., plusqpf. u. aor. pass. und im Verbaladj. haben:

γελάω	lache Pass.	γελάσομαι γελασθήσομαι	ἐγέλασα ἐγελάσθην	 γεγέλασμαι	γελαστός lächerlich
σπάω	ziehe	σπάσω σπασθήσομαι	ἔσπασα ἐσπάσθην	ἔσπακα ἔσπασμαι	σπαστός gezogen
τελέω	vollende	τελῶ, -εῖς τελεσθήσομαι	ἐτέλεσα ἐτελέσθην	τετέλεκα τετέλεσμαι	ἀτέλεστος unvollendet
αἰδέομαι d. p.	scheue mich	αἰδέσομαι	ᾐδέσθην	ᾔδεσμαι	
ἀρκέω	genüge	ἀρκέσω	ἤρκεσα	—	

5. Kurzen Vokal in allen gebräuchlicheren Tempora, aber kein σ haben die Komposita von αἰνέω heiße gut, besonders

ἐπ-αινέω lobe, ἐπ-αινέσομαι, ἐπ-ῄνεσα, ἐπ-ῄνεκα, ἐπ-ῃνέθην,
u. παρ-αινέω rede zu, παρ-αινέσω, παρ-ῄνεσα, παρ-ῄνεκα, παρ-ῃνέθην.

6. Kurzen Vokal in einzelnen Tempora, aber kein σ haben:

δέω	binde Pass.	δήσω δεθήσομαι	ἔδησα ἐδέθην	δέδεκα δέδεμαι	δετός
θύω	opfere	θύσω τυθήσομαι	ἔθῡσα ἐτύθην § 20, 2.	τέθῠκα τέθῠμαι	
λύω	löse	λύσω λῠθήσομαι	ἔλῡσα ἐλύθην	λέλῠκα λέλῠμαι	λῠτός
δύω tr. δύομαι intr.	hülle ein gehe unter	δύσω δῠθήσομαι δύσομαι	ἔδῡσα ἐδύθην ἔδῡν § 101.	— δέδῠμαι δέδῡκα	

7. σ nach langem Vokal oder Diphthong entweder in allen oder in einzelnen Passivformen haben:

κελεύω	befehle,	κεκέλευσμαι,	ἐκελεύσθην,	κελευστός,
κλείω (älter κλῄω)	schließe,	κέκλειμαι,	ἐκλείσθην,	κλειστός,
χρίω	salbe,	κέχρῑμαι,	ἐχρίσθην,	χρῑστός,
χρῆσθαι	gebrauchen,	κέχρημαι, med.	ἐχρήσθην, pass.	χρηστός.

§ 91. Verben mit verschiedenen der genannten Besonderheiten und (nicht wesentlich) verschiedenen Nebenstämmen

91

1. ἕλκω	schleppe	ἑλκ ἑλκυ(σ)	ἕλξω ἑλκυσθήσομαι	εἵλκυσα εἱλκύσθην	εἵλκυκα εἵλκυσμαι
2. καίω κάω (unkontrahiert!)	verbrenne tr. (oft κατα-)	και κᾰϝ, κᾱ καυ	καύσω καυθήσομαι	ἔκαυσα ἐκαύθην	κέκαυκα κέκαυμαι ἄκαυ(σ)τος
3. σῴζω Med. Pass.	rette rette mir werde gerettet u. rette mich	σωδ σω	σώσω σώσομαι σωθήσομαι	ἔσωσα ἐσωσάμην ἐσώθην	σέσωκα σέσῳσμαι (σέσωμαι)
4. βάλλω	werfe Med. Pass.	βαλ βλη	βαλῶ, -εῖς βαλοῦμαι, -ῇ βληθήσομαι	ἔβαλον ἐβαλόμην ἐβλήθην	βέβληκα } βέβλημαι
5. καλέω	rufe, nenne Med. Pass.	καλε κλη	καλῶ, -εῖς καλοῦμαι, -ῇ κληθήσομαι	ἐκάλεσα ἐκαλεσάμην ἐκλήθην	κέκληκα κέκλημαι κέκλημαι heiße
6. κρίνω	scheide, richte Pass.	κρῑν κρῐ	κρινῶ, -εῖς κριθήσομαι	ἔκρῑνα ἐκρίθην	κέκρικα κέκριμαι
7. τείνω	spanne Pass.	τεν τα	τενῶ, εῖς ταθήσομαι	ἔτεινα ἐτάθην	τέτακα τέταμαι

Anm. Wie καίω geht κλαίω, wie κρίνω geht κλίνω: § 96, 45. 49.

C. Besonderheiten im Gebrauch der genera verbi

§ 92. Transitive und intransitive Bedeutung

Wenn ein Wechsel zwischen transitiver und intransitiver Bedeutung bei den Formen eines Verbs stattfindet, so haben 92
der schwache Aor. und das schwache Perf. die transitive Bedeutung des Aktivs,
der starke Aor. und das starke Perf. intransitive Bedeutung;
wo nur ein Perfekt vorkommt, ist dieses intransitiv. Z. B.

		F.	A.	Pf.
φαίνω	zeige	φανῶ, -εῖς	ἔφηνα	πέφαγκα
φαίνομαι	erscheine	φανοῦμαι, -ῇ	ἐφάνην	πέφηνα
δύω	hülle ein	δύσω	ἔδῡσα	—
δύομαι	hülle mich ein	δύσομαι	ἔδῡν (§ 101)	δέδῡκα
ἐνδύω	ziehe an	ἐνδύσω	ἐνέδῡσα	—
ἐνδύομαι	ziehe mich an	ἐνδύσομαι	ἐνέδῡν	ἐνδέδῡκα
καταδύω	versenke	καταδύσω	κατέδῡσα	—
καταδύομαι	versinke	καταδύσομαι	κατέδῡν	καταδέδῡκα
φύω	erzeuge	φύσω	ἔφῡσα	—
φύομαι	entstehe	φύσομαι	ἔφῡν (§ 101)	πέφῡκα bin von Natur

Vgl. ἵστημι § 99, 2 und § 105, 9—11. 107, 1.

§ 93. Futura media in aktiver und passiver Bedeutung

1. Viele aktive Verben haben ein mediales Fut. in **aktiver** Bedeutung 93

z. B. ἀκούω höre: ἀκούσομαι, γελάω lache: γελάσομαι,
βοάω rufe: βοήσομαι, διώκω verfolge: διώξομαι.

2. Manche aktive Verben verwenden das mediale Fut. in **passiver** Bedeutung; so

ἀξιώσομαι werde gewürdigt werden, βλάψομαι werde geschädigt werden,
πολιορκήσομαι werde belagert werden, ὠφελήσομαι werde gefördert werden.

3. Einzelne Verben verwenden als **fut. passivi** sowohl die mediale als die passive Form,

z. B. ἀπο-στερήσομαι und ἀποστερηθήσομαι werde beraubt werden,
τῑμήσομαι und τῑμηθήσομαι werde geehrt werden, u. a.

§ 94. Deponentien

1. Von **deponentia media** (§ 71, 3. Anm.) können auch Formen mit passiver Bedeutung gebildet werden; der passive Aor. hat dann passive, das Perf. sowohl aktive als passive Bedeutung: 94

αἰτιάομαι beschuldige: ᾐτιᾱσάμην beschuldigte, ᾐτιᾱ́θην wurde besch.; ᾐτίᾱμαι habe beschuldigt u. bin beschuldigt.

So βιάζομαι	zwinge,	ἰάομαι	heile,	μῑμέομαι	ahme nach,
δέχομαι	nehme auf,	λογίζομαι	erwäge,	χειρόομαι	überwältige,
ἐργάζομαι	arbeite,	μέμφομαι	tadle,	ἐντέλλομαι	trage auf,
ἀπο-κρῑ́νομαι	antworte,	μετα-πέμπομαι	hole,	κατα-στρέφομαι	unterwerfe.

2. **Deponentia passiva** (§ 71, 3 Anm.) sind besonders Verben der Bewegung, der Gemütsbewegung und des Denkens. Sie haben meist mediales Futur.

Z. B. ἐναντιόομαι	trete entgegen	ἐναντιώσομαι	ἠναντιώθην
ἔραμαι, gew. ἐράω	liebe	ἐρασθήσομαι	ἠράσθην
ἥδομαι	freue mich	ἡσθήσομαι	ἥσθην
ἡττάομαι	unterliege	ἡττήσομαι	ἡττήθην
ἐν-θῡμέομαι	erwäge	ἐν-θῡμήσομαι	ἐν-εθῡμήθην
προ-θῡμέομαι	bin willig	προ-θῡμήσομαι	προ-εθῡμήθην
δια-νοέομαι	beabsichtige	δια-νοήσομαι	δι-ενοήθην.

Zu den deponentia passiva gehören auch manche Media transitiver Verba, die aus der reflexiven in die intransitive Bedeutung übergangen sind:

αἰσχῡ́νω	beschäme,	d. p.	schäme mich	αἰσχυνοῦμαι, -ῇ	ᾐσχύνθην
κοιμάω	bringe z. Ruhe,	d. p.	schlafe ein	κοιμήσομαι	ἐκοιμήθην
ὀργίζω	erzürne,	d. p.	zürne	ὀργιοῦμαι, -ῇ	ὠργίσθην
ὁρμάω	treibe an,	,,	breche auf	ὁρμήσομαι	ὡρμήθην
πείθω	überrede,	,,	gehorche	πείσομαι	ἐπείσθην
πειράω	versuche,	,,	versuche (mich an etw.)	πειρᾱ́σομαι	ἐπειρᾱ́θην
πλανάω	führe irre,	,,	irre umher	πλανήσομαι	ἐπλανήθην
πορεύω	bringe,	,,	marschiere, reise	πορεύσομαι	ἐπορεύθην
φοβέω	schrecke,	,,	erschrecke, fürchte mich	φοβήσομαι	ἐφοβήθην
φαίνω	zeige,	,,	erscheine	φανοῦμαι, -ῇ u. φανήσομαι	ἐφάνην

Von unregelmäßigen Verben gehören hierher ἄχθομαι (§ 110, 8), βούλομαι (§ 110, 9), δέομαι (§ 110, 11), ἐπιμέλομαι (§ 110, 13), οἴομαι (§ 110, 14), διαλέγομαι (§ 111, 12); mit fut. pass. ῥήγνυμαι (§ 105, 10), ἐκπλήττομαι (§ 107, 2), μιμνῄσκομαι (§ 109, 10), φέρομαι stürze (§ 111, 11).

Der Dual in der Deklination und Konjugation

§ 95. 1. **Der Dual in der Deklination** hat nur zwei Kasusformen: die eine für Nom., Akk. und Vok., die andere für Gen. und Dat. 95

Seine Ausgänge sind

		im N. A. V.	im G. D.
in der	I. Dekl.	-ᾱ,	-αιν,
	II. ,,	-ω,	-οιν,
	III. ,,	-ε,	-οιν.

I. τὼ χώρᾱ,	τοῖν χώραιν	—	τὼ τῑμά,	τοῖν τῑμαῖν.
II. τὼ θεώ,	τοῖν θεοῖν	—	τὼ ἀνθρώπω,	τοῖν ἀνθρώποιν.
III. τὼ θῆρε,	τοῖν θηροῖν	—	τὼ φύλακε,	τοῖν φυλάκοιν.
τὼ ἄνδρε,	τοῖν ἀνδροῖν	—	τὼ γυναῖκε,	τοῖν γυναικοῖν.
τὼ χεῖρε,	τοῖν χειροῖν	—	τὼ παῖδε, τοῖν παίδοιν (50, 12; 36, 7. c.)	
τὼ πόλει,	τοῖν πολέοιν	—	τὼ σκέλει, τοῖν τειχοῖν.	
zu ἐγώ: νώ, νῷν		—	zu σύ: σφώ, σφῷν.	

Anm. Vom Artikel wird auch im Fem. meist τώ, τοῖν gebraucht.

2. **Der Dual in der Konjugation** hat ebenfalls nur zwei besondere Endungen für die 2. u. 3. Person, während die 1. Person des Duals immer mit der 1. Person des Plurals zusammenfällt.

Die Endungen sind

		i. Akt. u. aor. pass.	i. Med. u. Pass.
1. in den Haupttempora u. Konjunktiven	2. P.	-τον	-σθον
	3. P.	-τον	-σθον
2. in den Augmentformen u. Optativen	2. P.	-τον	-σθον
	3. P.	-την	-σθην
3. in den Imperativen	2. P.	-τον	-σθον
	3. P.	-των	-σθων; also

			2. P.	3. P.
Aktiv	Präs. Ind.	παιδεύω	παιδεύε-τον	παιδεύε-τον
	Impf.	ἐπαίδευον	ἐπαιδεύε-τον	ἐπαιδευέ-την
	Konj.	παιδεύω	παιδεύη-τον	παιδεύη-τον
	Opt.	παιδεύοιμι	παιδεύοι-τον	παιδευοί-την
	Imp.	παίδευε	παιδεύε-τον	παιδευέ-των
	Aor. Ind.	ἐπαίδευσα	ἐπαιδεύσα-τον	ἐπαιδευσά-την
	Konj.	παιδεύσω	παιδεύση-τον	παιδεύση-τον
	Opt.	παιδεύσαιμι	παιδεύσαι-τον	παιδευσαί-την
	Imp.	παίδευσον	παιδεύσα-τον	παιδευσά-των
Med.-Pass.	Präs. Ind.	παιδεύομαι	παιδεύε-σθον	παιδεύε-σθον
	Impf.	ἐπαιδευόμην	ἐπαιδεύε-σθον	ἐπαιδευέ-σθην
	Konj.	παιδεύωμαι	παιδεύη-σθον	παιδεύη-σθον
	Opt.	παιδευοίμην	παιδεύοι-σθον	παιδευοί-σθην
	Imp.	παιδεύου	παιδεύε-σθον	παιδευέ-σθων

Ebenso entsprechend in den übrigen Tempora und bei den Verben auf -μι.

96

§ 96. Übersicht der Tempusbildung

Präsens		Verbalstamm	Futur	Aorist d. Akt. (Med.)
a) Verba vocalia				
1. παιδεύω	erziehe	παιδευ-	παιδεύσω	ἐπαίδευσα
2. θηράω	jage	θηρᾱ- (§ 79.)	θηρᾱ́σω	ἐθήρᾱσα
3. τῑμάω	ehre	τῑμη- (§ 79.)	τῑμήσω	ἐτῑ́μησα
4. ποιέω	tue	ποιη- (§ 79.)	ποιήσω	ἐποίησα
5. δουλόω	knechte	δουλω- (§ 79.)	δουλώσω	ἐδούλωσα
b) Verba muta				
6. γυμνάζω	übe	γυμναδ-	γυμνάσω	ἐγύμνασα
7. ἁρμόττω	füge	ἁρμοτ-	ἁρμόσω	ἥρμοσα
8. πείθω	überrede	πειθ-	πείσω	ἔπεισα
9. πείθομαι	gehorche	πειθ-	πείσομαι	
10. ψεύδω	täusche	ψευδ-	ψεύσω	ἔψευσα
11. ψεύδομαι	lüge	ψευδ-	ψεύσομαι	ἐψευσάμην log
12. σπένδω	spende	σπενδ-	σπείσω § 81, 1	ἔσπεισα
13. πρᾱ́ττω	tue; befinde mich	πρᾱγ-	πρᾱ́ξω	ἔπρᾱξα
14. τάττω	ordne	ταγ-	τάξω	ἔταξα
15. ἄρχω	bin d. erste, herrsche	ἀρχ-	ἄρξω	ἦρξα
16. ἄγω	führe	ἀγ-	ἄξω	ἤγαγον § 85, 3.
17. πέμπω	schicke	πεμπ-	πέμψω	ἔπεμψα
18. γράφω	schreibe	γραφ-	γράψω	ἔγραψα
19. κόπτω	schlage	κοπ-	κόψω	ἔκοψα
20. βλάπτω	schade	βλαβ-	βλάψω	ἔβλαψα
21. θάπτω	begrabe	θαφ-	θάψω § 20, 3.	ἔθαψα
22. ῥῑ́πτω	schleudere	ῥῑπ-	ῥῑ́ψω	ἔρρῑψα
23. τρέπω	wende	τρεπ-	τρέψω	ἔτρεψα, ἔτραπον (§ 86,3. Anm. 2.)
24. τρέφω	nähre	θρεφ-	θρέψω § 20, 3.	ἔθρεψα
25. στρέφω	drehe	στρεφ-	στρέψω	ἔστρεψα

des regelmäßigen Verbs

96

Perf. d. Aktivs	Perf. des Med.-Pass.	Aorist des Passivs	Verbaladjektive
πεπαίδευκα	πεπαίδευμαι	ἐπαιδεύθην	παιδευτός, -τέος
τεθήρᾱκα	τεθήρᾱμαι	ἐθηρᾱ́θην	θηρᾱτός
τετῑ́μηκα	τετῑ́μημαι	ἐτῑμήθην	τῑμητός
πεποίηκα	πεποίημαι	ἐποιήθην	ποιητός
δεδούλωκα	δεδούλωμαι	ἐδουλώθην	δουλωτός
γεγύμνακα	γεγύμνασμαι	ἐγυμνάσθην	γυμναστός
ἥρμοκα	ἥρμοσμαι	ἡρμόσθην	ἁρμοστός
πέπεικα	πέπεισμαι	ἐπείσθην wurde überredet	πειστός
	πέπεισμαι	ἐπείσθην gehorchte	πειστέον
ἔψευκα	ἔψευσμαι	ἐψεύσθην wurde getäuscht	ψευστός
	ἔψευσμαι	ἐψεύσθην täuschte mich	
ἔσπεικα	ἔσπεισμαι	ἐσπείσθην	σπειστέον
πέπρᾱγα § 87, 3. vgl. auch § 112.	πέπρᾱγμαι	ἐπρᾱ́χθην	πρᾱκτός
τέταχα	τέταγμαι	ἐτάχθην	τακτός
ἦρχα	ἦργμαι	ἤρχθην	ἀρκτός
ἦχα	ἦγμαι	ἤχθην	ἀκτός
πέπομφα	πέπεμμαι	ἐπέμφθην	πεμπτός
γέγραφα	γέγραμμαι	ἐγράφην § 86, 1.	γραπτός
κέκοφα	κέκομμαι	ἐκόπην	κοπτός
βέβλαφα	βέβλαμμαι	ἐβλάβην	βλαπτός
τέταφα	τέθαμμαι	ἐτάφην	ἄ-θαπτος
ἔρρῑφα	ἔρρῑμμαι	ἐρρῑ́φθην	ῥῑπτός
τέτροφα	τέτραμμαι § 82, 4.	ἐτράπην § 86, 3. A. 2. ἐτρέφθην	τρεπτός
τέτροφα	τέθραμμαι	ἐτράφην	θρεπτός
ἔστροφα	ἔστραμμαι	ἐστράφην	στρεπτός

96

Präsens		Verbal-stamm	Futur	Aorist des Akt. (Med.)
c) Verba liquida				
26. μιαίνω	beflecke	μιαν-	μιανῶ, -εῖς	ἐμίᾱνα
27. καθαίρω	reinige	καθαρ-	καθαρῶ, -εῖς	ἐκάθηρα
28. φαίνω	zeige	φαν-	φανῶ, -εῖς	ἔφηνα
29. φαίνομαι	erscheine	φαν-	φανοῦμαι, -ῇ } φανήσομαι	
30. ἀγγέλλω	melde	ἀγγελ-	ἀγγελῶ, -εῖς	ἤγγειλα
31. δέρω	schinde	δερ-	δερῶ, -εῖς	ἔδειρα
32. στέλλω	sende	στελ-	στελῶ, -εῖς	ἔστειλα
33. σπείρω	säe	σπερ-	σπερῶ, -εῖς	ἔσπειρα
34. ἀπο-κτείνω	töte	κτεν-	ἀποκτενῶ, -εῖς	ἀπέκτεινα
d) Verba mit einzelnen Besonderheiten				
35. νομίζω	glaube, halte für	νομιδ-	νομιῶ, -εῖς	ἐνόμισα
36. σπάω	ziehe	σπα(σ)-	σπάσω	ἔσπασα
37. τελέω	vollende	τελεσ-	τελῶ, -εῖς	ἐτέλεσα
38. δέω	binde	δη-, δε-	δήσω	ἔδησα
39. χρῆσθαι	gebrauchen	χρη(σ)-	χρήσομαι	ἐχρησάμην
40. κελεύω	befehle	κελευ(σ)-	κελεύσω	ἐκέλευσα
41. ἀκούω	höre	ἀκου(σ)-	ἀκούσομαι	ἤκουσα
42. κλείω	schließe	κλει(σ)-	κλείσω	ἔκλεισα
43. χρΐω	salbe	χρῑ(σ)-	χρΐσω	ἔχρῑσα
44. καίω, κᾱ́ω	brenne, tr.	καυ(σ)-, κᾱ-	καύσω	ἔκαυσα
45. κλαίω, κλᾱ́ω	weine	κλαυ(σ)-, κλᾱ-	κλαύσομαι	ἔκλαυσα
46. σῴζω	rette	σῳδ-, σω-	σώσω	ἔσωσα
47. αἴρω	hebe auf	ἀρ-	ἀρῶ, -εῖς	ἦρα (ᾶραι)
48. κρΐνω	scheide, richte	κριν-, κρι-	κρινῶ, -εῖς	ἔκρῖνα
49. κλΐνω	lehne, neige	κλιν-, κλι-	κλινῶ, -εῖς	ἔκλῖνα
50. τείνω	spanne	τεν-, τα-	τενῶ, -εῖς	ἔτεινα
51. βάλλω	werfe	βαλ-, βλη-	βαλῶ, -εῖς	ἔβαλον
52. καλέω	rufe, nenne	καλε-, κλη-	καλῶ, -εῖς	ἐκάλεσα
53. ἐγείρω	wecke	ἐγερ-	ἐγερῶ, -εῖς	ἤγειρα
54. ἐγείρομαι	erwache	ἐγερ-	—	ἠγρόμην

96

Perfekt des Aktivs	Perf. des Med.-Pass.	Aorist des Pass.	Verbal-adjektive
μεμίαγκα	μεμίασμαι	ἐμιάνθην	ἀ-μίαντος
κεκάθαρκα	κεκάθαρμαι	ἐκαθάρθην	καθαρτός
πέφαγκα habe gezeigt	πέφασμαι	ἐφάνθην wurde gezeigt	ἄ-φαντος
πέφηνα bin erschienen		ἐφάνην erschien	
ἤγγελκα	ἤγγελμαι	ἠγγέλθην	ἀγγελτός
δέδαρκα	δέδαρμαι	ἐδάρην	δαρτός
ἔσταλκα	ἔσταλμαι	ἐστάλην	σταλτέον
ἔσπαρκα	ἔσπαρμαι	ἐσπάρην	σπαρτός
ἀπέκτονα	(τέθνηκα)	(ἀπέθανον)	—
νενόμικα	νενόμισμαι	ἐνομίσθην	νομιστέος
ἔσπακα	ἔσπασμαι	ἐσπάσθην	σπαστός
τετέλεκα	τετέλεσμαι	ἐτελέσθην	τελεστός
δέδεκα	δέδεμαι	ἐδέθην	δετός
	κέχρημαι	ἐχρήσθην	χρηστός
κεκέλευκα	κεκέλευσμαι	ἐκελεύσθην	κελευστός
ἀκήκοα, ἠκηκόειν	ἤκουσμαι	ἠκούσθην	ἀκουστός
κέκλεικα	κέκλειμαι	ἐκλείσθην	κλειστός
κέχρῑκα	κέχρῑμαι	ἐχρί̄σθην	χρῑστός
κέκαυκα	κέκαυμαι	ἐκαύθην	ἄ-καυ(σ)τος
κέκλαυκα	κέκλαυμαι	ἐκλαύ(σ)θην	ἄ-κλαυ(σ)τος
σέσωκα	σέσῳσμαι	ἐσώθην § 91, 3	ἄ-σωτος
ἦρκα	ἦρμαι	ἤρθην	ἀρτέον
κέκρικα	κέκριμαι	ἐκρίθην	κριτός
κέκλικα	κέκλιμαι	ἐκλίθην	κλιτός
τέτακα	τέταμαι	ἐτάθην	τατός
βέβληκα	βέβλημαι	ἐβλήθην	βλητός
κέκληκα	κέκλημαι	ἐκλήθην	κλητός
—	—	ἠγέρθην wurde geweckt	ἐγερτέος
ἐγρήγορα, ἠγρηγόρειν bin wach, wache	—	ἠγέρθην erwachte	

B. Zweite Konjugation

1. Verben auf -μι

§ 97. Paradigma

97 τίθημι setze, Präsensst. τιθη-, τιθε-, Verbalst. θη-, θε-,
ἵημι sende, „ ἱη-, ἱε-, „ ἡ-, ἑ-,

1. Präsens und Imperfekt des Aktivs

St.	τιθη- u. τιθε-	ἱη- u. ἱε-	διδω- u. διδο-	ἱστη- u. ἱστα-
Ind. Präs.	τί-θη-μι	ἵ-η-μι	δί-δω-μι	ἵ-στη-μι
	τί-θη-ς	ἵ-η-ς	δί-δω-ς	ἵ-στη-ς
	τί-θη-σι(ν)	ἵ-η-σι(ν)	δί-δω-σι(ν)	ἵ-στη-σι(ν)
	τί-θε-μεν	ἵ-ε-μεν	δί-δο-μεν	ἵ-στα-μεν
	τί-θε-τε	ἵ-ε-τε	δί-δο-τε	ἵ-στα-τε
	τι-θέ-ᾱσι(ν)	ἱ-ᾶσι(ν)	δι-δό-ᾱσι(ν)	ἱ-στᾶσι(ν)
Imperfekt	ἐ-τί-θη-ν	ῑ̔-ει-ν	ἐ-δί-δου-ν	ῑ̔-στη-ν
	ἐ-τί-θει-ς	ῑ̔-ει-ς	ἐ-δί-δου-ς	ῑ̔-στη-ς
	ἐ-τί-θει	ῑ̔-ει	ἐ-δί-δου	ῑ̔-στη
	ἐ-τί-θε-μεν	ῑ̔-ε-μεν	ἐ-δί-δο-μεν	ῑ̔-στα-μεν
	ἐ-τί-θε-τε	ῑ̔-ε-τε	ἐ-δί-δο-τε	ῑ̔-στα-τε
	ἐ-τί-θε-σαν	ῑ̔-ε-σαν	ἐ-δί-δο-σαν	ῑ̔-στα-σαν
Konjunktiv	τι-θῶ	ἱ-ῶ	δι-δῶ	ἱ-στῶ
	τι-θῇς	ἱ-ῇς	δι-δῷς	ἱ-στῇς
	τι-θῇ	ἱ-ῇ	δι-δῷ	ἱ-στῇ
	τι-θῶ-μεν	ἱ-ῶ-μεν	δι-δῶ-μεν	ἱ-στῶ-μεν
	τι-θῆ-τε	ἱ-ῆ-τε	δι-δῶ-τε	ἱ-στῆ-τε
	τι-θῶσι(ν)	ἱ-ῶσι(ν)	δι-δῶσι(ν)	ἱ-στῶσι(ν)
Optativ	τι-θείη-ν	ἱ-είη-ν	δι-δοίη-ν	ἱ-σταίη-ν
	τι-θείη-ς	ἱ-είη-ς	δι-δοίη-ς	ἱ-σταίη-ς
	τι-θείη	ἱ-είη	δι-δοίη	ἱ-σταίη
	τιθείημεν τιθεῖμεν	ἱείημεν ἱεῖμεν	διδοίημεν διδοῖμεν	ἱσταίημεν ἱσταῖμεν
	τιθείητε τιθεῖτε	ἱείητε ἱεῖτε	διδοίητε διδοῖτε	ἱσταίητε ἱσταῖτε
	τιθείησαν τιθεῖεν	ἱείησαν ἱεῖεν	διδοίησαν διδοῖεν	ἱσταίησαν ἱσταῖεν
Imper.	τί-θει	ἵ-ει	δί-δου	ἵ-στη
	τι-θέ-τω	ἱ-έ-τω	δι-δό-τω	ἱ-στά-τω
	τί-θε-τε	ἵ-ε-τε	δί-δο-τε	ἵ-στα-τε
	τι-θέ-ντων	ἱ-έ-ντων	δι-δό-ντων	ἱ-στά-ντων
Inf.	τι-θέ-ναι	ἱ-έ-ναι	δι-δό-ναι	ἱ-στά-ναι
Part.	τι-θείς, -θέντος	ἱ-είς, -έντος	δι-δούς, -δόντος	ἱ-στᾱ́ς, -στάντος
	τι-θεῖσα, -θείσης	ἱ-εῖσα, -είσης	δι-δοῦσα, -δούσης	ἱ-στᾶσα, -στᾱ́σης
	τι-θέν, -θέντος	ἱ-έν, -έντος	δι-δόν, -δόντος	ἱ-στάν, -στάντος

Anm. 1. Seltenere Nebenformen sind: sing. ind. praes. τιθεῖς, τιθεῖ, — ἱεῖς, ἱεῖ

oder Verben auf -μι

mit Präsensreduplikation

der vier Verben

δίδωμι gebe, Präsensst. διδω-, διδο-, Verbalst. δω-, δο-, 97
ἵστημι stelle, „ ἱστη-, ἱστα-, „ στη-, στα-.

2. Starker Aorist des Aktivs

St.	θη- u. θε-	ἡ- u. ἑ-	δω- u. δο-	στη- u. στα-
Indikativ	— ἔ-θη-κα	— ἧ-κα	— ἔ-δω-κα	ἔ-στη-ν stellte mich
	— ἔ-θη-κα-ς	— ἧ-κα-ς	— ἔ-δω-κα-ς	ἔ-στη-ς
	— ἔ-θη-κε(ν)	— ἧ-κε(ν)	— ἔ-δω-κε(ν)	ἔ-στη
	ἔ-θε-μεν	εἷ-μεν	ἔ-δο-μεν	ἔ-στη-μεν
	ἔ-θε-τε	εἷ-τε	ἔ-δο-τε	ἔ-στη-τε
	ἔ-θε-σαν	εἷ-σαν	ἔ-δο-σαν	ἔ-στη-σαν
Konjunktiv	θῶ	ὦ	δῶ	στῶ
	θῇς	ᾗς	δῷς	στῇς
	θῇ	ᾗ	δῷ	στῇ
	θῶ-μεν	ὦ-μεν	δῶ-μεν	στῶ-μεν
	θῆ-τε	ἧ-τε	δῶ-τε	στῆ-τε
	θῶσι(ν)	ὦσι(ν)	δῶσι(ν)	στῶσι(ν)
Optativ	θείη-ν	εἵη-ν	δοίη-ν	σταίη-ν
	θείη-ς	εἵη-ς	δοίη-ς	σταίη-ς
	θείη	εἵη	δοίη	σταίη
	θείη-μεν θεῖ-μεν	εἵη-μεν εἷ-μεν	δοίη-μεν δοῖ-μεν	σταίη-μεν σταῖ-μεν
	θείη-τε θεῖ-τε	εἵη-τε εἷ-τε	δοίη-τε δοῖ-τε	σταίη-τε σταῖ-τε
	θείη-σαν θεῖε-ν	εἵη-σαν εἷε-ν	δοίη-σαν δοῖε-ν	σταίη-σαν σταῖε-ν
Imper.	θέ-ς	ἕ-ς	δό-ς	στῆ-θι
	θέ-τω	ἕ-τω	δό-τω	στή-τω
	θέ-τε	ἕ-τε	δό-τε	στῆ-τε
	θέ-ντων	ἕ-ντων	δό-ντων	στά-ντων
Inf.	θεῖ-ναι	εἷ-ναι	δοῦ-ναι	στῆ-ναι
Part.	θείς, θέντος	εἵς, ἕντος	δούς, δόντος	στάς, στάντος
	θεῖσα, θείσης	εἷσα, εἵσης	δοῦσα, δούσης,	στᾶσα, στάσης
	θέν, θέντος	ἕν, ἕντος	δόν, δόντος	στάν, στάντος

und plur. ind. aor. act. (u. med.) mit -κα: ἔθηκαν, ἐδώκαμεν (ἧκαντο). § 98, 3.

3. Präsens und Imperfekt des Medio-Passivs

97

Stämme		τι-θε-	ἱ-ε-	δι-δο-	ἱ-στα-
Ind. Präs.	S. 1.	τί-θε-μαι	ἵ-ε-μαι	δί-δο-μαι	ἵ-στα-μαι
	2.	τί-θε-σαι	ἵ-ε-σαι	δί-δο-σαι	ἵ-στα-σαι
	3.	τί-θε-ται	ἵ-ε-ται	δί-δο-ται	ἵ-στα-ται
	Pl. 1.	τι-θέ-μεθα	ἱ-έ-μεθα	δι-δό-μεθα	ἱ-στά-μεθα
	2.	τί-θε-σθε	ἵ-ε-σθε	δί-δο-σθε	ἵ-στα-σθε
	3.	τί-θε-νται	ἵ-ε-νται	δί-δο-νται	ἵ-στα-νται
Imperfekt	S. 1.	ἐ-τι-θέ-μην	ἱ-έ-μην	ἐ-δι-δό-μην	ἱ-στά-μην
	2.	ἐ-τί-θε-σο	ἵ-ε-σο	ἐ-δί-δο-σο	ἵ-στα-σο
	3.	ἐ-τί-θε-το	ἵ-ε-το	ἐ-δί-δο-το	ἵ-στα-το
	Pl. 1.	ἐ-τι-θέ-μεθα	ἱ-έ-μεθα	ἐ-δι-δό-μεθα	ἱ-στά-μεθα
	2.	ἐ-τί-θε-σθε	ἵ-ε-σθε	ἐ-δί-δο-σθε	ἵ-στα-σθε
	3.	ἐ-τί-θε-ντο	ἵ-ε-ντο	ἐ-δί-δο-ντο	ἵ-στα-ντο
Konjunktiv	S. 1.	τι-θῶ-μαι	ἱ-ῶ-μαι	δι-δῶ-μαι	ἱ-στῶ-μαι
	2.	τι-θῇ	ἱ-ῇ	δι-δῷ	ἱ-στῇ
	3.	τι-θῆ-ται	ἱ-ῆ-ται	δι-δῶ-ται	ἱ-στῆ-ται
	Pl. 1.	τι-θώ-μεθα	ἱ-ώ-μεθα	δι-δώ-μεθα	ἱ-στώ-μεθα
	2.	τι-θῆ-σθε	ἱ-ῆ-σθε	δι-δῶ-σθε	ἱ-στῆ-σθε
	3.	τι-θῶ-νται	ἱ-ῶ-νται	δι-δῶ-νται	ἱ-στῶ-νται
Optativ	S. 1.	τι-θεί-μην	ἱ-εί-μην	δι-δοί-μην	ἱ-σταί-μην
	2.	τι-θεῖ-ο	ἱ-εῖ-ο	δι-δοῖ-ο	ἱ-σταῖ-ο
	3.	τι-θεῖ-το	ἱ-εῖ-το	δι-δοῖ-το	ἱ-σταῖ-το
	Pl. 1.	τι-θεί-μεθα	ἱ-εί-μεθα	δι-δοί-μεθα	ἱ-σταί-μεθα
	2.	τι-θεῖ-σθε	ἱ-εῖ-σθε	δι-δοῖ-σθε	ἱ-σταῖ-σθε
	3.	τι-θεῖ-ντο	ἱ-εῖ-ντο	δι-δοῖ-ντο	ἱ-σταῖ-ντο
Imper.	S. 2.	τί-θε-σο	ἵ-ε-σο	δί-δο-σο	ἵ-στα-σο
	3.	τι-θέ-σθω	ἱ-έ-σθω	δι-δό-σθω	ἱ-στά-σθω
	Pl. 2.	τί-θε-σθε	ἵ-ε-σθε	δί-δο-σθε	ἵ-στα-σθε
	3.	τι-θέ-σθων	ἱ-έ-σθων	δι-δό-σθων	ἱ-στά-σθων
Inf.		τί-θε-σθαι	ἵ-ε-σθαι	δί-δο-σθαι	ἵ-στα-σθαι
Partiz		τι-θέ-μενος, -η, -ον	ἱ-έ-μενος, -η, -ον	δι-δό-μενος, -η, -ον	ἱ-στά-μενος, -η, -ον

Anm. 2. σ in -σαι und -σο bleibt im Präs. u. Impf. (außer Konj. u. Opt.), also τίθεσαι, ἐτίθεσο, τίθεσο — δίδοσαι, ἐδίδοσο, δίδοσο,

Anm. 3. Seltenere Nebenformen sind die Opt. mit οι: τιθοῖτο, συνθοῖτο, und Konj. u. Opt. mit abweichender Betonung: τίθηται,

Starker Aorist des Mediums

97

Stämme		θε-	ἑ-	δο-	
Indikativ	S. 1.	ἐ-θέ-μην	εἵ-μην	ἐ-δό-μην	
	2.	ἔ-θου	εἷ-σο	ἔ-δου	
	3.	ἔ-θε-το	εἷ-το	ἔ-δο-το	
	Pl. 1.	ἐ-θέ-μεθα	εἵ-μεθα	ἐ-δό-μεθα	
	2.	ἔ-θε-σθε	εἷ-σθε	ἔ-δο-σθε	
	3.	ἔ-θε-ντο	εἷ-ντο	ἔ-δο-ντο	
Konjunktiv	S. 1.	θῶ-μαι	ὧ-μαι	δῶ-μαι	
	2.	θῇ	ᾗ	δῷ	
	3.	θῆ-ται	ἧ-ται	δῶ-ται	
	Pl. 1.	θώ-μεθα	ὥ-μεθα	δώ-μεθα	
	2.	θῆ-σθε	ἧ-σθε	δῶ-σθε	
	3.	θῶ-νται	ὧ-νται	δῶ-νται	
Optativ	S. 1.	θεί-μην	εἵ-μην	δοί-μην	
	2.	θεῖ-ο	εἷ-ο	δοῖ-ο	
	3.	θεῖ-το	εἷ-το	δοῖ-το	
	Pl. 1.	θεί-μεθα	εἵ-μεθα	δοί-μεθα	
	2.	θεῖ-σθε	εἷ-σθε	δοῖ-σθε	
	3.	θεῖ-ντο	εἷ-ντο	δοῖ-ντο	
Imper.	S. 2.	θοῦ	οὗ	δοῦ	
	3.	θέ-σθω	ἕ-σθω	δό-σθω	
	Pl. 2.	θέ-σθε	ἕ-σθε	δό-σθε	
	3.	θέ-σθων	ἕ-σθων	δό-σθων	
Inf.		θέ-σθαι	ἕ-σθαι	δό-σθαι	
Partiz.		θέ-μενος, -η, -ον	ἕ-μενος, -η, -ον	δό-μενος, -η, -ον	

schwindet aber in allen Aoristformen außer im Ind. εἷσο,
aber ἔθου, θοῦ — οὗ — ἔδου, δοῦ.

ἐπιθοίμεθα, συνεπιθοῖντο, ἐφιοῖμεν, παριοῖτε, προσιοῖεν, προοῖτο, προοῖντο, πρόσθηται, πρόηται, ἐπίθωνται, τίθοιτο, σύνθοιτο, πρόοιντο, ἀφίοιεν (gegen § 98, 4).

§ 98. Bemerkungen zum Paradigma

98 1. Im Präsens, Imperf. und starken Aorist treten die Moduszeichen und Personalendungen ohne Bildevokal unmittelbar an den Stamm.

2. **Lang** ist der Stammvokal im **Sing.** des **ind. act.** dieser Tempora.

3. Der Sing. des ind. aor. act. lautet immer ἔθηκα, ἧκα, ἔδωκα. Entsprechende Pluralformen (ἔθηκαν, ἐδώκαμεν) sind seltener; über ἔστην s. § 101.

4. Der **Akzent** tritt auch hier (§ 71, 11. 12) im Simplex wie in den Komposita möglichst weit, doch nie über das Augment zurück; Konjunktive sind stets auf der Kontraktionssilbe, Optative auf der Silbe des Moduszeichens betont.

5. Akzent des imper. aor.: ἄφες, ἀντίθες, ἐπίθες, παράθες, ἀπόδος — ἀφοῦ, aber ἄφεσθε, προσθοῦ (od. πρόσθου), ὑπόθου.

§ 99. Die übrigen Tempora

99 1. Bei sonst regelmäßiger Bildung tritt nur in einigen Formen entweder
kurzer Stammvokal ein: δέδομαι, ἐδόθην, στατός,
oder langer in unregelmäßiger Gestalt: εἷ-μαι.

Fut. d. Akt.	θή-σω	ἥ-σω	δώ-σω
d. Med.	θή-σομαι	ἥ-σομαι	δώ-σομαι
Perf. d. Akt.	τέ-θη-κα	εἷ-κα	δέ-δω-κα
d. M.-P.	(κεῖ-μαι)	εἷ-μαι	δέ-δο-μαι
Aor. d. Pass.	ἐ-τέ-θην	εἵ-θην	ἐ-δό-θην
Fut. d. Pass.	τε-θή-σομαι	ἑ-θή-σομαι	δο-θή-σομαι
Verbaladj.	θε-τός, -τέος	ἑ-τός, -τέος	δο-τός, -τέος

2. ἵστημι hat neben dem intrans. starken Aorist ἔστην stellte mich = trat noch einen trans. schwachen Aorist ἔστησα stellte; die anderen Tempora sind teils transitiv, teils intransitiv, und zwar sind folgendes die

Bedeutungen von ἵστημι

	Transitiv			Intransitiv
	Akt. stelle	indir. Med. stelle für mich	Pass. werde gestellt	(od. direktes Med.) stelle mich = trete
Präs.	ἵστημι	ἵσταμαι	ἵσταμαι	ἵσταμαι
Fut.	στήσω	στήσομαι	σταθήσομαι	στήσομαι, werde treten
Aor.	ἔστησα	ἐστησάμην	ἐστάθην	ἔστην, trat, § 101.
Perf.	—	—	—	ἕστηκα, stehe
Plqpf.	—	—	—	εἱστήκειν, stand
Fut. perf.	—	—	—	ἑστήξω, werde stehen

Die intransitiven Formen vertreten auch die entsprechenden des Passivs.

§ 100. Verben, deren Flexion ἵστημι folgt

Nach ἵστημι gehen im Präsens und Imperf. folgende sechs Verben, 100
von denen die drei letzten Passivdeponentien ohne Präsensreduplikation sind.

Präsens	St.	Futur	Aorist	Perfekt	Bem.
1. ὀνίνημι nütze, fördere	ὀνη ὀνα	ὀνήσω ὀνήσομαι	ὤνησα ὠνήθην	— —	Impf. ὠφέλουν
2. πίμπλημι fülle an	πληθ πλα	πλήσω πλησθήσομαι	ἔπλησα ἐπλήσθην	πέπληκα πέπλησμαι	vgl. πλήθω intr. bin voll
3. πίμπρημι verbrenne, tr.	πρηθ πρα	πρήσω πρησθήσομαι	ἔπρησα ἐπρήσθην	πέπρηκα πέπρησμαι	
4. ἄγαμαι bewundere	ἀγα(σ)	ἀγάσομαι	ἠγάσθην	—	Verbaladj. ἀγαστός
5. δύναμαι kann, vermag	δυνη δυνα	δυνήσομαι	ἐδυνήθην ἐδυνάσθην	δεδύνημαι	
6. ἐπίσταμαι kann, verstehe	ἐπιστη ἐπιστα	ἐπιστήσομαι	ἠπιστήθην	—	

Anm. 1. Nach dem Imperf. und Präs. dieser Deponentien geht auch der Aor. ἐπριάμην kaufte, Inf. πρίασθαι (Präs. ὠνοῦμαι § 111, 18).

Anm. 2. Abweichend von ἵστημι ziehen diese Deponentien (auch ἐπριάμην) im Konj. und Opt. den Akzent zurück:

Konj. δύνωμαι, ἐπίστωμαι, πρίωμαι,
Opt. δύναιο, ἐπίσταιτο, πρίαισθε, ἄγαιντο.

§ 101. Primitive oder Wurzel-Aoriste (ἔστην u. ähnl.)

1. ἔστην und die Aoriste einiger Verben, deren Präsens großenteils 101
der Konjugation auf -ω folgt, sind unmittelbar aus dem Verbalstamm (der Wurzel) gebildet. Sie haben alle

langen Vokal im Ind., Imper. (außer der 3. Pl.) und Inf.,
kurzen dagegen vor Vokalen und vor -ντ.

2. Die gebräuchlichsten dieser Verben sind folgende:

a) Stämme auf A-Laut (ᾱ, η : α).

1. ἀπο-διδράσκω entlaufe	δρᾱ, δρα	ἀπ-έδρᾱν	§ 109, 9.
2. βαίνω gehe, schreite	βη, βα	ἔβην	
3. φθάνω komme zuvor	φθη, φθα	ἔφθην	§ 108, 2.

b) Stämme auf E-Laut (η : ε).

4. ῥέω fließe	ῥυη, ῥυε	ἐρρύην (Ausgänge des aor. II. pass.)	

c) Stämme auf O-Laut (ω : ο).

5. γιγνώσκω erkenne	γνω, γνο	ἔγνων	§ 109, 11.
6. ἁλίσκομαι werde gefangen	ἁλω, ἁλο	ἑάλων	§ 109, 4.
7. (βιόω) ζῆν leben	βιω, βιο	ἐβίων	§ 111, 13.

d) Stämme auf Y-Laut (ῡ: υ).

8. δύομαι tauche ein, intr.	δῡ, δυ	ἔδῡν	Akt. trans. § 90, 6. 92.
9. φύομαι entstehe	φῡ, φυ	ἔφῡν	Akt. φύω erzeuge. § 92.

3. Paradigmen

St.	στη-, στα-	ῥυη-, ῥυε-	γνω-, γνο-	δῡ-, δυ-
Indikativ	ἔ-στη-ν trat	ἐρ-ρύη-ν	ἔ-γνω-ν	ἔ-δῡ-ν
	ἔ-στη-ς	ἐρ-ρύη-ς	ἔ-γνω-ς	ἔ-δῡ-ς
	ἔ-στη	ἐρ-ρύη	ἔ-γνω	ἔ-δῡ
	ἔ-στη-μεν	ἐρ-ρύη-μεν	ἔ-γνω-μεν	ἔ-δῡ-μεν
	ἔ-στη-τε	ἐρ-ρύη-τε	ἔ-γνω-τε	ἔ-δῡ-τε
	ἔ-στη-σαν	ἐρ-ρύη-σαν	ἔ-γνω-σαν	ἔ-δῡ-σαν
Konjunktiv	στῶ	ῥυῶ	γνῶ	δύω
	στῇς	ῥυῇς	γνῷς	δύῃς
	στῇ	ῥυῇ	γνῷ	δύῃ
	στῶ-μεν	ῥυῶ-μεν	γνῶ-μεν	δύ-ωμεν
	usf., s. S. 81.	usf., wie θῶμεν S. 81.	usf., wie δῶμεν S. 81.	usf.
Optativ	σταίη-ν	ῥυείη-ν	γνοίη-ν	
	σταίη-ς	ῥυείη-ς	γνοίη-ς	
	σταίη	ῥυείη	γνοίη	
	σταῖ-μεν[1])	ῥυεῖ-μεν[2])	γνοῖ-μεν[3])	
	usf., s. S. 81.	usf., wie θεῖμεν S. 81.	usf., wie δοῖμεν S. 81.	
Imper.	στῆ-θι		γνῶ-θι	δῦ-θι
	στή-τω		γνώ-τω	δύ-τω
	στῆ-τε		γνῶ-τε	δῦ-τε
	στά-ντων		γνό-ντων	δύ-ντων
Inf.	στῆ-ναι	ῥυῆ-ναι	γνῶ-ναι	δῦ-ναι
Part.	στᾱ́ς, στάντος	ῥυείς, -έντος	γνούς, γνόντος	δύς, δύντος
	στᾶσα, στᾱ́σης	ῥυεῖσα, -είσης	γνοῦσα, γνούσης	δῦσα, δύσης
	στάν, στάντος	ῥυέν, -έντος	γνόν, γνόντος	δύν, δύντος

[1]) od. σταίη-μεν usf. [2]) od. ῥυείη-μεν usf. [3]) od. γνοίη-μεν usf.

4. Allen diesen Aoristen steht ein mediales Futur und ein perfectum I. zur Seite:

1. βήσομαι,	ἔβην,	βέβηκα	bin geschritten
2. ῥυήσεται,	ἐρρύη,	ἐρρύηκε(ν)	ist geflossen
3. γνώσομαι,	ἔγνων,	ἔγνωκα	habe erkannt, kenne
4. φύσομαι,	ἔφῦν,	πέφῡκα	bin von Natur.

§ 102. Gemischte Perfekte (mit und ohne -κα)

1. Neben ἕστηκα stehe finden sich oft Formen ohne -κα, unmittelbar aus dem reduplizierten Verbalstamm ἑ-στα- gebildet; so bes. 102

Ind. ἕστα-μεν, ἕστα-τε, ἑστᾶσι(ν). Plqpf. ἕστα-σαν.
Inf. ἑστά-ναι. Part. ἑστώς, ἑστῶσα, ἑστός,
ἑστῶτος, ἑστώσης, ἑστῶτος.

2. Ebenso neben τέθνηκα bin tot (Präs. § 109, 7)

Ind. τέθνα-μεν, τέθνα-τε, τεθνᾶσι(ν). Plqpf. ἐτέθνα-σαν.
Inf. τεθνά-ναι. Part. τεθνεώς, τεθνεῶσα, τεθνεός,
τεθνεῶτος, τεθνεώσης, τεθνεῶτος.

3. Ebenso neben δέδοικα fürchte (St. δει-, δι-, Aor. ἔδεισα)

Ind. δέδια, -ας, -ε(ν), δέδι-μεν, δέδι-τε, δεδί-ᾱσι(ν).
Plqpf. ἐδέδι-σαν. Inf. δεδιέναι. Part. δεδι-ώς, -υῖα, -ός, -ότος, -υίας.

4. Hieran schließt sich als defektives Perfekt mit Präsensbedeutung

οἶδα weiß

(eig. ich habe gesehen, von εἰδ-, ἰδ-(ϝιδ-), vid-eo. Aor. εἶδον, sah, § 111, 6). Präs. und Aor. werden durch γιγνώσκω (§ 109, 11) ersetzt.

Perfekt (Präsens)	Plusqpf. (Imperf.)	Andere Modi, Inf., Part.
οἶδ-α weiß	ᾔδ-η (-ειν) wußte	Konj. εἰδῶ, -ῇς
οἶσθα	ᾔδ-ησθα (-εις)	Opt. εἰδείην
οἶδ-ε(ν)	ᾔδ-ει	Imp. ἴσ-θι, ἴστω, ἴστε, ἴστων
ἴσ-μεν	ᾔδ-ε-μεν	Inf. εἰδ-έ-ναι
ἴσ-τε	ᾔδ-ε-τε	Part. εἰδ-ώς, -υῖα, -ός
ἴσασι(ν)	ᾔδ-ε-σαν	-ότος, -υίας
Fut. εἴ-σομαι werde wissen u. werde erfahren		

2. Vereinzelte Bildungen der Verben auf -μι

103 § 103. 1. φημί sage, behaupte, St. φη-, φα-, lat. fā-ri, Nebenform φάσκω behaupte

Ind. d. Präs.	Imperf.	Konj.	Opt.	Imper.
φη-μί	ἔ-φη-ν	φῶ	φαίη-ν	
φής (φῄς)	ἔ-φη-σθα	φῇ-ς	φαίη-ς	φά-θι
φη-σί(ν)	ἔ-φη	φῇ	φαίη	φά-τω
φα-μέν	ἔ-φα-μεν	φῶ-μεν	φαῖ-μεν	
φα-τέ	ἔ-φα-τε	φῆ-τε	φαῖ-τε	φά-τε
φᾱσί(ν)	ἔ-φα-σαν	φῶσι(ν)	φαῖ-εν	φά-ντων
Inf. φάναι Part. φάσκων		Fut. φήσω Aor. ἔ-φη-σα		

Anm. 1. Der ganze ind. praes. außer φής (φῄς) ist enklitisch.

2. Imperf., Konj., Opt. u. Inf. haben auch Aoristbedeutung.

3. φημί bedeutet a) sage, Fut. ἐρῶ, λέξω, Aor. εἶπον, ἔφην.

b) behaupte, bejahe, Fut. φήσω, Aor. ἔφησα.

οὔ φημι = nego: verneine, leugne, c. inf. fut. weigere mich.

2. εἶμι werde gehen, St. εἰ-, ἰ-, lat. ī-re, ĭ-ter

Ind. d. Präs.	Imperf.	Konj.	Opt.	Imper.
εἶ-μι werde gehen	ᾖ-α ging	ἴ-ω	ἴ-οι-μι	
εἶ	ᾔ-εις	ἴ-η-ς	ἴ-οι-ς	ἴ-θι
εἶ-σι(ν)	ᾔ-ει(ν)	ἴ-η	ἴ-οι	ἴ-τω
ἴ-μεν	ᾖ-μεν	ἴ-ω-μεν	ἴ-οι-μεν	
ἴ-τε	ᾖ-τε	ἴ-η-τε	ἴ-οι-τε	ἴ-τε
ἴ-ᾱσι(ν)	ᾖ-σαν	ἴ-ωσι(ν)	ἴ-οιε-ν	ἰ-ό-ντων
Inf. ἰ-έναι.	Part. ἰ-ών, ἰ-οῦσα, ἰ-όν. G. ἰ-όντος, ἰ-ούσης.		Verbaladj. ἰ-τέον.	

Anm. 1. Der ind. praes. hat stets Futurbedeutung; Opt., Inf. und Part. haben sowohl Futur- als Präsensbedeutung; ich gehe heißt ἔρχομαι.

2. Akzent der Komposita: ἄπειμι, ἄπιμεν, ἄπιθι;

aber ἀπῇα, ἀπῇμεν, ἀπῇσαν.

3. εἰμί, bin, St. ἐσ-, lat. es-se

Ind. d. Präs.	Imperf.	Konj.	Opt.		Imper.
εἰμί	ἦν (ἦ)	ὦ	εἴη-ν		
εἶ	ἦσθα	ᾖ-ς	εἴη-ς		ἴσ-θι
ἐσ-τί(ν)	ἦν	ᾖ	εἴη		ἔστω
ἐσ-μέν	ἦμεν	ὦ-μεν	εἴη-μεν	εἶ-μεν	
ἐσ-τέ	ἦτε (ἦσ-τε)	ἦ-τε	εἴη-τε	εἶ-τε	ἔσ-τε
εἰσί(ν)	ἦσαν	ὦσι(ν)	εἴη-σαν	εἶε-ν	ἔσ-των

Inf. εἶναι Part. ὤν, οὖσα, ὄν, G. ὄντος, οὔσης	Fut. ἔσομαι, ἔσῃ, ἔσ-ται, sonst regelmäßig. Aor. ἐγενόμην, Perf. γέγονα § 110, 7.

Anm. 1. Der ganze ind. praes. außer εἶ ist enklitisch als Kopula, behält aber den Akzent in der Bedeutung dasein, existieren, sich befinden.

Die 3. P. des Sing. wird dann ἔστιν betont, ebenso am Satzanfang und in der Bedeutung es ist erlaubt, möglich, sowie nach ὡς, οὐκ, εἰ, καί und nach τοῦτ' und ἀλλ': ὡς ἔστιν, τοῦτ' ἔστιν, ἀλλ' ἔστιν.

Anm. 2. Akzent der Komposita: z. B. ἄπειμι, ἄπει, ἄπεστιν, ἄπισθι:
aber ἀπῶ, ἀπεῖμεν, ἀπῆμεν, ἀπέσται.

4. χρή es ist nötig, man muß

Zu χρή (sc. ἐστίν, opus est) werden durch Verbindung mit den entsprechenden Formen von εἰμί gebildet:

Impf. χρῆν und ἐχρῆν. Konj. χρῇ. Opt. χρείη.
Inf. χρῆναι. Part. (τὸ) χρεών (indecl.)

5. κάθημαι sitze, St. καθη-.
6. κεῖμαι liege, St. κει-.

Präsens	Imperf.	Imper.	Präsens	Imperf.	Imper.
κάθη-μαι	ἐ-καθή-μην		κεῖ-μαι	ἐ-κεί-μην	
κάθη-σαι	ἐ-κάθη-σο	κάθη-σο	κεῖ-σαι	ἔ-κει-σο	κεῖ-σο
κάθη-ται	ἐ-κάθη-το	καθή-σθω	κεῖ-ται	ἔ-κει-το	κεί-σθω
usf.	usf.	usf.	usf.	usf.	usf.
Inf. καθῆ-σθαι Part. καθή-μενος Fut. καθεδοῦμαι, ῇ (§ 111, 14)			Inf. κεῖ-σθαι Part. κεί-μενος Fut. κείσομαι, -σῃ, -σεται usf.		

Anm. 1. Das Simplex ἧμαι, ἧσαι, ἧσται ist nur dichterisch. — Konj. und Opt. werden wie das Fut. durch καθέζομαι (§ 111, 14) ergänzt.

Anm. 2. Κεῖσθαι dient als Simplex und in den Komposita als perf. pass. von τίθημι (§ 99,1), z.B.

ὑποτίθημι lege zugrunde, — ὑπόκειται liegt zugrunde (inf. ὑποκεῖσθαι),
od. νόμους τιθέᾱσιν οἱ ἄρχοντες, — οἱ νόμοι κεῖνται,
θέσθαι τὰ ὅπλα ἐκέλευσεν, — τὰ ὅπλα ἔκειτο.

Zusatz. Zusammenstellung von gleich oder ähnlich lautenden Formen von ἵημι, ἵστημι, οἶδα, εἶμι, εἰμί, κάθημαι:

παρέν, παρῆν 2, πάρες, πάρει 2, παρῇ, παρῇ 3, παρίῃ, παριῇ 2, παρείη 2, ἀφείη, ἀπείη, παρήει.

παρείς, παρεῖεν 2, πάρεισιν 2, παρεῖσιν, ἀφεῖσιν, ἄπεισιν 2, παριᾶσιν, παρίᾱσιν, παρίωσιν, παριῶσιν, παριοῦσιν, παροῦσιν.

ἴθι, ἴσθι 2, ἴτε 2, ἴστε 2, ἕτε, παρῆτε 3, παρῇτε, παρεῖτε 2, παρεῖται, παρεῖτο 3, παρείητε 2, ἧτε, ᾗτε, ἦτε 2, ἤστε, ἦσθε 3, ἕσθε, ἵεσθε 3, εἶσθε 5.

ἐστέ, ἕστε, ἕστη, ἵστη 2, ἕσται, ἕσεσθαι, εἴσεσθε 2, εἴσεσθαι, εἰσέσθαι, εἰσεῖσθε 5, εἰσεῖσθαι, καθέσθαι, καθεῖσθαι, καθῆσθαι, ἥσεσθαι.

ἵστασαν, ἕστασαν, ἱστᾶσαν, ἑστῶσαν, παρίεσαν, παρεῖσαν 2, ᾖσαν, ἦσαν, καθῆσον, κάθησο, κάθεσθε, κάθησθε 2, καθῆσθε, καθεῖσθε 5.

3. Verben auf -νῡμι (-ννῡμι)

104 § 104. 1. Sie folgen der Flexion der Verben auf -μι nur im **Präsens** und **Imperf.** des Akt. und Med.-Pass.; Konj. und Opt. werden immer, andere Formen zuweilen nach den Verben auf -ω gebildet, z. B. δεικνύει = δείκνῡσιν, ἐδείκνυε = ἐδείκνῡ u. a. m.

2. Das υ der Silbe -νυ ist lang im Sing. des ind. praes. und imperf. act., sowie in der 2. P. sing. imper. praes. act., sonst kurz.

Paradigma δείκ-νῡμι zeige
Verbalst. δεικ-, Präsensst. δεικ-νῡ-.

		Aktiv	Medium und Passiv
Ind. des Präs.	S. 1.	δείκ-νῡ-μι	δείκ-νυ-μαι
	2.	δείκ-νῡ-ς	δείκ-νυ-σαι
	3.	δείκ-νῡ-σι(ν)	δείκ-νυ-ται
	Pl. 1.	δείκ-νυ-μεν	δεικ-νύ-μεθα
	2.	δείκ-νυ-τε	δείκ-νυ-σθε
	3.	δεικ-νύ-ᾱσι(ν)	δείκ-νυ-νται
Imperf.	S. 1.	ἐ-δείκ-νῡ-ν	ἐ-δεικ-νύ-μην
	2.	ἐ-δείκ-νῡ-ς	ἐ-δείκ-νυ-σο
	3.	ἐ-δείκ-νῡ	ἐ-δείκ-νυ-το
	Pl. 1.	ἐ-δείκ-νυ-μεν	ἐ-δεικ-νύ-μεθα
	2.	ἐ-δείκ-νυ-τε	ἐ-δείκ-νυ-σθε
	3.	ἐ-δείκ-νυ-σαν	ἐ-δείκ-νυ-ντο

		Aktiv	Medium und Passiv
Konj.	S. 1.	δεικ-νύ-ω	δεικ-νύ-ω-μαι
	2.	δεικ-νύ-ῃς	δεικ-νύ-ῃ
		usf.	usf.
Opt.	S. 1.	δεικ-νύ-οι-μι	δεικ-νυ-οί-μην
	2.	δεικ-νύ-οι-ς	δεικ-νύ-οι-ο
		usf.	usf.
Imper.	S. 2.	δείκ-νῡ	δείκ-νυ-σο
	3.	δεικ-νύ-τω	δεικ-νύ-σθω
	Pl. 2.	δείκ-νυ-τε	δείκ-νυ-σθε
	3.	δεικ-νύ-ντων	δεικ-νύ-σθων
Inf.		δεικ-νύ-ναι	δείκ-νυ-σθαι
Part.		δεικ-νῦς, -νῦσα, -νύν G. -νύντος, -νῦσης	δεικ-νύ-μενος, -μένη, -μενον
Futur	Akt. δείξω,	Med. δείξομαι,	Pass. δειχ-θήσομαι
Aorist	„ ἔ-δειξα,	„ ἐδειξάμην,	„ ἐ-δείχ-θην
Perf.	„ δέ-δειχ-α,	δέ-δειγ-μαι	

§ 105. Die übrigen Verben auf -νῡμι 105

Präsens	St.	Futur	Aorist	Perfekt
		a) Stämme mit *A*-Laut		
1. κεράννῡμι mische	κερα(σ)	κερῶ, -ᾷς	ἐκέρασα	—
(mit: τινί)	κρᾱ	κρᾱθήσομαι	ἐκρᾱ́θην	κέκρᾱμαι
2. κρεμάννῡμι hänge	κρεμα(σ)	κρεμῶ, -ᾷς	ἐκρέμασα	—
		κρεμασθήσομαι	ἐκρεμάσθην	κρέμαμαι hange
3. πετάννῡμι breite aus	πετα(σ)	πετῶ, -ᾷς	ἐπέτασα	—
	πτα	πετασθήσομαι	ἐπετάσθην	πέπταμαι
4. σκεδάννῡμι zerstreue	σκεδα(σ)	σκεδῶ, -ᾷς	ἐσκέδασα	—
		σκεδασθήσομαι	ἐσκεδάσθην	ἐσκέδασμαι
		b) Stämme mit *O*-Laut		
5. ῥώννῡμι stärke	ῥω(σ)	ῥώσω	ἔρρωσα	—
		ῥωσθήσομαι	ἐρρώσθην	ἔρρωμαι
6. στρώννῡμι breite hin	στρω	στρώσω	ἔστρωσα	—
		στρωθήσομαι	ἐστρώθην	ἔστρωμαι

Präsens	St.	Futur	Aorist	Perfekt
		c) Stämme auf -γ		
7. ζεύγνῡμι verbinde	ζευγ	ζεύξω ζευχθήσομαι	ἔζευξα ἐζεύχθην	— ἔζευγμαι
8. μείγνῡμι mische (mit: τινί)	μειγ	μείξω μειχθήσομαι	ἔμειξα ἐμείχθην	— μέμειγμαι
9. πήγνῡμι befestige πήγνυμαι werde fest	πηγ παγ	πήξω παγήσομαι	ἔπηξα ἐπάγην	— πέπηγα bin fest
10. ῥήγνῡμι zerreiße ῥήγνυμαι intr. reiße	ῥηγ ῥαγ	ῥήξω ῥαγήσομαι	ἔρρηξα ἐρράγην	— ἔρρωγα bin zerr.
		d) Stämme auf eine Liquida		
11. ἀπ-όλλῡμι tr. perdo richte zugrunde, verderbe, verliere ἀπ-όλλυμαι intr. pereo, gehe zugrunde	ὀλ-ε	ἀπολῶ, -εῖς ἀπολοῦμαι, -ῇ	ἀπώλεσα ἀπωλόμην	ἀπολώλεκα (ἀπωλωλέκειν) ἀπόλωλα (ἀπωλώλειν)
12. ὄμνῡμι schwöre	ὀμ-ο	ὀμοῦμαι, -ῇ	ὤμοσα	ὀμώμοκα (ὠμωμόκειν)

C. Unregelmäßige Konjugation

§ 106. Vorbemerkung

106 Die unregelmäßigen Verben haben teils andere als die in § 75 genannten Präsensverstärkungen, teils bilden sie ihre Formen aus mehreren, meist wesentlich verschiedenen Stämmen.

Danach ergeben sich fünf weitere Präsensklassen, § 107—111.

§ 107. Vierte oder Ablaut-Klasse

107 Gegenüber der Vollstufe im Präsens hat der Stammvokal

im starken Aorist meist die Schwundstufe,
im starken Perfekt zum Teil die O-Stufe,

die beide vielfach in der Wortbildung zutage treten. Vgl. z. B.
von φεύγω fliehe den aor. II. ἔφυγον mit ἡ φυγή, ὁ φυγάς,
von λείπω lasse das perf. II. λέλοιπα mit λοιπός — u. a. m.

Anm. Hierher stellt man auch vier Verben auf -έω, nämlich
πλέω fahre, Fut. πλεύ-σομαι, χέω gieße (τὸ χεῦ-μα Guß),
πνέω hauche (τὸ πνεῦ-μα Hauch), ῥέω fließe (τὸ ῥεῦ-μα Fluß).
Aus *πλευω (= *πλεϝω) wurde πλέω; über die Formen von ῥέω § 101, 2b, 3, 4.

Präsens	St.	Futur	Aorist	Perfekt
1. τήκω schmelze, tr.	τηκ	τήξω	ἔτηξα	—
τήκομαι schmelze, intr.	τακ	τακήσομαι	ἐτάκην	τέτηκα
2. πλήττω schlage (§ 111, 15)	πληγ	πλήξω	ἔπληξα	—
Pass.		πληγήσομαι	ἐπλήγην	πέπληγμαι
ἐκ-πλήττω erschrecke, tr.	πληγ	ἐκ-πλήξω	ἐξ-έπληξα	—
ἐκ-πλήττομαι erschrecke, intr.	πλαγ	ἐκ-πλαγήσομαι	ἐξ-επλάγην	ἐκ-πέπληγμαι bin bestürzt
3. τρίβω reibe	τρῑβ	τρίψω	ἔτριψα	τέτριφα
Pass.	τριβ	τριβήσομαι	ἐτρίβην	τέτρῑμμαι
4. λείπω lasse zurück	λειπ	λείψω	ἔλιπον	λέλοιπα
Pass.	λιπ	λειφθήσομαι.	ἐλείφθην	λέλειμμαι
5. πείθω überrede	πειθ	regelmäßig, s. § 96, 8. 9; dazu:		πέποιθα vertraue
	πιθ			πιστός (πίστις)
6. φεύγω fliehe	φευγ	φεύξομαι	ἔφυγον	πέφευγα
	φυγ			
7. πλέω fahre, segle	πλευ	πλεύσομαι	ἔπλευσα	πέπλευκα
8. πνέω hauche	πνευ	πνεύσομαι	ἔπνευσα	πέπνευκα
9. χέω gieße	χευ	χέω	ἔχεα	κέχυκα
Pass.	χυ	χυθήσομαι	ἐχύθην	κέχυμαι

§ 108. **Fünfte** oder **Nasal-Klasse**

Das Präsens ist durch ein **nasales** Element erweitert. 108

Präsens	St.	Futur	Aorist	Perfekt
		a) Präsens auf -νω		
1. τίνω büße, bezahle	τι	τείσω	ἔτεισα	τέτεικα
τίνομαι lasse büßen, räche mich (an jem. τινά)	τει	τείσομαι	ἐτεισάμην	τέτεισμαι
2. φθάνω überhole, komme zuvor (jmd. τινὰ ποιῶν τι)	φθα	φθήσομαι	ἔφθασα u.	—
	φθη		ἔφθην § 101,2	ἔφθακα
3. κάμνω ermüde, intr. (πορευόμενος)	καμ	καμοῦμαι, -ῇ	ἔκαμον	κέκμηκα
	κμη			
4. τέμνω schneide	τεμ	τεμῶ, -εῖς	ἔτεμον	τέτμηκα
	τμη	τμηθήσομαι	ἐτμήθην	τέτμημαι
5. ἐλαύνω treibe, intr. ziehe	ἐλαυ	ἐλῶ, -ᾷς	ἤλασα	ἐλήλακα
	ἐλα	ἐλαθήσομαι	ἠλάθην	ἐλήλαμαι

Präsens	St.	Futur	Aorist	Perfekt
		b) Präsens auf -νέο-μαι		
6. ἀφ-ικ-νέο-μαι komme an	ἀφ-ικ	ἀφίξομαι	ἀφῑκόμην	ἀφῖγμαι
		c) Präsens auf -άνω		
7. αἰσθάνομαι nehme wahr, empfinde (τινός u. τι)	αἰσθ-η	αἰσθήσομαι	ᾐσθόμην (αἰσθέσθαι)	ᾔσθημαι (ᾐσθῆσθαι)
8. ἁμαρτάνω sündige (τι); fehle, verfehle (τινός)	ἁμαρτ-η	ἁμαρτήσομαι ἁμαρτηθήσομαι	ἥμαρτον ἡμαρτήθην	ἡμάρτηκα ἡμάρτημαι
9. αὐξάνω, αὔξω vermehre	αὐξ-η	αὐξήσω αὐξήσομαι	ηὔξησα ηὐξήθην	ηὔξηκα ηὔξημαι
		d) Präsens auf -άνω mit Nasal in der Stammsilbe		
10. λαγχάνω erlose, erhalte (etw. τινός u. τι)	λαχ ληχ	λήξομαι	ἔλαχον	εἴληχα
11. λαμβάνω nehme, empfange	λαβ ληβ	λήψομαι ληφθήσομαι	ἔλαβον ἐλήφθην	εἴληφα εἴλημμαι
12. λανθάνω bin verborgen (vor jemd. τινά) ἐπι-λανθάνομαι vergesse (etw. τινός)	λαθ ληθ	λήσω ἐπι-λήσομαι	ἔλαθον ἐπ-ελαθόμην	λέληθα ἐπι-λέλησμαι
13. μανθάνω lerne	μαθ-η	μαθήσομαι	ἔμαθον	μεμάθηκα
14. πυνθάνομαι erfrage, erfahre (τινός τι)	πυθ πευθ	πεύσομαι	ἐπυθόμην	πέπυσμαι
15. τυγχάνω treffe (etw. τινός); erlange (von jem. etw. τινός τινος)	τυχ-η τευχ	τεύξομαι	ἔτυχον	τετύχηκα

§ 109. **Sechste** oder **Inchoativ-Klasse**

109 Das Präsens ist durch -σκο, -σκε (-ισκο, -ισκε) erweitert.

Präsens	St.	Futur	Aorist	Perfekt
		a) Ohne Präsensreduplikation		
1. γηράσκω altere	γηρᾱ	γηράσομαι	ἐγήρᾱσα	γεγήρακα
2. ἡβάσκω, ἡβάω werde, bin mannbar	ἡβα ἡβη	ἡβήσω	ἥβησα wurde m.	ἥβηκα
3. ἀρέσκω gefalle	ἀρε	ἀρέσω	ἤρεσα	—

Präsens	St.	Futur	Aorist	Perfekt
4. ἁλίσκομαι werde gefangen	ἁλω (ϝαλω)	ἁλώσομαι	ἑάλων, ἥλων	ἑάλωκα, ἥλωκα
5. ἀνᾱλίσκω ἀνᾱλόω wende auf, verzehre	ἀνᾱλ-ω (aus ἀνα-ϝαλω)	ἀνᾱλώσω ἀνᾱλωθήσομαι	ἀνήλωσα ἀνηλώθην	ἀνήλωκα ἀνήλωμαι
6. εὑρίσκω finde	εὑρ-η εὑρ-ε	εὑρήσω εὑρεθήσομαι	ηὗρον ηὑρέθην	ηὕρηκα ηὕρημαι
7. ἀπο-θνῄσκω sterbe (ὑπό τινος = werde getötet von jem.)	θαν θνη	ἀπο-θανοῦμαι	ἀπ-έθανον fut. perf.:	τέθνηκα bin tot τεθνήξω werde tot sein
8. διδάσκω lehre Med. (sich) belehren lassen	διδαχ (δι- urspr. nur Präs. Redupl.)	διδάξω διδαχθήσομαι διδάξομαι	ἐδίδαξα ἐδιδάχθην ἐδιδαξάμην	δεδίδαχα δεδίδαγμαι διδακτός

b) Mit Präsensreduplikation

9. ἀπο-διδρᾱ́σκω entlaufe (τινά)	δρᾱ	ἀπο-δρᾱ́σομαι	ἀπ-έδρᾱν	ἀπο-δέδρᾱκα
10. ἀνα-μιμνῄσκω, ὑπο-μιμνῄσκω } erinnere (jem. an τινά τι) μιμνῄσκομαι erinnere mich, gedenke; erwähne (τινός)	μνη μνη(σ)	ἀνα-μνήσω μνησθήσομαι	ἀν-έμνησα ἐμνήσθην	— μέμνημαι memini μεμνήσομαι meminero
11. γιγνώσκω erkenne	γνω(σ)	γνώσομαι γνωσθήσομαι	ἔγνων ἐγνώσθην	ἔγνωκα ἔγνωσμαι γνωστός
12. τιτρώσκω verwunde	τρω	τρώσω τρωθήσομαι	ἔτρωσα ἐτρώθην	τέτρωκα τέτρωμαι τρωτός

§ 110. **Siebente** oder *E*-**Klasse**

Der Verbalstamm ist durch einen *E*-Laut erweitert,
110 entweder im Präsens oder in anderen Tempora.

Präsens	St.	Futur	Aorist	Perfekt
a) Der erweiterte Stamm ist der Präsensstamm				
1. γαμέω heirate (vom Mann, γυναῖκα) Med. (von der Frau, nubo, ἀνδρί)	γαμ-η γαμ-ε	γαμῶ, -εῖς γαμοῦμαι, -ῇ	ἔγημα ἐγημάμην	γεγάμηκα γεγάμημαι
2. δοκέω scheine; meine δοκεῖ videtur c. inf.	δοκ-ε	δόξω δόξει	ἔδοξα ἔδοξε(ν)	— δέδοκται ist beschlossen
3. ὠθέω stoße (Impf. ἐώθουν § 88, 1 A.)	ὠθ-ε	ὤσω ὠσθήσομαι	ἔωσα ἐώσθην	ἔωκα ἔωσμαι
b) Der kürzere Stamm ist der Präsensstamm.				
4. ἐθέλω (θέλω) will	ἐθελ-η	ἐθελήσω	ἠθέλησα	ἠθέληκα
5. μέλλω habe vor; zaudere	μελλ-η	μελλήσω	ἐμέλλησα	
6. ἐρ- (ἐρωτάω) frage	ἐρ-η	ἐρωτήσω u. ἐρήσομαι	ἠρώτησα u. ἠρόμην	ἠρώτηκα
7. γίγνομαι werde, entstehe	γεν-η	γενήσομαι	ἐγενόμην	γεγένημαι u. pf. II. γέγονα
8. ἄχθομαι ärgere mich (über τινί, ἐπί τινι)	ἀχθ-εσ	ἀχθέσομαι	ἠχθέσθην	
9. βούλομαι will	βουλ-η	βουλήσομαι	ἐβουλήθην	βεβούλημαι
10. δεῖ es ist nötig	δε-η	δεήσει	ἐδέησε	δεδέηκε
11. δέομαι bedarf (τινός), bitte (τινός τι)	δε-η	δεήσομαι	ἐδεήθην	δεδέημαι
12. μέλει μοι mir liegt woran (τινός)	μελ-η	μελήσει	ἐμέλησε	μεμέληκε
13. ἐπι-μέλομαι, -μελοῦμαι sorge (für τινός, daß ὅπως c. ind. fut.)	μελ-η	ἐπιμελήσομαι	ἐπεμελήθην	ἐπιμεμέλημαι
14. οἴομαι (οἶμαι) meine, glaube	οἰ-η	οἰήσομαι	ᾠήθην	
15. μάχομαι kämpfe (gegen τινί)	μαχ-ε(σ), μαχ-η	μαχοῦμαι, -ῇ	ἐμαχεσάμην	μεμάχημαι

§ 111. **Achte oder Misch-Klasse**

Verben mit (wesentlich verschiedenen) Nebenstämmen 111

Präsens	Stämme	Futur	Aorist	Perfekt
1. αἱρέω nehme Med. nehme f. mich, wähle Pass. (zum Akt. u. Med.)	αἱρη, ἑλ, αἱρε	αἱρήσω αἱρήσομαι αἱρεθήσομαι	εἷλον εἱλόμην ᾑρέθην	ᾕρηκα ᾕρημαι ᾕρημαι
2. ἔρχομαι gehe, komme (Impf. ᾖα)	ἐρχ, εἰ, ἰ, ἐλ(υ)θ	εἶμι	ἦλθον (ἐλθέ!)	ἐλήλυθα ἥκω bin da
3. ἐσθίω, βιβρώσκω esse, verzehre	ἐσθι, ἐδ, φαγ, βρω	ἔδομαι βρωθήσομαι	ἔφαγον ἐβρώθην	βέβρωκα βέβρωμαι
4. ἕπομαι sequor, folge (τινί), Impf. εἱπόμην § 88, 1	σεπ, ἑπ, σπ	ἕψομαι	ἑ-σπόμην K. σπῶμαι-ἐπίσπωμαι O. σποῖτο-ἐπίσποιτο Imp. σποῦ-ἐπίσπου[1])	
5. ἔχω habe, halte (Nbf. ἴσχω) Impf. εἶχον § 88, 1	σεχ, ἐχ, σχ, σχ-η	ἕξω σχήσω[2])	ἔσχον[2]) K. σχῶ O. σχοίην I. σχές, σχέτω	ἔσχηκα
Med.		ἕξομαι σχήσομαι	ἐσχόμην (vgl. § 112) K. σχῶμαι O. σχοίμην I. σχοῦ, σχέσθω	ἔσχημαι
Komposita, z. B. a) παρ-έχω gewähre		παρ-έξω παρα-σχήσω	παρ-έσχον K. παράσχω O. παράσχοιμι I. παράσχες	παρ-έσχηκα
Med. gew. von mir aus		παρ-έξομαι παρα-σχήσομαι	παρ-εσχόμην K. παράσχωμαι O. παράσχοιτο I. παράσχου	παρ-έσχημαι
b) ἀν-έχομαι halte aus Impf. ἠνειχόμην § 88, 5		ἀν-έξομαι	ἠν-εσχόμην K. ἀνάσχωμαι usf.	ἠν-έσχημαι
c) ὑπ-ισχ-νέο-μαι verspreche		ὑπο-σχήσομαι	ὑπ-εσχόμην K. ὑπόσχωμαι usf.	ὑπ-έσχημαι
6. ὁράω sehe Impf. ἑώρων § 88, 2	ὁρα (ϝορα) ὀπ, ἰδ (ϝιδ)	ὄψομαι ὀφθήσομαι	εἶδον (ἰδέ!) ὤφθην	ἑώρᾱκα, ὄπωπα ἑώρᾱμαι, ὦμμαι
7. πάσχω leide, empfinde	πενθ, παθ, πασχ	πείσομαι	ἔπαθον	πέπονθα
8. πίνω trinke	πῖν, πι, πω, πο	πίομαι ποθήσομαι	ἔπιον ἐπόθην	πέπωκα πέπομαι
9. πίπτω falle	πετ, πεσ πτω	πεσοῦμαι, -ῇ	ἔπεσον	πέπτωκα

[1]) Vgl. § 98 ἐπίθου. [2]) Mit ingressiver Bedeutung: bekommen

Präsens	St.	Futur	Aorist	Perfekt
10. τρέχω laufe	θρεχ,	δραμοῦμαι, -ῇ	ἔδραμον	δεδράμηκα
θέω (nur Präs. u. Impf.)	δραμ-η			
11. φέρω trage	φερ, οἰ,	οἴσω	ἤνεγκον u.	ἐνήνοχα
	ἐνε(γ)κ		ἤνεγκα	
Med. trage für mich		οἴσομαι	ἠνεγκάμην	{ἐνήνεγμαι
Pass. werde getragen		ἐνεχθήσομαι	ἠνέχθην	-γξαι, -γκται
			V.-A.:	οἰστέον
φέρομαι eile, stürze		ἐνεχθήσομαι	ἠνέχθην	ἐνήνεγμαι
12. ἀγορεύω } rede	ἀγορευ,	ἐρῶ, -εῖς	εἶπον (εἰπέ!) u.	εἴρηκα
λέγω } spreche	λεγ,		εἶπα	
φημί } sage	φη, φα,	λέξω, φήσω	ἔλεξα, ἔφην (§ 103,1)	
Pass.	ϝεπ, ϝερ,	ῥηθήσομαι	ἐρρήθην	εἴρημαι
	ῥη	λεχθήσομαι	ἐλέχθην	λέλεγμαι
Komposita:				
a) ἀπ-αγορεύω versage: 1. verbiete, 2. ermüde		ἀπ-ερῶ	ἀπ-εῖπον	ἀπ-είρηκα
b) δια-λέγομαι unterrede mich (mit einem τινί)		δια-λέξομαι	δι-ελέχθην	δι-είλεγμαι
aber c) συλ-λέγω sammle		συλ-λέξω	συν-έλεξα	συν-είλοχα
ἐκ-λέγω lese aus		συλ-λεγήσομαι	συν-ελέγην	συν-είλεγμαι
13. ζῆν, βιόω lebe	ζη, βιω	βιώσομαι	ἐβίων	βεβίωκα
14. καθίζω, tr. setze u. intr. setze mich	ἱδ	καθιῶ, -εῖς	ἐκάθισα	—
καθίζομαι setze mich	—	—	—	—
καθέζομαι intr. setze mich u. sitze	ἑδ, ἡ(σ)	καθεδοῦμαι, -ῇ	ἐκαθεζόμην Impf. u. Aorist: considebam u. consedi	κάθημαι sitze § 103, 5
15. παίω, τύπτω } schlage	παι, τυπ,	παίσω	ἔπαισα	πέπαικα
πατάσσω, πλήττω }	παταγ,			
Pass.	πληγ	πληγήσομαι	ἐπλήγην	πέπληγμαι
Dagegen merke (§ 107, 2):				
ἐκ-πλήττω erschrecke, tr.	πληγ,	ἐκ-πλήξω	ἐξ-έπληξα	—
intr.	πλαγ	ἐκ-πλαγήσομαι	ἐξ-επλάγην	ἐκ-πέπληγμαι
16. πωλέω, πιπράσκω,	πωλη,	πωλήσω	ἐπώλησα	πεπώληκα
ἀποδίδομαι verkaufe	δω, δο,	ἀποδώσομαι	ἀπεδόμην	πέπρᾱκα
(für: τινός, ὀλίγου, πολλοῦ)	πρᾱ	πρᾱθήσομαι	ἐπρᾱ́θην	πέπρᾱμαι
17. σκοπέω u. -έομαι	σκοπε,	σκέψομαι	ἐσκεψάμην	ἔσκεμμαι
σκέπτομαι spähe, schaue	σκεπ			
18. ὠνέομαι kaufe	ὠνη,	ὠνήσομαι	ἐπριάμην § 100, A	ἐώνημαι
(für: τινός, ὀλίγου, πολλοῦ)	πρια	ὠνηθήσομαι	ἐωνήθην	ἐώνημαι

§ 112. Seltener vorkommende Unregelmäßigkeiten in der Verbalflexion der attischen Prosa

ἄγνῡμι breche, tr. (ϝᾱγ- : ϝαγ-): κατᾱ́ξω, κατ-έᾱξα (Augm. § 88, 1. A.); 112
ἄγνυμαι breche, intr.: perf. II. κατ-έᾱγα bin zerbrochen, aor. pass. ἐᾱ́γην (ep. ἐάγην).

αἰνέω § 90, 5 bildet die Futura auch ἐπαινέσω u. παραινέσομαι und hat im perf. pass. ἐπ-ῄνημαι, παρ-ῄνημαι.

ἀλείφω salbe, bildet das perf. pass. mit attischer Red. (§ 88, 7): ἐξ-αλήλιμμαι.

ἀλέξω (bes. poet.) wehre ab (ἀλεκ-, ἡ ἀλκ-ή): Fut. ἀλεξήσω.
Med. ἀλέξομαι, Fut. ἀλεξήσομαι u. ἀλέξομαι, Aor. ἠλεξάμην.

ἀλέω mahle, bildet das perf. pass. mit attischer Redupl. (§ 88,7): ἀλήλε(σ)μαι.

ἁλίσκομαι (ϝαλω-) § 109, 4; ἥλων u. ἥλωκα sind ionisch u. nachattisch.

ἀλλάττω ändere, hat im aor. pass. neben ἠλλάγην (§ 86, 3) auch ἠλλάχθην (fast nur poet.).

ἅλλομαι springe: Fut. ἁλοῦμαι, aor. I. ἡλάμην, ἅλασθαι (wie ἆραι § 89, 3, statt ἥλασθαι nach § 83, 2) und aor. II. ἡλόμην, ἁλέσθαι.

ἀμφιγνοέω bin ungewiß, augmentiert (wie ἀνέχομαι § 88, 5) an der Präpos. und am Verb: ἠμφεγνόουν.

ἁνδάνω gefalle (σϝαδ-, ἁδ-, ἡδύς): ἁδήσω, ἕαδον, ἁδεῖν, ἕᾱδα.

ἁνύτω neben ἁνύω (ἀνύω) vollende: ἁνύσω, ἥνυσα, ἥνυκα, ἥνυσμαι, ἡνύσθην, ἁνυστός.

ἀραρίσκω füge (ἀρ-, vgl. § 109, b): Aor. ἤρᾰρον, Pf. ἄρᾱρα passe.

βλαστάνω sprosse (βλαστ-η, § 108, c): βλαστήσω, ἔβλαστον, βεβλάστηκα.

βλώσκω gehe (μολ-, μλω-): μολοῦμαι, ἔμολον, vgl. ὁ αὐτόμολος.

βούλομαι § 110, 9; dazu selten ἠβουλόμην, ἠβουλήθην mit Augment ἠ-. Diese Augmentation ist nachattisch, in hellenistischer Zeit sehr beliebt.

δάκνω beiße (δηκ-: δακ- u. § 108, a): δήξομαι, ἔδακον, δέδηγμαι, ἐδήχθην.

δαρθάνω schlafe (δαρθ-η, § 108, c): κατ-έδαρθον, κατα-δεδάρθηκα.

δει-, δι- § 102, 3; im Plqpf. lautet die 3. P. des Pl. auch ἐδεδίεσαν.

διαιτάομαι lebe, augmentiert (gegen § 74, 3) διῃτώμην, διῃτήθην, redupliziert aber δεδιῄτηται, ἐδεδιῄτητο.

διψῆν dürsten: διψῇς, διψῇ, ἐδίψη (vgl. ζῆν § 90. 2).

δράω tue, bildet δέδρᾱμαι, ἐδρᾱ́σθην, δρᾱστέος, vgl. § 90, 7.

δύναμαι § 100, 5; außerdem hat es im Impf. neben ἐδύνασο auch ἐδύνω, ferner das Augment ἠ (ἠδυνάμην, ἠδυνήθην) und den Aor. ἐδυνάσθην.

δύω § 90, 6; ganz vereinzelt ist das trans. Perf. ἀπο-δέδῠκα (πολλούς).

εἴκω weiche, bildet εἶκον u. εἶξα ohne Augmentbezeichnung.

εἰμί § 103, 3; dazu im Imper. 3. P. des Pl. auch ὄντων, das V.-Adj. συνεστέον (und das nachatt. Impf. ἤμην).

εἶμι § 103, 2; dazu die Nebenformen Impf. Sing. 1. ᾔειν, 2. ᾔεισθα, 3. ᾔειν, Pl. 3. ᾔεσαν. Opt. ἰοίην. Imper. 3. P. d. Pl. ἴτων. V.-A. auch ἰτητέον (vom att. ungebr. ἰτάω).

εἵργω (εἵργω) dränge, bildet εἶργον, εἶρξα, εἶργμαι, εἵργμην u. εἵρχθην.

ἐλέγχω überführe, hat die att. Redupl. (§ 88, 7): ἐλήλεγκται, Plusquamperf. ἐλήλεγκτο (ohne Augm.).

ἑλίσσω wälze; daneben εἱλίσσω, augm. εἵλισσον, εἵλιξα, εἵλιγμαι, εἱλίχθην nach § 88, 1; sämtl. Formen auch mit spir. lenis: ἐλίττω usf.

ἕννυμι, ἀμφι- bekleide: ἀμφιῶ, -εῖς, ἠμφίεσα, ἠμφίεσμαι.

ἐπίσταμαι § 100, 6; im Imper. und Imperf. hat es neben ἐπίστασο u. ἠπίστασο auch ἐπίστω u. ἠπίστω, vgl. δύναμαι.

ἐργάζομαι arbeite, bildet in gutattischer Zeit ἠργαζόμην, ἠργασάμην u. ἠργάσθην, aber εἴργασμαι, εἰργάσμην — später auch εἰργαζόμην usf.

ἔρχομαι § 111, 2; davon ist attisch vom Präsens fast nur der Indik. gebraucht, zuweilen Opt., Inf. u. Part.; gewöhnlich treten im Simplex u. in den Komposita ἴω, ἴοιμι, ἴθι, ἰέναι, ἰών u. im Impf. ᾖα ein.

ἐσθίω § 111, 3; dazu die Perfekte ἐδήδοκα, ἐδήδεσμαι (vgl. § 88, 7) und die V.-A. ἐδεστός, ἐδεστέον.

ἑστιάω bewirte, augm: εἱστίων, εἱστίᾱσα, εἱστίᾱκα usf., nach § 88, 1.

εὕδω schlafe, εὐθύνω richte, εὑρίσκω finde, εὔχομαι flehe, gelobe, augmentieren in attischer Zeit nach § 72, 3: ηὗδον, ηὔθῡνον, ηὕρισκον, ηὐχόμην, u. reduplizieren ηὖγμαι, ηὔγμην usf., aber

εὐεργετέω tue wohl und andere mit dem Adv. εὖ anlautende Verben augmentieren und reduplizieren nicht: εὐεργέτουν, εὐεργέτησα, εὐεργέτηκα, εὐδοκίμηκα, εὐτύχησα.

Später auch εὔθῡνα, εὗρον, εὖγμαι, εὔγμην u. ähnl.

ἐχθάνομαι, gew. ἀπ- werde verhaßt (ἐχθ-η, nach § 108c): ἀπ-εχθήσομαι, ἀπ-ηχθόμην, ἀπ-ήχθημαι.

ἔχω § 111, 5: aor. pass. erst bei Späteren ἐσχέθην. Komp. ἀμπ-έχω (§ 20, 2) u. -ίσχω umhülle, Impf. ἤμπισχον. ἀμπέχομαι habe um mich gehüllt, augm. ἠμπειχόμην, nach § 111, 5b.

ἕψω koche (ἑψ-η): ἑψήσω, ἥψησα, ἑψητός u. ἑφθός.

ζώννῡμι gürte (ζω(σ)-, nach § 105b): ζώσω, ἔζωσα, ἔζωμαι (später ἔζωσμαι), ζωστός.

ἧμαι, κάθημαι § 103, 5. Impf. auch καθήμην, καθῆσο, καθῆστο usf. Konj. καθώμεθα, Opt. καθήμην od. καθοίμην.

ἠμί sage, Impf. ἦν δ' ἐγώ u. ἦ δ' ὅς (sagte ich, sagte er).

θέω laufe (aus θεύω, θέϝω, wie πλέω § 107. A.) hat nur Präs., Impf. (§ 90, 3) und das Fut. θεύσομαι.

θιγγάνω berühre (θιγ-, § 108, d): θίξομαι, ἔθιγον.

θνήσκω, ἀπο- § 109, 7; eig. θνη-ίσκω, unrichtig θνήσκω. Zu den Perfektformen in § 102, 2 noch der Opt. τεθναίην und der Imper. 3. P. d. Sg. τεθνάτω.

ἵζω s. καθίζω.

ἵημι § 97—99; ἀφίημι: Impf. attisch ἀφίειν (spät. ἠφίειν nach § 88, 5).

ἱλάσκομαι versöhne (ἱλα(σ)-): ἱλάσομαι, ἱλασάμην.

ἵστημι: neben τὸ ἑστὸς (§ 102, 1) auch τὸ ἑστώς.

καθεύδω schlafe, augm. neben ἐκάθευδον (§ 88, 4) auch καθηῦδον (s. oben εὕδω). Fut. καθευδήσω.

καθίζω § 111, 14, augm. neben ἐκάθισα (§ 88, 4) auch καθῖσα.

καίνω, κατα- töte: κατα-κανῶ, -έκανον (§ 85, 3), -κέκονα (nach § 87, 3).

καλέω § 91, 5; opt. perf. pass. κεκλῇο (ohne Umschreibung).

κεῖμαι § 103, 6. Konj. κέηται, κέωνται. Opt. κέοιτο, κέοιντο.

κεράννῡμι § 105, 1; dazu der aor. pass. ἐκεράσθην.

κλάω breche (κλᾰ(σ)-): κλάσω, ἔκλασα, κέκλασμαι, ἐκλάσθην nach § 90, 4.

κλέπτω stehle: κλέψομαι u. κλέψω, ἔκλεψα, κέκλοφα (§ 87, 3. d), κέκλεμμαι, ἐκλάπην (§ 86, 3), κλεπτός u. κλεπτέος.

κλίνω § 96, 49; außerdem im Pass. auch ἐκλίνην u. κλινήσομαι.

κορέννῡμι sättige (κορεσ-): κορέσω, ἐκόρεσα, κεκόρεσμαι, ἐκορέσθην.

κρούω stoße: κέκρουμαι, ἐκρούσθην, κρουστός, wie κλείω § 90, 7.

κτάομαι erwerbe, regelm.; dazu im ind. perf. auch ἔκτημαι und im Opt. κεκτῴμεθα (ohne Umschreibung); κέκτημαι ist selten passiv.

λέγω sammle in ἐκ-, κατα-, συλ-λέγω § 111, 12. c; dazu im perf. pass. auch -λέλεγμαι u. im aor. pass. συν-ελέχθην (bes. ion.).

λεύω, gew. κατα- steinige: aor. pass. κατελεύσθην nach § 90, 7.

λούω wasche (λόϝω lavo), regelm.; daneben häufig λοῦται, ἐλοῦτο, ἐλοῦντο, λοῦσθαι u. ähnl.

μείγνῡμι § 105, 8 (μειγ-: μιγ-); der aor. pass. auch ἐμίγην. — Vgl. μίγνῡμι.

μεθύσκω mache trunken: ἐμέθυσα.

μεθύσκομαι intr. werde trunken: ἐμεθύσθην.

μεθύω (nur Präs. u. Impf.) bin trunken.

μέλλω § 110, 5, hat als Augm. zuweilen ἠ- (ἤμελλον, ἠμέλλησα).

μένω bleibe: μενῶ, -εῖς, ἔμεινα, μεμένηκα — μενετός, μενετέον.

(σ)μερ- zuteilen (τὸ μέρος, μερίζω — μόρος, μοῖρα): perf. pass. εἵμαρται es ist durchs Los bestimmt; ἡ εἱμαρμένη (sc. αἶσα) Schicksal, Verhängnis.

μίγνῡμι, μίξω, ἔμιξα, μέμιγμαι, ἐμίχθην, μικτός sind späte Schreibungen für μείγνυμι, μείξω usf. § 105, 8.

μιμνήσκω § 109, 10 (auch μιμνήσκω u. ἐμνήσθην geschr.), bildet vom perf. pass. (ohne Umschreibung) im Konj. μεμνώμεθα, im Opt. μεμνῇο, μεμνῇτο, μεμνήμεθα (od. μεμνῷο, μεμνῴμεθα).

νέμω teile zu: νεμῶ, -εῖς, ἔνειμα, dann νενέμηκα, νενέμημαι, ἐνεμήθην nach § 110b.

νέω schwimme (wie πλέω, § 107, 7): νεύσομαι, ἔνευσα, νένευκα.

οἴγω, ἀν- § 88, 2, dazu das fut. perf. pass. ἀνεῴξεται (u. spät das intrans. perf. II. ἀνέῳγα stehe offen).

οἶδα § 102, 4; dazu die Nebenformen im Pr. 2. P. d. Sg. οἶδας, im Impf. 2. P. d. Sg. ᾔδεισθα u. ᾔδεις, Plur. (poet.) ᾖσμεν, ᾖστε, ᾖσαν, im Fut. εἰδήσω u. das V.-A. ἰστέον (man muß in Erfahrung bringen).

οἴχομαι gehe, bin fort: οἰχήσομαι, ᾤχωκα (u. spät ᾤχημαι).

ὄμνῡμι § 105, 12; dazu die Passivf. ὀμώμο(σ)ται, ὠμό(σ)θησαν — ἀπώμοτος.

ὀνίνημι § 100, 1; außerdem im (poet.) aor. med. ὠνήμην (ὠνάμην), opt. ὄναιτο, inf. ὄνασθαι, Nutzen, Vorteil haben.

ὁράω § 111, 6; ferner der aor. med. εἰδόμην, Imper. ἰδοῦ, als Ausruf ἰδού sieh da! — Das Perf. auch ἑόρᾱκα.

ὀφείλω schulde: ὤφελον (§ 85, 3), ὀφειλήσω, ὠφείλησα, ὀφειληθείς.

ὀφλισκάνω schulde (ὀφλ-η): ὀφλήσω, ὦφλον (unrichtig betont ὄφλειν u. ὄφλων), ὤφληκα.

παύω mache aufhören, bildet παυστέον u. ἄπαυστος (Hdt. auch ἐπαύσθην) mit σ. — παύομαι höre auf: παύσομαι, ἐπαυσάμην, πέπαυμαι.

πείθω § 96, 8. 9; dazu das perf. II. πέποιθα vertraue § 107, 5 u. der aor. med. ἐπιθόμην.

πεινῆν hungern: πεινῇς, πεινῇ, ἐπείνη (vgl. ζῆν § 90, 2).

πειράομαι versuche, ist gew. d. p. § 94, 2, hat aber auch den med. Aor. ἐπειρασάμην und ganz selten ἐπειράθην in pass. Bed.

πέτομαι fliege (πετ-: πτ-): Fut. πτήσομαι, Aor. ἐπτόμην (nach § 85) oder ἐπτάμην (nach § 100) oder ἔπτην (nach § 101).

πήγνῡμι § 105, 9; im opt. praes. πηγνῦτο.

πίμπλημι u. πίμπρημι werden nach ἐμ- auch ohne μ geschrieben: ἐμπίπλημι, ἐμπίπρημι, ἐμπιπρᾶσιν u. ähnl., doch stets ἐνεπίμπλην u. ähnl. — ἐνεπίμπρων, seltene Nbf. zu ἐνεπίμπρασαν.

πλέκω flechte: πλέξω, ἔπλεξα, πέπλεγμαι, ἐπλάκην § 86, 3.

πλέω § 107, 7; es bildet das Fut. auch mit σ u. Kontraktion: πλευσοῦμαι (sogenanntes fut. doricum) — ferner πεπλευσμένος (befahren), ἄπλευστος (noch nicht befahren) u. πλευστέον.

πνίγω ersticke (tr.), erwürge (πνῑγ-, πνῐγ-): πνίξω, ἔπνῑξα.
d. p. ersticke (intr.), ertrinke: πνῐγήσομαι, ἐπνίγην, πέπνιγμαι.

ποθέω ersehne, wünsche, regelm.; selten auch ποθέσομαι, ἐπόθεσα.

πορ- befördern (πορίζω, πορσύνω): aor. II. ἔπορον gab, perf. pass. πέπρωται ist vom Schicksal bestimmt, ἡ πεπρωμένη (sc. αἶσα) und τὸ πεπρωμένον fātum.

πράττω § 96, 13: πέπραγα bed. trans. habe getan, intr. es ist mir ergangen, befinde mich; transitives πέπρᾱχα habe getan (nach § 87, 3b) ist nachattisch.

ῥῑγόω friere ist regelm.; daneben auch Konj. ῥῑγῷ, Inf. ῥῑγῶν.

σβέννῡμι lösche (ἀπο-, κατα-), tr.: σβέσω, ἔσβεσα, ἔσβεσμαι, ἐσβέσθην. σβέννυμαι erlösche, intr.: σβήσομαι, ἔσβην, ἔσβηκα bin erloschen.

σείω erschüttere: σείσω, ἔσεισα, σέσεισμαι, ἐσείσθην, σειστός.

σήπω mache faulen, trans. gew. ἀπο-, κατα- (σηπ-: σαπ-, vgl. τήκω § 107, 1).

σήπομαι verfaule, intr.: σαπήσομαι, ἐσάπην, ἀπο-σεσηπώς verfault.

τίθημι § 97—99; die Perfektform τέθεικα ist erst bei Späteren berechtigt.

τίνω § 108, 1 (τει-: τι-); erst spät sind τῑ́σω, ἔτῑσα usf.

τλη: τλα dulden, defektiver Stamm, dem das Präs. fehlt, bildet: τλήσομαι, ἔτλην, τέτληκα nach § 101, 3. 4.

τρέω zittere (τρεσ-): Aor. ἔτρεσα (hom. ἔτρεσσα, vgl. τελέω § 90, 4).

τρῑ́βω § 107, 3; außerdem ἐτρῑ́φθην, u. τρῑ́ψομαι pass. nach § 93, 2.

φεύγω § 107, 6; hat im Fut. dorisch φευξοῦμαι (wie πλέω).

φημί § 103, 1; dazu die Nebenf. ἔφης zu ἔφησθα und φαθί zu φάθι.

φθείρω, gew. δια-, regelm. wie σπείρω § 96, 33; daneben auch das perf. II. act. διέφθορα, trans. u. intrans., u. vom perf. pass. ἐφθάραται (wie τετάχαται ohne Umschreibung, § 82, 6).

χαίρω freue mich: χαιρήσω, ἐχάρην, κεχάρηκα nach § 101, 2b. 4.

χαλάω lasse los: χαλάσω, ἐχάλασα, ἐχαλάσθην nach § 90, 4.

χόω schütte auf: κέχωσμαι, ἐχώσθην, χωστός nach § 90, 7.

χρῆν Orakel geben: χρήσω, ἔχρησα. Med. befrage das Orakel: χρήσομαι, ἐχρησάμην. Pass. κέχρη(σ)ται u. ἐχρήσθη das Orakel wurde erteilt.

χρῆν leihen (einem etw.), kontr. χρῇς, χρῇ, χρῆν (wie ζῆν § 90, 2) und bildet ἔχρησα lieh, ἐχρήσατο lieh sich, entlehnte.

Ebenso ἀπο-, ἐκ-, καταχρῆν genügen.

ἀποχρῇ (unrichtig ἀπόχρη) es genügt, Impf. ἀπέχρη.

Dritter Teil: Syntax

I. Kongruenz

113 § 113. 1. Ist das Subjekt ein Neutrum im Plural, so steht das Verb gewöhnlich im Singular, das Prädikatsnomen aber stets im Plural.

Τὰ μεγάλα δῶρα τῆς τύχης ἔχει φόβον.
Πάντα τὰ δίκαια καλά ἐστιν.

Anm. Ursprünglich ist der Nom. Plur. Neutr. ein auf ᾰ ausgehendes feminines Kollektivum im Singular.

2. Ein Dual als Subjekt oder zwei Subjekte haben das Prädikat bald im Dual, bald im Plural bei sich.

Δύο καλώ τε κἀγαθὼ ἄνδρε τέθνατον oder τεθνᾶσιν.

3. Wenn ein Maskulinum oder Femininum nicht einzelner Vertreter des Begriffs, sondern Gattungswesen ist und als Subjekt durch ein Prädikatsadjektiv bestimmt wird, so steht dieses Adjektiv oft im Neutrum (vgl. *Varium et mutabile semper femina)*.

Ὡς χαρίεν ἔστ' ἄνθρωπος, ὅταν ἄνθρωπος ᾖ.
Οὐκ ἀγαθὸν πολυκοιρανίη· εἷς κοίρανος ἔστω.

4. Pronominales Subjekt richtet sich im Genus und Numerus nach dem Prädikatsnomen; vgl. *ea firma amicitia est.*

Αὕτη ἄλλη πρόφασις ἦν: das war ein anderer Vorwand.
Πάντες οὗτοι νόμοι εἰσίν: alles das sind Gesetze.

Daneben wie im Deutschen: Ἔγωγέ φημι ταῦτα φλυαρίας εἶναι.

Anm. Bei Definitionen steht das Pronomen, das alsdann nicht Subjekt, sondern Prädikat ist, im Neutrum: Τί φῂς ἀρετὴν εἶναι;

5. Nähere Bestimmungen des Orts, der Zeit, der Art und Weise, der Reihenfolge und des Gemütszustandes, die im Deutschen adverbial ausgedrückt werden, schließen sich im Griechischen als prädikativ stehende Adjektive an ihr Beziehungswort (Subjekt oder Objekt) an; vgl.

Socrates primus hoc docuit — Socrates venenum laetus hausit.

Das Griechische geht aber darin viel weiter als das Lateinische.

Σκηνοῦμεν ὑπαίθριοι ἐν τῇ τάξει (unter freiem Himmel).
Τριταῖοι ἐκ Σπάρτης ἐγένοντο ἐν τῇ Ἀττικῇ (am dritten Tage).
Κατέβαινον εἰς τὰς κώμας ἤδη σκοταῖοι (in der Dunkelheit).
Ἐπύαξα προτέρα Κύρου εἰς Ταρσοὺς ἀφίκετο.
Ἑκοῦσαι αἱ πόλεις χρήματα συνεβάλλοντο.

Anm. 1. Auch Pronomina kann der Grieche so als Prädikativa verwenden. Νέστορ' ἔρειο, ὅντινα τοῦτον ἄγει. Λ 612 (als wen er diesen = wen er da führt). Ποῖον τὸν μῦθον ἔειπες; Α 552 (als was für eine Rede führtest du diese? = was für eine Rede führtest du da?) Ἔνδον μὲν δὴ ὅδ' αὐτὸς ἐγώ. φ 207 (als dieser = hier). Οὗτος ὄπισθεν προσέρχεται. Plat. Rep. 327B (als dieser hier = da).

Anm. 2. Prädikative Adjektive bringen manchmal schon die Wirkung der Tätigkeit des Verbums zur Anschauung (proleptischer Gebrauch). Μετεώρους ἐξεκόμισαν τὰς ἁμάξας. An. 1, 5, 8 (hoben als schwebende [= so daß sie schwebten] empor). Κυκλοτερὲς μέγα τόξον ἔτεινεν. Δ 124 (spannte den Bogen bis zur Rundung).

II. Der Artikel

§ 114. Der Artikel ὁ, ἡ, τό der, die, das zeigt seine ursprüngliche Natur als demonstratives Pronomen noch 114

1. in ὁ μέν — ὁ δέ der eine — der andere (in allen Kasus),
   in τὸ μέν — τὸ δέ, τὰ μέν — τὰ δέ } adverbial: teils — teils,
   in πρό τοῦ: vordem, vormals u. ähnl.;
2. in ὁ δέ, ἡ δέ, τὸ δέ der aber, die aber, das aber,
   im acc. c. inf. τὸν δέ, τὴν δέ, τοὺς δέ der aber, die aber,
   und καὶ τόν, καὶ τήν, καὶ τούς und den, und die.

   Οἱ μὲν ἐτόξευον, οἱ δ' ἐσφενδόνων.
   Κῦρος δίδωσι Κλεάρχῳ μυρίους δαρεικούς· ὁ δὲ λαβὼν τὸ χρυσίον στράτευμα συνέλεξεν.

   Anm. Man betont alsdann die Formen auch: ὅ, ἥ, οἵ, αἵ.
3. ὅς (nicht relativisch) ist eine mit dem Nominativzeichen ς versehene Nebenform von ὁ, im Attischen erhalten in der Verbindung καὶ ὅς und der, ἦ δ' ὅς (§ 112) sagte er (dieses zur Formel erstarrt, so daß δέ bedeutungslos geworden ist).

   Οὐδεὶς ἀντέλεγε, καὶ ὃς ἡγεῖτο.

§ 115. Der **Gebrauch des Artikels** entspricht im allgemeinen dem des bestimmten Artikels im Deutschen. Er steht also: 115

1. **individuell**, indem er bestimmte einzelne Personen oder Dinge hervorhebt und von anderen unterscheidet:

Ὁ σοφὸς ἐν αὑτῷ περιφέρει τὴν οὐσίαν (seine Habe).

Ξέρξης ἡττηθεὶς τῇ μάχῃ ἐκ τῆς Ἑλλάδος ἀπεχώρει (in der bekannten Schlacht).

Κῦρος ὑπισχνεῖτο δώσειν τρία ἡμιδαρεικὰ τοῦ μηνὸς τῷ στρατιώτῃ (distributiv: *singulis mensibus singulis militibus)*.

2. **generell**, indem er einzelne Personen oder Dinge zu Vertretern der ganzen Gattung macht:

Νικᾷ ὁ μείων τὸν μέγαν δίκαι' ἔχων.

Δεῖ τὸν ἄνθρωπον αἰσχύνεσθαι μᾶλλον ἑαυτὸν ἢ ἄλλον.

Anmerkung 1. Unterscheide:

πολλοί	viele	und οἱ πολλοί	die meisten, die große Menge;
ὀλίγοι	wenige	und οἱ ὀλίγοι	die Oligarchen;
πλείονες	mehrere	und οἱ πλείονες	die Mehrzahl;
πλεῖστοι	sehr viele	und οἱ πλεῖστοι	die meisten;
ἄλλοι	*alii*	und οἱ ἄλλοι	*ceteri*;

ἐμὸς φίλος ein Freund von mir u. ὁ ἐμὸς φίλος mein Freund;
τοιοῦτος ἀνήρ ein solcher Mann u. ὁ τοιοῦτος ἀνήρ der so beschaffene M.

Anmerkung 2. Merke: ὁ βουλόμενος jeder, der will;
ὁ τυχών jeder beliebige, der erste beste;
ὁ τολμήσων ein solcher, des es wagen wird od. kann.

116 § 116. Abweichend vom Deutschen **steht** der Artikel bei bestimmten Personen und Dingen:

1. bei Einführung der Apposition nach dem Personalpronomen:

ἡμεῖς οἱ Ἕλληνες wir Griechen, ἐγὼ ὁ τλήμων ich Armer.

2. bei Kardinalzahlen, bes. wenn sie einen bestimmten Teil eines bekannten Ganzen angeben, also auch bei Bruchzahlen:

τὰ δύο μέρη zwei Drittel;

Ἀπῆσαν τῶν λόχων δώδεκα ὄντων οἱ τρεῖς.

3. bei ἄμφω, ἀμφότερος u. ἑκάτερος (uterque), oft auch bei ἕκαστος:

τὼ παῖδε ἀμφοτέρω — ἐπὶ τῶν πλευρῶν ἑκατέρων,

ἕκαστον τὸ ἔθνος od. ἕκαστον ἔθνος, ἑκάστης (τῆς) ἡμέρας.

4. ferner nach den possessiven Gen. οὗ, ἧς, ὧν dessen, deren:

Ἀπέθανεν ὁ φίλος, οὗ τὸν υἱὸν παιδεύω,

sowie bei den Possessiven § 64, 3, Demonstrativen § 65, 4 u. πᾶς § 121.

Anm. Bei Dichtern fehlt der Artikel oft, wo ihn der prosaische Sprachgebrauch nach den obigen Regeln verlangen würde.

§ 117. Abweichend vom Deutschen **steht** der Artikel **nicht,** obgleich von ganz Bestimmtem die Rede ist: 117

1. beim Prädikatsnomen und Prädikativum.

   Πολλῶν ὁ καιρὸς γίγνεται διδάσκαλος (der Lehrer).
   Αἱ δεύτεραί πως φροντίδες σοφώτεραι (die weiseren).

2. bei persönlichen Begriffen (θεός, στρατηγός, ἄνθρωπος u. ä.), wenn sie als Gattungsnamen generell gebraucht sind (vgl. § 115, 2), z. B. Πάντων μέτρον ἄνθρωπός ἐστιν Aller Dinge Maß ist der Mensch.

3. bei Gattungsnamen, die in ihrer Anwendung Eigennamen gleich oder nahe kommen, z. B.

   βασιλεύς der Perserkönig, μέγας βασιλεύς der Großkönig,
   ἐν ἄστει in der Stadt (Athen).

Anm. 1. Soll das Prädikatsnomen oder Prädikativum als ganz bestimmt, schon genannt oder allgemein bekannt hervorgehoben werden, so hat es den Artikel, so besonders substantivierte Partizipien, ὁ αὐτός derselbe u. a.

Αὐτὴ ἡ πολιτεία ἔκειτο τὰ ἆθλα (als der festgesetzte Kampfpreis).
Οὗτός ἐστιν ὁ σώφρων, οὗτος ὁ ἀνδρεῖος (der wahrhaft Weise).
Οἱ ἄνδρες εἰσὶν οἱ ποιοῦντες, ὅ,τι ἂν ἐν ταῖς μάχαις γίγνηται.
Ἐγὼ μὲν ὁ αὐτός εἰμι, ὑμεῖς δὲ μεταβάλλετε.

Anm. 2. Eigennamen bedürfen an und für sich des Artikels nicht; soll eine Person als schon genannt oder bekannt bezeichnet werden, so wird zu deren Namen oder, falls eine Apposition hinzutritt, zu dieser der Artikel hinzugefügt: ὁ Σωκράτης der bekannte S., oder Σωκράτης ὁ Ἀθηναῖος Sokrates, der bekannte Athener.

§ 118. **Zur attributiven Wortstellung** (§ 64, 2. **Anm.**) merke: 118

ὁ ἀγαθὸς ἀνήρ der gute Mann,
oder ὁ ἀνὴρ ὁ ἀγαθός der Mann (und zwar) der gute.
So ἡ τῶν Περσῶν ἀρχή — ὁ δῆμος ὁ τῶν Ἀθηναίων,
ὁ παρὼν καιρός — κατὰ τοὺς νόμους τοὺς κειμένους.

Durch die attributive Stellung erhalten Adverbien und adverbiale Ausdrücke die Geltung von Attributen.

τὴν ἄνω ὁδόν den Hinaufmarsch, οἱ τότε ἄνθρωποι —
τῶν οἴκοι ἀντιστασιωτῶν — τὸ ἐν Πλαταιαῖς ἔργον.
Δέδοικα, μὴ ἐπιλαθώμεθα τῆς οἴκαδε ὁδοῦ.
Ὁ τόπος οὗτος ἐκαλεῖτο Ἀρμενία ἡ πρὸς ἑσπέραν.

Anm. Der attributive Genetiv von Substantiven ist nicht streng an die attributive Stellung gebunden; außer ἡ τῶν Περσῶν ἀρχή öfters auch τῶν Περσῶν ἡ ἀρχή und ἡ ἀρχὴ τῶν Περσῶν.

119 § 119. **Zur prädikativen Wortstellung** (§ 64, 2. Anm.) merke:

ἀγαθὸς ὁ ἀνήρ oder ὁ ἀνὴρ ἀγαθός (sc. ἐστίν oder ὤν),
der Mann ist gut oder der M. als guter (sofern er gut ist).
Εἶχον πάντες τὰς ἀσπίδας ἐκκεκαλυμμένας.
Παρῆν Σεύθης ἔχων τοὺς ἱππέας τεθωρακισμένους.

120 § 120. Manche Wörter haben bei verschiedener Stellung auch verschiedene Bedeutung. Insbesondere merke:

1. ὁ αὐτὸς βασιλεύς derselbe König, idem rex;
   ὁ βασιλεὺς αὐτός
   αὐτὸς ὁ βασιλεύς
   → der König selbst, rex ipse: § 62.
2. ἡ μέση πόλις die mittlere Stadt (zwischen zwei anderen);
   ἡ πόλις μέση
   μέση ἡ πόλις
   → die Stadt als mittlere = die Mitte der Stadt.
3. τὸ ἄκρον ὄρος der hohe, spitze Berg;
   τὸ ὄρος ἄκρον
   ἄκρον τὸ ὄρος
   → der Berg als äußerster = die Spitze des Berges.
4. ἡ ἐσχάτη νῆσος die äußerste (von mehreren) Inseln;
   ἡ νῆσος ἐσχάτη
   ἐσχάτη ἡ νῆσος
   → die Insel als äußerste = das Ende, der Rand der Insel.

§ 121. Πᾶς (ἅπας, σύμπας, ὅλος) bedeutet

121 1. bei dem **mit Artikel,** also bestimmt gebrauchten Substantiv:

a) in prädikativer Stellung ganz, Plur. alle.

πᾶσα ἡ πόλις
ἡ πόλις πᾶσα
→ die ganze Stadt;

πᾶσαι αἱ πόλεις
αἱ πόλεις πᾶσαι
→ alle Städte;

b) in attributiver Stellung gesamt, zusammen,

ὁ πᾶς ἀριθμός die Gesamtzahl, Totalsumme;
ἡ πᾶσα πόλις die gesamte Stadt (auf allen Punkten);
αἱ πᾶσαι πόλεις der Städtebund;

daher οἱ πάντες, τὰ σύμπαντα (bei Zahlen) im ganzen.

2. bei dem **ohne Artikel,** also unbestimmt gebrauchten Substantiv:

jeder, jeglicher, alle; ganz, völlig, lauter.

πᾶσα πόλις
od. πόλις πᾶσα
→ eine ganze Stadt; jede (beliebige) Stadt,

πᾶσαι πόλεις ganze Städte; alle (denkbaren) Städte.

Πᾶσαν ὑμῖν τὴν ἀλήθειαν ἐρῶ. — Τὴν πᾶσαν νῆσον τειχιοῦμεν.
Εἰς πάντας τοὺς θεοὺς καὶ εἰς ἅπασαν τὴν πόλιν ἡμαρτήκασιν.
Εἴ που διακοπείη ἡμῶν ἡ φάλαγξ, τῇ ὅλῃ φάλαγγι κακὸν ἔσται.

Ναῦς διέφθειραν τὰς πάσας ἐς διακοσίας.
Τῷ γὰρ καλῶς πράσσοντι πᾶσα γῆ πατρίς.

Πάσῃ τέχνῃ και μηχανῇ auf jede Art und Weise;
παντὶ σθένει mit ganzer, mit voller Kraft;
πάντες ἄνθρωποι, alles, was Mensch heißt, alle Welt;
πᾶν ἀγαθόν lauter Gutes; ἐν πάσῃ ἀπορίᾳ in völligem Mangel.

§ 122. Durch Vorsetzung des Artikels kann jedes beliebige Wort 122
(Adj., Part., Adv., Inf.), ja selbst ein Satzteil und ein ganzer Satz substantiviert werden.

τὸ ἀγαθόν, οἱ πολλοί, οἱ πλείονες, οἱ παρόντες,
οἱ νῦν, οἱ πάλαι, τὸ ὅπως, τὸ γνῶθι σαυτόν
Νέοις τὸ σιγᾶν κρεῖττόν ἐστι τοῦ λαλεῖν.

Anm. Hierher gehören Verbindungen wie die folgenden:

τὰ οἴκοι die Lage zu Hause, die heimatlichen Zustände;
τὰ τῶν φίλων κοινά das Eigentum der Freunde ist gemeinsam;
τὰ πρὸς τὸν πόλεμον die Dinge, Vorbereitungen für den Krieg;
οἱ ἀμφὶ, οἱ περὶ Κῦρον das Gefolge des K. (auch: K. und seine Leute).
τὸ τοῦ Δημοσθένους das Wort des D.; vgl. *illud Ciceronis.*

III. Das Pronomen

§ 123. 1. Das **Reflexivpronomen** (§ 63) steht 123

a) als **direktes** Reflexiv, bezogen auf das Subjekt des eigenen Satzes:

σύνοιδα ἐμαυτῷ — γνῶθι σαυτόν u. a.
Ὁ σοφὸς ἐν αὑτῷ περιφέρει τὴν οὐσίαν.

b) als **indirektes** Reflexiv in innerlich abhängigen Sätzen (§ 173, 4), bezogen auf das Subjekt des regierenden Satzes.

(Κλέαρχος) ἐχαλέπαινεν, ὅτι (Πρόξενος) πρᾴως λέγοι τὸ αὑτοῦ πάθος.

2. Statt des indirekten Reflexivs der 3. Person können eintreten:

a) die casus obliqui von αὐτός, indem die innerliche Abhängigkeit nicht zum Ausdruck kommt.

Λέγουσι Ξενοφῶντι, ὅτι μεταμέλοι αὐτοῖς *(se paenitere).*

b) die Formen οἷ (od. enkl. οἱ) und σφίσιν (seltener σφῶν, σφᾶς).
Κῦρος ἠξίου ἀδελφὸς ὢν βασιλέως δοθῆναι οἷ *(sibi)* ταύτας τὰς πόλεις. — (ἐρίζοντά οἱ: An. 1, 2, 8.)

124 § 124. Über die Bezeichnung des **possessiven** Verhältnisses s. § 64, 3.

Σοὶ τοῦτο δίδωμι, ὅτι μου τὴν μητέρα τιμᾷς.
Καὶ ὑμεῖς ἅπαντες τοὺς ὑμετέρους παῖδας ἀγαπᾶτε.
Κἀπὶ τοῖς σαυτῆς κακοῖσι κἀπὶ τοῖς ἐμοῖς γελᾷς.
Ἀστυάγης τὴν ἑαυτοῦ θυγατέρα μετεπέμψατο καὶ τὸν παῖδα αὐτῆς.
Μᾶλλον πιστεύετε τοῖς ὑμετέροις αὐτῶν ὀφθαλμοῖς ἢ τοῖς τούτου λόγοις (vgl. *vestra ipsorum opera*).

125 § 125. Von den **Demonstrativpronomina** (§ 65) weist gewöhnlich ὅδε (der da, der hier) auf gerade Vorliegendes od. Folgendes, οὗτος (dieser) auf schon Genanntes, Besprochenes, Vorhergehendes.

Ἥδε ἡ ἡμέρα der heutige Tag.
Τεκμήριον δὲ τούτου (für das Gesagte) καὶ τόδε.
Ταῦτα μὲν δὴ σὺ λέγεις, παρ' ἡμῶν δὲ ἀπάγγελλε τάδε.

Wie ὅδε und οὗτος, so unterscheiden sich auch τοιόσδε und τοιοῦτος, τοσόσδε und τοσοῦτος, ὧδε und οὕτως u. ä.

Κλέαρχος μὲν τοσαῦτα εἶπε. Τισσαφέρνης δὲ ὧδε ἀπεκρίνατο.

126 § 126. 1. Von den **relativen Pron.** und **Adv.** (§ 66. 68fg.) beziehen sich ὅς welcher und die anderen einfachen Relativa (οἷος, ὅσος, οὗ, ὅτε, ὡς) auf einen bestimmten Gegenstand (individuell), dagegen

ὅστις wer irgend und die anderen zusammengesetzten Relativa (ὁπ...) auf die Gattung (generell).

Ἔστιν Δίκης ὀφθαλμός, ὃς τὰ πάνθ' ὁρᾷ.
Μακάριος, ὅστις οὐσίαν καὶ νοῦν ἔχει.

Anm. 1. Merke die formelhaften Verbindungen
ἔστιν ὅστις mancher, ἔστιν ὅτε bisweilen, ἔστιν οὗ da und dort,
οὐδεὶς ὅστις οὐ, Gen. οὐδενὸς ὅτου οὐ usw. jeder.

Anm. 2. ὅσπερ hervorhebend: eben der, welcher. An. 3, 2, 10.
ὅς γε zugleich begründend: der ja, weil er ja. An. 1, 6, 5 (§ 188, 3a).

2. Ein Relativpronomen, das im Akkusativ stehen sollte und sich auf einen Genetiv oder Dativ bezieht, tritt oft in diesen Kasus (**Attraktion** des Relativs).

Ist das Beziehungswort ein Demonstrativpronomen, so bleibt es weg; ist es ein Substantiv, so kommt es gewöhnlich, und zwar ohne Artikel, an das Ende des Relativsatzes zu stehen.

Ἄξιοι ἔσεσθε τῆς ἐλευθερίας, ἧς κέκτησθε (oder ἧς κέκτησθε ἐλευθερίας).
Οἱ χρησμῳδοὶ ἴσασιν οὐδὲν ὧν λέγουσιν.
Νῦν ἐπαινῶ σε ἐφ' οἷς λέγεις τε καὶ πράττεις.

Τούτους ἄρχοντας ἐποίει ἧς κατεστρέφετο χώρας.
Ἡριππίδας ἐπορεύετο σὺν ᾗ εἶχε δυνάμει.

Anm. Viel seltener assimiliert sich ein Nomen oder Pronomen dem darauf folgenden Relativ (attractio inversa):

Ἀνεῖλεν αὐτῷ ὁ Ἀπόλλων θεοῖς οἷς ἔδει θύειν.

3. Wenn zwei (oder mehr) Relativsätze aneinander gereiht werden und das zweite Relativ in einem anderen Kasus stehen müßte als das erste, so wird es weggelassen oder durch ein Personalpronomen ersetzt.

Ἀριαῖος, ὃν ἡμεῖς ἠθέλομεν βασιλέα καθιστάναι, καὶ (sc. ᾧ) ἐδώκαμεν καὶ (sc. παρ' οὗ) ἐλάβομεν πιστά, ἡμᾶς κακῶς ποιεῖν πειρᾶται.

Ποῦ δὴ ἐκεῖνός ἐστιν ὁ ἀνήρ, ὃς συνεθήρα ἡμῖν καὶ σὺ μάλα ἐθαύμαζες αὐτόν;

Καὶ νῦν τί χρὴ δρᾶν; ὅστις ἐμφανῶς θεοῖς
ἐχθαίρομαι, μισεῖ δέ μ' Ἑλλήνων στρατός.

4. Im **Ausruf** stehen Relativ-, nicht Interrogativpronomina.

Οἷα ποιεῖς, ὦ ἑταῖρε!

§ 127. Von den **interrogativen Pron.** und **Adv.** (§ 67ff.) stehen 127

τίς, ποῖος, πόσος, ποῦ, πότε, πῶς, sowohl direkt als indirekt,
ὅστις, ὁποῖος, ὁπόσος, ὅπου, ὁπότε, ὅπως nur indirekt fragend.

Τίς τε καὶ πόθεν πάρει; (τίς § 113, 5 A. 1)
Μάθε πρῶτον, τίνες εἰσίν. — Οὐκ ἴστε, ὅ,τι ποιεῖτε.

Anm. Statt des indirekten Frageworts steht auch das Relativ ὅς, ἥ, ὅ:
Ἀκούσατε, ᾧ τρόπῳ ὑμῖν ἡ δημοκρατία κατελύθη. Vgl. § 175.

IV. Vom Gebrauch der Kasus

128 § 128. Das Griechische hat folgende Kasus: Nominativ, Akkusativ, Vokativ, Genitiv und Dativ. In adverbialen Resten haben sich noch Reste eines Instrumentalis (mit wem? womit?) und Lokativs (wo? wann?) erhalten; sonst entspricht im Griechischen dem Instrumentalis und Lokativ der Dativ. Der Ablativ wird durch den Genitiv ersetzt.

A. Akkusativ

129 § 129. Der Akkusativ ist der Kasus des direkten oder näheren Objekts. Dieses ist entweder ein von der Handlung betroffenes, affiziertes (ἐνίκησαν τοὺς πολεμίους) oder ein durch die Handlung erzeugtes, effiziertes (γράφω ἐπιστολήν); andrerseits entweder ein äußeres, d. h. außerhalb der Handlung liegendes, oder ein inneres, in der Handlung schon enthaltenes (λαμπρὰν νίκην ἐνίκησας).

1. Der Akkusativ des äußeren Objekts

130 § 130. Abweichend vom Deutschen sind transitiv die meisten Verben, die bedeuten

1. nützen und schaden: ὀνινάναι, ὠφελεῖν, βλάπτειν τινά.
   wohl od. übel tun: εὖ (κακῶς) ποιεῖν, εὐεργετεῖν, κακουργεῖν τινα.
   unrecht tun: ἀδικεῖν τινα.

Μέμνησο πλουτῶν τοὺς πένητας ὠφελεῖν.

Anm. Συμφέρει es nützt, λυσιτελεῖν nützen, ἀρήγειν, βοηθεῖν helfen regieren den Dativ.

2. fliehen, entfliehen, entkommen: φεύγειν, ἀπο-(ἐκ-)φεύγειν τινά.
   verborgen sein, zuvorkommen: λανθάνειν, φθάνειν τινά.
   schwören, falsch schwören bei: ὀμνύναι, ἐπιορκεῖν τινα.

Οὐδεὶς ποιῶν πονηρὰ λανθάνει θεόν.

Daher auch νὴ Δία ja, beim Zeus; οὐ μὰ τοὺς θεούς nein, bei den G.

3. sich schämen, sich scheuen vor: αἰσχύνεσθαι, αἰδεῖσθαί τινα.
sich hüten, in acht nehmen vor: φυλάττεσθαί τινα.
sich fürchten, erschrecken vor: φοβεῖσθαι, ἐκπλήττεσθαί τινα.
sich wehren gegen, sich rächen an: ἀμύνεσθαι, τιμωρεῖσθαί τινα.

Ἠισχύνθημεν καὶ θεοὺς καὶ ἀνθρώπους.
Τὸν ἐπιόντα πολέμιον ὅσιόν ἐστιν ἀμύνεσθαι.

§ 131. Auch ursprüngliche Intransitiva werden transitiv gebraucht, 131
bes. mit Präpositionen zusammengesetzte Verben der Bewegung.

μένειν bleiben, warten — τινά, τι auf einen (etwas) warten, erwarten.
σπεύδειν, σπουδάζειν } eifrig sein — τινά } einen fördern, — τι } etwas beschleunigen
πλεῖν zu Schiffe fahren — τὴν θάλατταν das Meer befahren.

So: διαβαίνω ποταμόν, παραβαίνει τοὺς νόμους,
ὑπερβαίνω τεῖχος, ὄρος, διέρχομαι τὴν χώραν,
ὑφίσταμαι κινδύνους, παραπλέω νῆσον u. a.

§ 132. Einen **doppelten Akkusativ,** nämlich des **äußeren Objekts** und 132
des **Prädikativums,** haben bei sich die Verben, die bedeuten

nennen, heißen; halten für: ὀνομάζειν, λέγειν, νομίζειν
wozu machen, ernennen: ποιεῖν, ἀποδεικνύναι } τινά τι.
wählen, einsetzen: αἱρεῖσθαι, καθιστάναι

Ἰδίας νόμιζε τῶν φίλων τὰς συμφοράς.
Δαρεῖος Κῦρον σατράπην ἐποίησε, καὶ στρατηγὸν δὲ ἀπέδειξεν.

Anm. Beim Pass. werden beide Akkusative zu Nominativen:
Κῦρος στρατηγὸς ἀπεδείχθη.

§ 133. Einen **doppelten Akkusativ** des äußeren Objekts, nämlich **der** 133
Person und **der Sache,** haben die Verben, die bedeuten

erinnern u. fragen: (ἀνα-)μιμνήσκειν, ἐρωτᾶν
verlangen u. fordern: αἰτεῖν, ἀπαιτεῖν, πράττεσθαί } τινά τι.
wegnehmen, berauben: ἀφαιρεῖσθαι, ἀποστερεῖν

Ἀναμνήσω ὑμᾶς τοὺς τῶν προγόνων κινδύνους.
Κῦρον αἰτήσομεν πλοῖα καὶ ἡγεμόνα.
Τὸν πάντα δ' ὄλβον ἦμαρ ἕν μ' ἀφείλετο.

Anm. 1. Beim Pass. wird der Akk. der Person zum Nom., der Akk. der Sache bleibt unverändert: Αἰάκης ἀπεστέρητο τὴν ἀρχήν.
Anm. 2. Über ἀποστερεῖν τινά τινος s. § 145, 2.

2. Der Akkusativ des inneren Objekts

134 § 134. Der **Akkusativ** des **inneren Objekts** oder des Inhalts bei transitiven und intransitiven Verben ist

1. ein dem Verb **stamm-** oder **sinn**verwandtes **Substantiv**, meist durch ein Attribut (od. einen Relativsatz) näher bestimmt:

ταύτην τὴν στρατηγίαν στρατηγεῖν — κάλλιστον ἔργον ἐργάσασθαι — δουλείας δουλεύειν, οἵας οὐδ' ἂν δοῦλος οὐδείς —
Μέγιστα καὶ ἀνοσιώτατα ἁμαρτήματα ἁμαρτάνουσιν.
πορεύεσθαι τοὺς πρώτους σταθμούς — τὸν ἱερὸν πόλεμον στρατεῦσαι —
Ἄπιμεν, ἥνπερ ἤλθομεν, ἢ ἄλλην τινὰ ὁδόν;
Ζήσεις βίον κράτιστον, ἢν θυμοῦ κρατῇς.

Anm. Das Attribut fehlt nur in gewissen festen Verbindungen wie φυλακὰς φυλάττειν Wachtposten stehen, φόρον φέρειν Tribut zahlen.

2. das **Neutrum eines Adjektivs oder Pronomens:**

Ὀλύμπια νικᾶν = Ὀλυμπικὴν νίκην νικᾶν,
ἡδὺ γελᾶν behaglich lachen — δεινὰ ὑβρίζειν furchtbar freveln,
πάντα νικᾶν, οὐδὲν φροντίζειν, τὰ ἄλλα ἐπιμελεῖσθαι u. a.
Οὐκ ἔστιν ὅστις πάντ' ἀνὴρ εὐδαιμονεῖ.

Anm. Nicht überall läßt sich dieser Akkusativ sicher von dem Akk. der Beziehung (§ 136) unterscheiden.

135 § 135. Ein **doppelter** Akkusativ, nämlich des **inneren** und des **äußeren Objekts,** findet sich bei vielen transitiven Verben (vgl. § 130).

Βασιλεὺς ἡμᾶς τὰ αἴσχιστα αἰκίζεται.
Λακεδαιμόνιοι πολλὰ τὴν πόλιν ἡμῶν ἠδικήκασι καὶ μεγάλα.

Anm. Beim Passiv wird das äußere Objekt Nom., das innere bleibt unverändert: ἄλλην εὐεργεσίαν εὐεργετηθείς — οὐδὲν ἀδικούμενος.

3. Der freiere Akkusativ

136 § 136. In freierer Weise wird der Akkusativ mit Verben, die einen Zustand bezeichnen, und ebenso mit Adjektiven verbunden, um genauer zu begrenzen, worauf sich der Begriff dieser Wörter erstreckt, in Beziehung worauf sie gesagt sein wollen (**Akkusativ der Beziehung,** sog. acc. Graecus; vgl. *os umerosque deo similis*).

κάμνω τὴν κεφαλήν, τοὺς ὀφθαλμούς ich leide am Kopfe, an den Augen.
(τὸ) ὄνομα, γένος, εἶδος dem Namen, der Abstammung, dem Aussehen nach,
(τὸ) εὖρος, ὕψος, βάθος, πλῆθος, κάλλος an Breite, Höhe, Tiefe usf.

Βέλτιόν ἐστι σῶμά γ' ἢ ψυχὴν νοσεῖν.
Τυφλὸς τά τ' ὦτα τόν τε νοῦν τά τ' ὄμματ' εἶ.

§ 137. Der **Akkusativ der Ausdehnung** in Raum und Zeit entspricht 137
den Fragen: wie weit? wie lange?

Τῆς Ἑλλάδος οὐ μεῖον ἢ μύρια στάδια ἀπεῖχον.
Ψευδόμενος οὐδεὶς λανθάνει πολὺν χρόνον.

Anm. 1. Merke τριάκοντα ἔτη γεγονώς *triginta annos natus*
und ἐνάτην ἡμέραν den neunten Tag = seit acht Tagen.

Anm. 2. Der bloße Akkusativ der Richtung auf die Frage wohin? (§ 220, 1) ist nur noch dichterisch; die Prosa muß, auch bei Städtenamen, Präpositionen hinzufügen: εἰς Ἀθήνας (oder Ἀθήναζε § 51) *Athenas*.

§ 138. Sehr viele Akkusative des Inhalts, der Beziehung und der 138
Ausdehnung sind geradezu Adverbien geworden **(adverbialer Akkusativ).**

οὐδέν in keiner Weise, gar nicht —
τί; in welcher Beziehung? warum?
πολύ bei weitem,
(τὰ) πάντα im ganzen, in allem,
(τὸ) πρῶτον, (τὴν) πρώτην } zuerst, anfangs,
μακράν weit,
τίνα τρόπον; — τοῦτον τὸν τρόπον auf welche Weise? — auf diese W.,
τὸ πρίν, τὸ νῦν früher, jetzt,
τι irgendwie, einigermaßen,
τἆλλα im übrigen,
πολλά vielfach, oft,
τὰ πολλά meistenteils,
ἀρχὴν οὐ überhaupt nicht,
τὸ λοιπόν fürderhin, in Zukunft,
τὴν ταχίστην (ὁδόν) schleunigst,
τὸ κατ' ἐμέ, τὸ κατὰ τοῦτον was mich, was den betrifft (§ 195, 5),
πρόφασιν vorgeblich u. a. m.

Anm. Über den absoluten Akkusativ des Partizips siehe § 199, 4.

B. Genitiv

§ 139. Der griechische Genitiv bezeichnet als **eigentlicher Genitiv** den 139
Bereich, innerhalb dessen etwas geschieht oder sich befindet,

und als Vertreter des ursprünglichen Woher-Kasus, des **Ablativs,** den Ausgangspunkt einer Handlung, sei es räumlich (Trennung, Vergleichung), sei es geistig (Ursache).

1. Der eigentliche Genitiv

§ 140. Der Genitiv bezeichnet den Besitzer oder Urheber bei Subst. 140
und Adj. sowie bei εἶναι, γίγνεσθαι gehören zu, sich schicken für, zeugen von....

ἡ Κύρου στρατιά — τὸ τοῦ Σόλωνος, τὰ τῶν Ἑλλήνων u. ä.
ἱερὸς ὁ χῶρος τῆς Ἀρτέμιδος — Κίμων Μιλτιάδου, Περικλῆς ὁ Ξανθίππου.

Πενίαν φέρειν οὐ παντός, ἀλλ' ἀνδρὸς σοφοῦ — doch ἐμόν ἐστιν,
vgl. *cuiusvis hominis est errare* — doch *meum est.*

Der Genitiv bezeichnet ferner den Stoff, aus dem etwas besteht oder gemacht ist, oder den Inhalt.

Παράδεισος παντοίων δένδρων, γέρρα δασειῶν βοῶν — βίκος οἴνου.
Οἱ στέφανοι οὐκ ἴων ἢ ῥόδων ἦσαν, ἀλλὰ χρυσίου.

141 § 141. Der **genetivus obiectivus** zur Bezeichnung des Gegenstandes, auf den sich eine Handlung oder Empfindung bezieht, steht

1. bei Verbalsubstantiven (vgl. *cupiditas gloriae*):

ἡ τῆς πατρίδος σωτηρία — ἡ ἐπιθυμία ἡδονῶν,
τὸ μῖσος Παυσανίου der Haß gegen Pausanias (subj. der Haß des P.);
βίᾳ τῶν πολιτῶν mit Gewalt gegen die B., den Bürgern zum Trotz.
δι' αἰσχύνην ἀλλήλων καὶ Κύρου aus Scham vor einander u. vor K.

2. bei den Verben, Subst. und Adj. des gerichtlichen Verfahrens zur Bezeichnung der Schuld und des Vergehens; so bei

beschuldigen, anklagen: αἰτιᾶσθαι, γράφεσθαί τινά τινος.
überführen, ertappen: αἱρεῖν τινά τινος — ἁλίσκεσθαί τινος.
schuldig, unschuldig: αἴτιος, ἀναίτιός τινος.

Ἐάν τις ἁλῷ τῆς κακώσεως τῶν γονέων, δεδέσθω.

3. bei den Verben und Adj. mit folgenden Begriffen (u. deren Gegenteil):

begierig: ἐπιθυμεῖν, ἐρᾶν, ἐφίεσθαι, ὀρέγεσθαί τινος.
kundig: ἔμπειρος, ἄπειρος, ἐπιστήμων τινός.
eingedenk: μνήμων, μεμνῆσθαι — ἐπιλανθάνεσθαί τινος.
besorgt: ἐπιμέλεσθαι, φροντίζειν — ἀμελεῖν, ὀλιγωρεῖν τινος.
μέλει μοί τινος — ἐπιμελής, ἀμελής τινος.
teilhaftig: κοινωνεῖν, μετέχειν, μεταδιδόναι, μέτοχος, ἄμοιρός τινος.
mächtig: ἄρχειν, βασιλεύειν — κύριος, ἐγκρατής τινος.
voll: ἐμπιμπλάναι, πληροῦν — πλήρης, μεστός, κενός τινος.

Ὁ γραμμάτων ἄπειρος οὐ βλέπει βλέπων.
Ἄνθρωπος ὢν μέμνησο τῆς κοινῆς τύχης.

4. bei Verben, die bedeuten

etw. anfassen, berühren: λαμβάνεσθαι, ἅπτεσθαί τινος.
sich halten an, treffen: ἔχεσθαι, τυγχάνειν τινός.
etw. erlangen, verfehlen: λαγχάνειν, ἁμαρτάνειν τινός.
sich täuschen; versuchen, erfahren: ψεύδεσθαι, πειρᾶσθαί τινος.

Ἔτ' ἔστι καὶ σοὶ τῶνδε συγγνώμης τυχεῖν.
Ἐσφάλημεν τῆς δόξης — πολλῶν κακῶν πεπειράμεθα.

Anm. Der gen. obiectivus ist bei vielen der zu 3. und 4. gehörigen Verben zugleich partitiv.

§ 142. 1. Der **genetivus partitivus**, d. h. der Genitiv des geteilten Ganzen, hat fast immer prädikative Stellung. Seine Anwendung ist häufiger als im Lat. und überall da zulässig, wo ein Gegensatz eines Ganzen zu seinen Teilen gedacht wird: 142

τῶν ἀνθρώπων οἱ σοφοί (aber nur οἱ θνητοὶ ἄνθρωποι) —
ὁ ἄριστος ἁπάντων — τίς ἡμῶν; — οὐδεὶς αὐτῶν —
Θῆβαι τῆς Βοιωτίας — ποῦ γῆς; *ubi terrarum?* —
ὀψὲ τῆς ἡμέρας — εἰς τοῦθ' ὕβρεως (vgl. *eo vecordiae*) u. ä.
Ἀριστεὺς ἤθελε καὶ αὐτὸς τῶν μενόντων εἶναι.

2. Der genetivus partitivus kann vor allem bei jedem Verb stehen, wenn die Handlung nicht das ganze Objekt, sondern nur einen Teil davon betrifft, und findet sich deshalb:

a) bei den Verben essen, trinken, kosten, genießen, wenn nur ein Teil des Vorrats genossen wird.

Τῶν κηρίων ὅσοι ἔφαγον, πάντες ἄφρονες ἐγίγνοντο.
Ὀλίγοι σίτου ἐγεύσαντο; aber Σωκράτης τὸ φάρμακον ἔπιεν.

b) bei den Verben und Adj. des Anteils und der Fülle; s. § 141, 3.

Anm. 1. Man sagt nur καινόν τι *aliquid novi* und οὐδὲν ἀγαθόν *nil boni*.

Anm. 2. In Ausdrücken wie unser zwei, deren viele, in denen kein Teilverhältnis vorliegt, steht wie im Lat. kein gen. part.
Ἔφυγον ἐς τὰς ναῦς, αἳ ἐφρούρουν δύο; vgl. *amici, quos multos habeo.*

Anm. 3. Das regierende Adjektiv zeigt oft das Genus des abhängigen Substantivs: ὁ λοιπὸς τοῦ χρόνου — τῆς γῆς τὴν πολλήν — τοῦ σίτου τὸν ἥμισυν.

§ 143. Ein **genetivus qualitatis** steht fast nur da, wo die Größe oder das Alter durch einen Zahlbegriff genau bestimmt wird. 143

Τριῶν ἡμερῶν ὁδόν — τεῖχος εὖρος εἴκοσι ποδῶν, ὕψος δὲ ἑκατόν.
Πρόξενος ἦν, ὅτε ἀπέθνησκεν, ἐτῶν ὡς τριάκοντα.

§ 144. Der **genetivus temporis** gibt eine Zeitbestimmung 144

1. ohne Attribut auf die Frage wann? bei allgemeinen Zeitangaben:

νυκτὸς καὶ ἡμέρας nachts und tags, θέρους, χειμῶνος im S., W.,
τοῦ ἐνιαυτοῦ, τοῦ μηνός monatlich (distributiv, § 115, 1. a. E.).

2. mit Attribut auf die Fragen seit wann? innerhalb welcher Zeit?

πολλοῦ, πλείστου χρόνου seit langer, sehr langer Zeit,
πέντε, δέκα ἡμερῶν innerhalb von fünf, zehn Tagen.

2. Der ablativische Genitiv

45 § 145. Dieser Genitiv findet sich:

1. bei den Verben (und Adjektiven), die bedeuten

trennen u. hindern: ἀπέχειν, εἴργειν, κωλύειν τινά τινος.
entfernen, befreien: ἀπαλλάττειν, ἐλευθεροῦν — ἐλεύθερος.
entfernt u. verschieden sein: ἀπέχειν, διέχειν — διαφέρειν τινός.
weichen von, sich enthalten: εἴκειν — ἀπέχεσθαί τινος.
schonen, sparen: φείδεσθαί τινος.

vgl. *arcere*, *prohibere*, *liberare*, *abstinere*.

Τῶν πόνων ἀπηλλάχθαι νομίζοντες ἡδέως ἐκοιμήθησαν.
Ἀπέχει ἡ Πλάταια τῶν Θηβῶν σταδίους ἑβδομήκοντα.

2. bei den Verben (und Adjektiven), die bedeuten

berauben: στερεῖν, ἀποστερεῖν — στέρεσθαι beraubt sein.
entbehren: ἀπορεῖν, σπανίζειν Mangel haben an — ἔρημος verlassen von.
ermangeln: δεῖν, ἀπορεῖν — δεῖ μοί τινος mir fehlt etwas.
bedürfen: δεῖσθαι, προσδεῖσθαι dazu bedürfen — ἐνδεής τινος.

vgl. *privare*, *egere*, *carere*.

Ὁ μηδὲν ἀδικῶν οὐδενὸς δεῖται νόμου.

Anm. Δέομαί τινός τι bitte einen um etwas, steht bei neutralem Pron. od. Adj. der Sache, sonst gewöhnlich αἰτέω τινά τι.

Ὑμῶν δεόμεθα ταῦτα, aber Κῦρον ᾔτησαν μισθόν.

3. bei den Verben des Anfangens und Aufhörens wie

ἄρχω bin der erste, beginne (wenn andere fortsetzen): τοῦ λόγου die Besprechung.
ἄρχομαι beginne (wenn ich fortsetze): τοῦ λόγου meine Rede.
ἀπό, ἔκ τινος von, mit etw.: ἀπὸ od. ἐκ τῶν θεῶν.
παύω mache aufhören, τινά τινος bringe ab von, entsetze (ἀρχῆς).
παύομαι, λήγω τινός höre auf mit, lasse ab von etw. (ὀργῆς).

Πειρᾶσθε σὺν τοῖς θεοῖς ἄρχεσθαι παντὸς ἔργου.

4. als persönliches Obj. bei den Verben der Wahrnehmung wie ἀκούω, μανθάνω, αἰσθάνομαι, πυνθάνομαι; vgl. *audio ex*, *ab aliquo*.

Ἀκούσεσθε ἐμοῦ πᾶσαν τὴν ἀλήθειαν.

Anm. Das sachliche Obj. steht gewöhnlich im Akk.; doch unterscheide
ἀκούω, αἰσθάνομαί τι: höre, vernehme, merke, nehme etw. wahr
von ἀκούω, αἰσθάνομαί τινος (von Personen und Sachen): höre, horche, merke auf einen, auf etwas; beachte etwas; gehorche einem.

Ἀκούσαντες τὸν θόρυβον οὐχ ὑπέμειναν.
Νέος ὢν ἀκούειν τῶν γεραιτέρων θέλε.

§ 146. Als **genetivus comparationis (comparativus)** steht er bei Komparativen gleich ἤ mit Nom., Akk. (Gen.) od. Dativ. 146

Σιγή ποτ' ἐστὶν αἱρετωτέρα λόγου — vgl. *luce clarius.*
Φιλεῖ δ' ἑαυτοῦ πλεῖον οὐδεὶς οὐδένα.
Προσήκει μοι μᾶλλον ἑτέρων ἄρχειν (= ἤ ἑτέροις).

Anm. Merke πλέον δέκα ἔτη mehr als zehn Jahre = über zehn Jahre (lat. plus decem annos).

§ 147. Er steht auch bei den komparativen Verben und Adjektiven des Übertreffens: περιγίγνεσθαι, ὑπερέχειν, στρατηγεῖν (vgl. § 141, 3), und Nachstehens: ἡττᾶσθαι — ὑστερεῖν später sein, kommen. 147

Ἄνθρωπος ξυνέσει ὑπερέχει τῶν ἄλλων.
Παυσανίας εἰς Ἁλίαρτον ὑστέρησεν Λυσάνδρου.

Anm. Κρατέω τινός beherrsche: κρατοῦσι πάντων οἱ θεοί,
aber κρατέω τινά besiege: ἐκρατήσαμεν μάχαις Συρακοσίους,
und ἡγέομαί τινος führe an, befehlige: στρατεύματος,
ἡγέομαί τινι führe, zeige den Weg: ναυσίν.

§ 148. Im Genitiv steht ferner die (persönliche oder sächliche) Ursache **(genetivus causae)** bei Verben und Adjektiven der Gemütsstimmung: 148

εὐδαιμονίζειν, μακαρίζειν τινά τινος einen glücklich preisen wegen,
χαλεπαίνειν, ὀργίζεσθαί τινί τινος einem zürnen wegen.
Εὐδαιμονίζω ὑμᾶς τῆς ἐλευθερίας, ἧς κέκτησθε.

§ 149. Im Genitiv steht der Wert oder Preis **(genetivus pretii)** bei Verben und Adjektiven 149

des Kaufens u. Verkaufens: ὠνεῖσθαι — πωλεῖν, ἀποδίδοσθαί τί τινος,
des Schätzens u. Würdigens: τιμᾶν, ἀξιοῦν — ἄξιος, ἀνάξιος.

Τῶν πόνων πωλοῦσιν ἡμῖν πάντα τἀγάθ' οἱ θεοί.
Ἰητρὸς γὰρ ἀνὴρ πολλῶν ἀντάξιος ἄλλων (gleichviel wert wie).

So πολλοῦ *magno* teuer, ὀλίγου, μικροῦ *parvo* billig, πλείονος, ἐλαχίστου u. ä. — τιμᾶσθαί τι πολλοῦ *magni aestimare*,
u. bes. περὶ πολλοῦ (πλείονος, πλείστου, παντός, οὐδενός) ποιεῖσθαι hoch, höher, über alles hoch, für nichts achten.

§ 150. Der Genitiv steht bei vielen Verben, welche mit Präpositionen zusammengesetzt sind, die mit dem Genitiv verbunden werden (§ 159, 3. 4); so besonders bei Komposita mit: 150

ἀπό: ἀποτρέπω τινός wende ab von, ἀπογιγνώσκω τινός verzweifle an;
§ 145 ἀφίστημί τινος mache abtrünnig, ἀφίσταμαί τινος falle ab von;
ἐκ (ἐξ): ἐκβάλλω τινά τινος vertreibe, ἐκπίπτω τινός werde vertrieben;
§ 145 ἐξίστημί τινά τινος entferne, ἐξίσταμαί τινος entferne mich;

κατά im Sinne von gegen, ver-:
καταγελάω τινός verlache, καταφρονέω τινός verachte,
κατηγορέω rede gegen, verklage, καταψηφίζομαι stimme gegen,
(τινός τι einen wegen) verurteile;

πρό: προαιρέομαί τινος ziehe einem vor, προκρίνω τινός praefero alicui,
§ 146 προτίθημί τινος antepono alicui, προΐστημί τινος praeficio alicui,
u. a. m.

Πολλῶν κατέγνωσαν θάνατον (κατεγνώσθη θάνατος) μηδισμοῦ.

C. Dativ

151 § 151. Der griechische Dativ ist teils **eigentlicher Dativ,** teils vertritt er (wie der lat. Ablativ) den ursprünglichen **Instrumentalis,** sowie den **Lokativ** auf die Frage wo?

1. Der eigentliche Dativ

152 § 152. Wie im Lateinischen und Deutschen steht der Dativ der beteiligten Person oder Sache bei vielen (transitiven und intransitiven) Verben und Adjektiven.

Ἡ μωρία δίδωσιν ἀνθρώποις κακά.
Νόμοις ἕπεσθαι τοῖς ἐπιχωρίοις καλόν.
Οὐκ ἔστιν οὐδείς, ὅστις οὐχ αὑτῷ φίλος.

Anm. Κελεύω heiße, befehle hat wie *iubeo* den acc. c. inf.; auch merke εὔχομαί θεοῖς τι gelobe den Göttern etw. (σωτήρια, δεκάτην),
od. flehe zu den Göttern um etw. (σωτηρίαν, σῴζειν),
εὔχομαί τινί τι wünsche einem etw. (ὑμῖν ἀγαθά).
φθονέω τινί τινος beneide einen um, wegen etw. (§ 148).

153 § 153. Der **dativus commodi** oder **incommodi** gibt an, für wen, zu wessen Verfügung, Vorteil oder Nachteil etwas da ist, geschieht (bei εἶναι, γίγνεσθαι u. a.):

Ἐνταῦθα Κύρῳ βασίλεια ἦν καὶ παράδεισος.
Ἕκαστος οὐχὶ τῷ πατρὶ καὶ τῇ μητρὶ μόνον γεγένηται,
ἀλλὰ καὶ τῇ πατρίδι.

154 § 154. Hieran schließen sich noch folgende Gebrauchsweisen:

1. Der sog. **dativus ethicus** bezeichnet eine geistige Teilnahme.
Μή μοι θορυβήσητε — οὕτως ἔχει σοι ταῦτα.

2. Der **dativus auctoris** (der tätigen Person, des Urhebers) **steht** immer beim adi. verb. auf -τέος: ἡμῖν ποιητέον, nobis faciendum, oft (wie ὑπό mit Gen.) beim Passiv, bes. beim perf. passivi:

τὰ ὑμῖν πεπραγμένα eure Taten.
Ἐὰν ἐκεῖ νικῶμεν, πάνθ' ἡμῖν πεποίηται.

3. Der Dativ des Standpunktes für einen, der . . . ., wenn man . . . .; vgl. *in universum aestimanti.*

Διαβάντι, εἰσπλέοντι, προϊοῦσιν (An. 3, 5, 15; 6. 4, 1; 3, 2, 22).

Ähnlich γίγνεταί μοι βουλομένῳ, ἡδομένῳ, ἀχθομένῳ
es geschieht mir nach Wunsch, zur Freude, zum Ärger.

Anm. Bei der Verbindung ὄνομά μοί ἐστι (*mihi nomen est*) steht der Name selbst im gleichen Kasus wie ὄνομα. Ἐμοὶ δ' ὄνομα κλυτὸν Αἴθων.

2. Der Dativ der Gemeinschaft

§ 155. Der **dativus sociativus,** dem im Lat. meist ein Ablativ mit Präposition entspricht, bezeichnet eine Gemeinschaft, ein Zusammentreffen oder Zusammenwirken in freundlichem oder feindlichem Sinne. Er steht: 155

1. bei Verben, Adjektiven und Adverbien zur Bezeichnung der Person oder Sache, mit der eine Gemeinschaft (freundlicher oder feindlicher Art) stattfindet; so bei

διαλέγομαί τινι unterrede mich mit, ὁμιλέω τινί verkehre mit,
μάχομαι, πολεμέω τινί kämpfe gegen, σπένδομαί τινι schließe einen Vertrag,
ὁμολογέω, ὁμονοέω stimme überein, κεράννυμι, μείγνυμι mische mit,
κοινωνέω, μετέχω, μεταδίδωμι (§ 141, 3), — ἅμα, ὁμοῦ zugleich mit.

Σοφοῖς ὁμιλῶν καὐτὸς ἐκβήσῃ σοφός.
Θεῷ μάχεσθαι δεινόν ἐστι καὶ τύχῃ.

Anm. Πολεμεῖν und μάχεσθαι σύν τινι oder μετά τινος heißt in Verbindung, verbündet mit jem. Krieg führen, kämpfen.

2. zur Bezeichnung begleitender Truppenkörper (meist ohne σύν):
ὀλίγῳ στρατεύματι ἐφέπεσθαι (*parva manu*),
δισχιλίοις ὁπλίταις στρατεύειν.

3. in Verbindung mit αὐτός mitsamt und bei ὁ αὐτός τινι derselbe wie:
Μίαν ναῦν λαμβάνουσιν αὐτοῖς ἀνδράσιν.
Ἐν ταὐτῷ ἦσθα τούτοις (an demselben Ort wie diese).

4. oft näher bestimmt durch σύν (§ 160, 16): σὺν τοῖς θεοῖς.

3. Der instrumentale Dativ

156 § 156. Der Dativ als Vertreter des Instrumentalis steht wie der lateinische Ablativ

1. als **dativus instrumenti** zur Bezeichnung des Mittels oder Werkzeugs, mit dem etwas geschieht; bes. oft bei χρῆσθαι:

   Οὐδεὶς ἔπαινον ἡδοναῖς ἐκτήσατο.

   Χρήσεται ἡμῖν βασιλεύς, ὅ,τι ἂν βούληται.

2. als **dativus causae** zur Bezeichnung des Beweggrundes, der Ursache, besonders bei Verben der Gemütsbewegung:

   εὐνοίᾳ, ὕβρει, φθόνῳ, φόβῳ ποιεῖν τι aus Wohlw. usf.

   Ἀβουλίᾳ τὰ πολλὰ βλάπτονται βροτοί.

   Χαλεπῶς ἔφερον οἱ στρατιῶται τοῖς παροῦσι πράγμασιν.

   Anm. Verba der Gemütsbewegung haben beim Dativ oft noch ἐπί: auf Grund von.., ob, über, wegen; θαυμάζειν ἐπὶ ποιήσει, μέγα φρονεῖν ἐπ' ἀρετῇ u. a.

   Χαίρειν ἐπ' αἰσχραῖς ἡδοναῖς οὐ χρή ποτε.

3. als **dativus modi** zur Bezeichnung der Art und Weise, der begleitenden Umstände:

   τούτῳ τῷ τρόπῳ, οὐδενὶ τρόπῳ auf diese, auf keine Weise,

   δρόμῳ, βίᾳ, κραυγῇ, σιγῇ — τῇδε, ταύτῃ auf diese Weise,

   δημοσίᾳ *publice*, ἰδίᾳ *privatim*, κοινῇ gemeinsam;

   τῷ ὄντι, ἔργῳ in der Tat, wirklich; λόγῳ, προφάσει vorgeblich;

   παντί σθένει mit voller Kraft — πάσῃ τέχνῃ καὶ μηχανῇ auf jede Art u. Weise.

4. als **dativus mensurae** zur Bezeichnung des Maßes, des Unterschieds bei Komparativbegriffen: um wie viel?

   πολλῷ (μακρῷ) κρεῖττον, ὀλίγῳ ἐλάττους τριακοσίων,

   πολλοῖς ἔτεσιν ὕστερον, ὅσῳ ... τοσούτῳ *quo* ... *eo*, je ... desto.

   Anm. Neben πολλῷ u. ä. häufig der adverbiale Akk.: πολὺ χεῖρον, ὀλίγον πρότερον, wie stets οὐδέν, τί und τι.

4. Der lokativische Dativ

157 § 157. Er steht als dativus loci entsprechend dem lat. Ablativ:

1. auf die Frage wo? in Prosa stets mit einer Präposition (ἐν, παρά, ὑπό) verbunden, abgesehen von den adverbialen τῇδε hier, ταύτῃ dort, ᾗ wo, — κύκλῳ ringsum, — und den Lokativen Μαραθῶνι, Ἀθήνησιν.
2. auf die Frage wann? als dativus temporis ohne ἐν bei Angabe von Daten oder Festnamen

   ταύτῃ τῇ ἡμέρᾳ, τῇ ὑστεραίᾳ, τετάρτῳ ἔτει,

   τῷ ἐπιόντι μηνί, Παναθηναίοις —

mit ἐν = während, innerhalb, im Verlauf

Ἐν ἔτεσιν ἑβδομήκοντα ἐξῆν σοι ἀπιέναι.
Ἐν νυκτὶ βουλὴ τοῖς σοφοῖσι γίγνεται.

Anm. Unterscheide τὴν ἡμέραν, ἡμέρας, τῆς ἡμέρας, τῇ ἡμέρᾳ und ἐν τῇ ἡμέρᾳ!

§ 158. Der Dativ steht bei Verben, welche zusammengesetzt sind mit 158
den Präpositionen:

σύν: σύνειμι bin zusammen mit, συμμαχέω kämpfe im Bunde mit,
§ 155 συμπονέω erdulde, leide mit, συμπράττω arbeite mit, helfe;

ἐν: ἔνειμι bin bei etwas, ἐμμένω bleibe bei etwas,
§ 157 ἐμπίπτω gerate in etwas, ἐντυγχάνω treffe auf etwas;

ἐπί: ἐπιβουλεύω stelle nach, ἐπιδίδωμι gebe mit,
ἐπιτίθεμαι setze zu, greife an, ἐπιτρέπω wende zu;

seltener bei Komposita mit παρά, ὑπό: πάρειμι, ὑπόκειμαι.

V. Von den Präpositionen

§ 159. 1. Alle Präpositionen waren ursprünglich Adverbien; als solche 159
kommen noch viele davon bei Homer, Herodot und den attischen Dichtern vor, während sich in der klassischen Prosa nur πρός (dazu) so findet in πρὸς δέ, πρὸς δὲ καί dazu aber (auch), außerdem (auch).

2. Als Ortsadverbien treten die Präpositionen vielfach zu den casus obliqui, um deren lokale Bedeutung zu stützen oder genauer zu bestimmen. Im allgemeinen stehen Präpositionen

mit dem Genitiv auf die Fragen woher? wovon? (Ausgang, Anteil);
mit dem Dativ auf die Fragen wo? womit? (Ruhelage, Beisammensein);
mit dem Akkus. auf die Fragen wohin? wie weit? (Ziel, Erstreckung);

doch ist die griechische Anschauung oft von der deutschen verschieden.

3. Es gibt Präpositionen mit einem, mit zwei und mit drei Kasus.

Zum zweiten Kasus setz' ἐκ, πρό, ἀπό, ἀντί,
zum dritten ἐν und σύν, zum vierten εἰς, ἀνά;
zwei Kasus hat διά, κατά, ὑπέρ, μετά,
drei πρός, περί, ἐπί, ὑπό, παρά, ἀμφί.

4. Gebrauch und Bedeutung der Präpositionen

		Genitiv	Dativ	Akkusativ
	ἀντί	statt, anstatt, für		
	ἀπό	von, von — weg		
	ἐκ, ἐξ	aus, infolge		
mit	πρό	vor, für		
einem	ἐν		in (wo?)	
Kasus	σύν		mit—zusammen	
	εἰς			in (wohin?)
	ἀνά			auf (wohin?)
	ὡς			zu (nur bei Pers.)
	διά	durch		wegen
mit	κατά	von—herab; gegen		im Bereich von,
zwei				gemäß, nach
Kasus	μετά	mit		nach, *post*
	ὑπέρ	über, *super*; für, *pro*		über — hinaus
	ἀμφί	um, *de*	um, wegen	um
	ἐπί	auf	auf, auf Grund	auf, auf — zu,
			von, zum Zwecke	gegen, nach
	παρά	von, von seiten,	bei, neben	neben — hin, zu;
mit		von — her		an — vorbei, längs,
drei				gegen; während
Kasus	περί	über, *de*	um	um
	πρός	von seiten,	bei, außer	zu, gegen — hin
		von — her	noch zu	freundl. u. feindl.
	ὑπό	von unten her,	unter,	unter — hin,
		unter, von, vor	*sub* c. abl.	*sub* c. acc.

5. Mit dem Gen. stehen auch oft die präpositionalen Adv.:

ἄνευ ohne, *sine*, ἄχρι und μέχρι bis zu, (*usque*) *ad*,
ἐκτός außerhalb, *extra*, ἔξω aus — heraus, außerhalb,
ἐντός innerhalb, *intra*, εἴσω in — hinein, innerhalb,
μεταξύ zwischen, *inter*, ἐγγύς und πλησίον nahe, *prope*,
πλήν außer, *praeter*, πόρρω und πρόσω fern von,
πέρᾱν jenseits, *trans*, πέρᾱ über — hinaus, *ultra*,
ἔμπροσθεν vorn, vor, ἕνεκα wegen, *causā* u. *propter*,
ὄπισθεν hinten, hinter, nach, ἐναντίον gegenüber, vor, *coram*,
ἑκατέρωθεν, ἀμφοτέρωθεν, ἔνθεν καὶ ἔνθεν von beiden Seiten, u. a.

§ 160. **Zum Gebrauch der Präpositionen**
(in alphabetischer Ordnung)

1. **'Αμφί,** Grundbed. zu beiden Seiten um — herum (verw. mit 160
ἄμφω, lat. *amb-* ahd. *umbe*),
mit **Gen.** und **Dat.** fast nur poet. = περί m. Gen. u. Dat., gewöhnl.
mit **Akk.: um** = περί c. acc.

a) örtlich: ἀμφὶ τὰ ὅρια um die Grenzen.
οἱ ἀμφὶ 'Αριαῖον das Gefolge des Ar. od. Ar. und seine Leute. § 122. A.

b) zeitlich: ἀμφὶ μέσας νύκτας um Mitternacht.

c) übertragen: ἀμφὶ τὰ πεντήκοντα ἔτη gegen, *circiter*.

In der Komposition ringsum: ἀμφίρρυτος, ἀμφιέννυμι.

2. **'Ανά,** Grundbed. an — hinauf (vgl. ἄνω oben — Gegensatz κατά).
1. mit **Dat.** oben an, auf, nur episch u. poet. § 220, 6.
2. mit **Akk.: auf, auf — hin, über — hin.**

a) örtlich: ἀνὰ τὸν ποταμόν, ῥοῦν stromaufwärts.
ἀνὰ τὸ πεδίον, τὰ ὄρη über, durch — hin.

b) zeitlich: ἀνὰ πᾶσαν τὴν ἡμέραν den ganzen Tag hindurch.

c) übertragen: ἀνὰ κράτος nach Kräften, ἀνὰ λόγον verhältnismäßig.

d) distributiv: ἀνὰ πέντε je fünf, ἀνὰ πᾶσαν ἡμέραν Tag für Tag.

In der Komposition auf, hinauf: ἀναγράφειν, ἀναβαίνειν.
zurück, wieder: ἀναχωρεῖν, ἀναβιοῦν wieder aufleben.

3. **'Αντί,** Grundbed. angesichts, gegenüber (vgl. ἄντα, ἐν-αντίος).
mit **Gen.: statt, anstatt, für.**

ἀντὶ τοῦ ἀδελφοῦ — αἱρεῖσθαι τὸ χεῖρον ἀντὶ τοῦ βελτίονος.
τιμωρώμεθα τοὺς ἄνδρας ἀνθ' ὧν ὑβρίσθημεν.
In der Komposition entgegen: ἀντιτάσσειν, ἀνθιστάναι.
ἀντιλέγειν widersprechen, ἀντιδιδόναι vergelten.

4. **'Από** mit **Gen.: von — her, von — weg,** lat. *ab*-, deutsch ab-.

a) örtlich: ἀφ' ἵππου vom Pferde herab, ἀπὸ Σάρδεων ὡρμᾶτο.

b) zeitlich: ἀπὸ τούτου τοῦ χρόνου von — an, seit.

c) übertragen: καλεῖσθαι ἀπό τινος sich nach jem. nennen.
Mittel: στράτευμα συλλέγειν ἀπὸ τῶν χρημάτων.
Ursache: ἀπὸ τούτου τοῦ τολμήματος infolge.

In der Komposition ab, weg: ἀπαλλάττειν, ἀπέρχεσθαι.
zurück: ἀπαιτεῖν, ἀποδιδόναι (was man schuldet).

5. Διά, Grundbed. durch — hindurch, durch (vgl. δί-ς, *dis-*).

1. mit **Gen.: durch** (lat. *per*).

a) örtlich: *per*, διὰ μέσης τῆς πόλεως mitten durch d. St.
inter, διὰ χειρῶν ἔχειν unter Händen haben.
διὰ πέντε σταδίων in einer Entfernung von.

b) zeitlich: διὰ πολλοῦ (ὀλίγου) lange (kurze) Zeit hindurch.

c) instrumental: *per*, δι' ἑρμηνέως διαλέγεσθαι durch einen D.
Wortverbindungen: δι' ὀργῆς ἔχειν τινά einem zürnen.
διὰ φιλίας ἰέναι τινί einem freundschaftlich begegnen.
διὰ τάχους in Eile, διὰ βραχυτάτων in aller Kürze.

2. mit **Akk.:** durch, **wegen, vermittels** (lat. *propter*, *per*),
ep. poet.: διὰ δώματα, διὰ νύκτα, Ἀθηναίης διὰ βουλάς — in Prosa
meist kausal: διὰ προδοσίαν infolge V., διὰ ταῦτα deswegen,
δι' ἡμᾶς durch unser Zutun (Verdienst od. Schuld).
In der Komposition durch, bis zu Ende: διέρχεσθαι, διαγίγνεσθαι.
auseinander: διαιρεῖν, διαλαμβάνειν, διέχειν.

6. Εἰς (ἐς) mit **Akk.: in — hinein, in, auf, nach, zu, gegen,**
lat. *in* c. acc., Gegensatz ἐξ.

a) örtlich: εἰς τὴν πόλιν in die St., εἰς πολεμίους ἰέναι gegen F.

b) zeitlich, Ziel: εἰς τὴν ἑσπέραν auf den Abend.
Erstreckung: εἰς τὸ λοιπόν für die Zukunft.

c) übertragen, Zweck: διδόναι, χρῆσθαι εἴς τι zu etw.
Zahl: εἰς τοὺς ἑκατόν volle hundert.

In der Komposition ein, hinein: εἰσάγειν, εἰσβάλλειν, εἰσπράττειν u. a.

7. Ἐν mit **Dat.: in, auf,** *in* c. abl.

a) örtlich: ἐν Ἀθήναις.

b) zeitlich: ἐν νυκτί, ἐν ταῖς σπονδαῖς während (§ 157, 2).

c) übertragen: ἐν φόβῳ εἶναι, ἐλπίδας ἔχειν ἔν τινι.
ἐν τοῖς beim Superlativ: ἐν τοῖς πρώτοις weitaus der erste

In der Komposition hinein oder darin: ἐμβαίνειν, ἐνεῖναι.

Anmerkung: Zuweilen erscheinen ἐν und εἰς in Verbindung mit einem Genitiv: ἐν Ἅιδου, εἰς Ἅιδου. In diesem Fall ist ein Nomen im Dativ oder Akkusativ zu ergänzen (οἴκῳ, οἶκον). Vgl. deutsch mundartlich bei Müllers, lat. in Iunonis (templum)

8. Ἐξ (ἐκ) mit **Gen.: aus,** *ex* c. abl. Gegensatz εἰς.

a) örtlich: ἐκ τῆς πόλεως φεύγειν, ἐκ τῆς γῆς φύεσθαι.

b) zeitlich: ἐκ παίδων von Kindheit an, ἐκ παλαιοῦ von alters her.
ἐκ τούτου hierauf, ἐξ οὗ *ex quo* seit.

c) übertragen, Gemäßheit: ἐκ τῶν παρόντων nach der gegenw. Lage.
Folge: ἐκ τούτων infolge davon.
Art und Weise: ἐκ παντὸς τρόπου auf alle Weise.

Beachte: δῆσαι, κρεμάσαι τι, κρέμασθαι ἔκ τινος an etwas binden, hängen, hangen, suspendĕre und pendēre ex aliqua re.

In der Komposition heraus, aus: ἐξιέναι *exire*, ἐκβαίνειν *evenire*, ἐκτείνειν *extendere*, ἐκπιμπλάναι *explere*.

9. Ἐπί, Grundbed. auf, darauf, an, Gegensatz ὑπό.

1. mit **Gen.: auf, auf — zu.**

a) örtlich, Ruhe: ἐφ' ἅρματος ὀχεῖσθαι, ἐπὶ τοῦ ὄρους.
Ziel: ἐπὶ Ἰωνίας, ἐπ' οἴκου ἀπιέναι auf — hin, nach.
b) zeitlich: ἐπὶ Κροίσου βασιλεύοντος unter, während d. Reg. des K., ἐπ' ἐμοῦ zu meinen Lebzeiten, ἐπὶ τῶν προγόνων.
c) übertragen: ἐφ' ἑαυτοῦ für sich allein, ἐπὶ καιροῦ nach den Umständen.
d) distributiv: ἐπὶ τεττάρων πορεύεσθαι vier Mann hoch.

2. mit **Dat.: auf.**

a) örtlich, Ruhe: ἐπὶ ναυσίν, πόλις ἐπὶ τῇ θαλάττῃ οἰκουμένη.
b) zeitlich, gleich nach: ἐπὶ τῷ τρίτῳ σημείῳ, ἐπὶ τούτοις.
c) übertragen, Aufsicht: ὁ ἐπὶ τῷ στρατεύματι, ἐπὶ τῇ πόλει.
Abhängigkeit: ἐφ' ὑμῖν ἐστι *penes vos*, ἐπὶ βασιλεῖ γίγνεσθαι in die Gewalt des K. kommen.
Grund: χαίρειν ἐπ' αἰσχραῖς ἡδοναῖς.
Bedingung: ἐπὶ τούτοις unter diesen B., ἐφ' ᾧτε unter der B., daß.
Zweck (zu): ἐπὶ θανάτῳ ἄγειν. ἐπὶ βλάβῃ, ἐπ' ὠφελείᾳ.
zu Ehren von: ἐπὶ Πατρόκλῳ, ἐπὶ Λεωνίδᾳ.

3. mit **Akk.: auf, auf — zu, über — hin, gegen, nach.**

a) örtlich: ἐφ' ἵππον ἀναβαίνειν, ὁδὸς ἐπὶ Σοῦσα φέρουσα.
ἰέναι, πορεύεσθαι ἐπί τινα freundlich und bes. feindlich.
ἐπὶ πολύ über eine weite Strecke hin.
b) zeitlich: ἐπὶ τρεῖς ἡμέρας, ἐπὶ πολὺν χρόνον.
c) übertragen, Zweck: ἐπὶ λείαν ἐξιέναι, ἐφ' ὕδωρ πέμπειν.

In der Komposition darauf, heran, hinzu: ἐπιτιθέναι, ἐπιέναι, ἐπιγίγνεσθαι.

10. Κατά, Grundbed. hinab (vgl. κάτω unten — Gegens. ἀνά).

1. mit **Gen.: herab, von — herab, zu — hinab.**

a) örtlich: κατ' οὐρανοῦ, κατὰ τῶν ὀρῶν, τειχῶν ῥίπτεσθαι.
τὰ κατὰ γῆς was unter der Erde ist, sub terra.
δῦναι κατὰ γῆς unter die Erde.

b) übertragen: auf — herab = gegen: λέγειν κατά τινος (Gegens. ὑπέρ c. gen.; vgl. καταγελᾶν, καταγιγνώσκειν u. a. § 150).

2. mit **Akk.: längs — hin, durch — hin, gemäß, nach,** eig. von oben bis unten über etw. hin, Gegens. ἀνά.

a) örtlich: κατὰ τὸν ποταμόν stromabwärts, κατ' ἀγρούς *ruri*. τοὺς καθ' αὑτούς die in der Gegend von ihnen, d. h. ihnen gegenüber Stehenden.

b) zeitlich: κατ' ἐκεῖνον τὸν χρόνον zu, während, οἱ καθ' ἡμᾶς.

c) übertragen, Beziehung, Rücksicht: τὰ κατὰ τὸν πόλεμον. τὸ κατ' ἐμέ was mich betrifft.
Gemäßheit: κατὰ δύναμιν nach Kräften, κατὰ τοὺς νόμους.
Art und Weise: κατὰ τάχος, καθ' ἡσυχίαν in Ruhe.
κατὰ μικρόν ein wenig, stückweise, allmählich.
bei Zahlangaben: ἀπέθανον κατὰ ἑξακισχιλίους ἄνδρας ungefähr.

d) distributiv: καθ' ἕνα je einer, κατ' ἄνδρα *viritim*. καθ' ἡμέραν *cottidie*, κατ' ἔτος, κατ' ἐνιαυτόν alljährlich.

In der Komposition herab: καταβαίνειν, καταβάλλειν.
nieder: κατακόπτειν, κατακαίειν.
zurück: κατάγειν, κατελθεῖν, κάθοδος.
völlig, lat. *con-*: καταναλίσκειν, καθορᾶν — Vgl. § 150.

11. Μετά, Grundbed.: inmitten, mitten unter.

1. mit **Gen.: mit** (in Prosa außer Xen. häufiger als σύν).
Gemeinschaft, Teilnahme: μάχεσθαι μετά τινος verbündet mit.
οἱ μετὰ Κύρου, εἶναι μετά τινος auf jem. Seite stehen.
begleitende Umstände: μετὰ δακρύων, κινδύνων unter —.

In der Komposition bezeichnet es oft Gemeinschaft, Teilnahme: μετέχειν, μεταδιδόναι, μεταλαμβάνειν, μέτεστί μοι § 141, 3. 155, 1.

2. mit **Dat.** mitten unter, mit, nur episch u. poet. § 220, 7.

3. mit **Akk.: nach** *post*,
eig. mitten hinein unter: μετὰ Τρῶας, μεθ' ὅμιλον ἴσαν.
dann hinter her: πλεῖν μετὰ χαλκόν, μετ' ἴχνια βαῖνε θεοῖο. Daher μεταπέμπομαί τινα eig. 'ich sende in meinem Interesse hinter einem her, nach einem'.

Zeit: μετὰ τὴν μάχην, μετὰ ταῦτα, μεθ' ἡμέραν nach Tagesanbruch.
Reihenfolge: θειότατον μετὰ θεοὺς ἡ ψυχή, nächst den G.

In der Komposition bezeichnet es oft Veränderung: μεθιστάναι, μετατιθέναι umstellen, μετανοεῖν seinen Sinn ändern.

12. Παρά, Grundbed. nahe bei, bei, neben.

1. mit **Gen.**: aus jmds. Nähe, **von seiten, von — her.**

örtlich bei Verben der Bewegung: ἥκειν παρὰ βασιλέως.
des Empfangens: λαμβάνειν, μανθάνειν παρὰ φίλων.
ἡ παρὰ τῶν θεῶν εὔνοια.

2. mit **Dat.**: in jmds. Nähe, **bei, neben.**

örtlich, bes. bei persönl. Begriffen: παρὰ Κλεάρχῳ εἶναι,
παρὰ τῇ πόλει ὁρμίζεσθαι.

3. mit **Akk.**: in jmds. Nähe, **zu — hin, neben — hin.**

a) örtlich: πέμπειν πρέσβεις παρὰ Φίλιππον.
παρὰ τὴν θάλατταν πορεύεσθαι, οἰκεῖν längs.

b) zeitlich: παρ' ὅλον τὸν βίον *per totam vitam*, während.

c) übertragen,

an — vorbei, gegen: παρὰ τοὺς νόμους, ὅρκους (Gegens. κατά).
παρὰ τὴν δόξαν *praeter opinionem.*

Unterschied, um: παρ' ὀλίγον, παρὰ πολύ, παρὰ τοσοῦτον.

im Vergleich zu, vor: παρὰ τοὺς ἄλλους εὔτακτος.

im Verhältnis zu, wegen: παρὰ τὴν ἡμετέραν ἀμέλειαν.

Merke: παρὰ πολύ bei weitem, παρὰ μικρόν, ὀλίγον um weniges, beinahe,
παρ' οὐδὲν ποιεῖσθαι für nichts achten.

Komposita: παρεῖναι da sein, παρέχειν eig. hinhalten, παρέρχεσθαι hin-, entlang-, vorbeigehen, παραβάλλειν (daneben) vergleichen.

13. Περί, Grundbed. ringsum — herum (vgl. ἀμφί).

1. mit **Gen.**: **um = in betreff, über, wegen,** *de.*

σοφὸς περὶ τούτων, βουλεύεσθαι περὶ τῆς εἰρήνης.
περὶ πολλοῦ, περὶ οὐδενός, περὶ παντὸς ποιεῖσθαι: § 149.

2. mit **Dat.**: **um** (selten in Prosa).

a) örtlich: στρεπτοὺς περὶ τοῖς τραχήλοις εἶχον.

b) übertragen: δεδιέναι περὶ πάσῃ τῇ πόλει, περὶ τῇ ψυχῇ.

3. mit **Akk.**: **um — herum, um.**

a) örtlich: περὶ τὴν Πελοπόννησον, οἱ περὶ Κῦρον. § 122. A.

b) zeitlich: περὶ μέσας νύκτας, περὶ πλήθουσαν ἀγοράν.

c) übertragen, Rücksicht, gegen: ἁμαρτάνουσι περὶ ἡμᾶς.
Beschäftigung: περὶ φιλοσοφίαν διατρίβειν mit Ph.

In der Komposition: um — herum (περιέρχεσθαι); mehr als (περιγίγνεσθαι); völlig (περιμένειν).

14. Πρό, mit **Gen.:** **vor**, *ante* und **für**, *pro*.

a) örtlich: πρὸ τῶν πυλῶν, τὰ πρὸ ποδῶν.

a) zeitlich: πρὸ τῆς μάχης, πρὸ ἡμέρας vor Tagesanbruch, οἱ πρὸ ἡμῶν, πρὸ τοῦ vordem.

c) übertragen, Vorzug: πρὸ πολλῶν αἱρεῖσθαι, τιμᾶσθαι.
zum Schutze, für: πρὸ τῆς πατρίδος μάχεσθαι (s. ὑπέρ).

In der Komposition: Richtung vorwärts (προϊέναι); Vorrang (προαιρεῖσθαι); Fürsorge (προνοεῖσθαι); Zeit vor einer anderen Handlung (προβουλεύειν).

15. Πρός, Grundbed. in Gegenwart von, angesichts, bei, zu.

1. mit **Gen.: von seiten, von — her.**

a) örtlich: ἔπαινον πρὸς ὑμῶν ἔχω, τὸ πρὸς ἑσπέρας τεῖχος.
ἑστάναι πρὸς τοῦ ποταμοῦ nach dem Fl. zu.
πρός τινος εἶναι auf jemands Seite sein, stare ab aliquo.

b) übertragen, Interesse, Vorteil: δοκεῖς τὸν λόγον πρὸς ἐμοῦ λέγειν.
Gemäßheit: οὐκ ἦν πρὸς τοῦ Κύρου τρόπου — δίκαιον καὶ πρὸς θεῶν καὶ πρὸς ἀνθρώπων vor, in den Augen von.
bei Schwüren u. ä.: ὀμνύναι, ἱκετεύειν πρὸς θεῶν.

2. mit **Dat.: bei.**

a) örtlich: πρὸς Βαβυλῶνι, πρὸς ταῖς πηγαῖς, πρὸς τῇ ἀγορᾷ am M.

b) übertragen, außer, noch dazu (vgl. § 159, 1): πρὸς τῷ ὑπάρχοντι πόνῳ — πρὸς τούτοις außerdem.

3. mit **Akk.: zu, gegen — hin, nach.**

a) örtlich: πρὸς μεσημβρίαν, ἰέναι πρὸς βασιλέα freundlich und feindlich, σπονδὰς ποιεῖσθαι πρός τινα mit.

b) zeitlich: πρὸς ἑσπέραν gegen Abend.

c) übertragen, Rücksicht: ἄθυμος πρὸς τὴν ἀνάβασιν, τὰ πρὸς τὸν πόλεμον die Dinge für den Krieg (§ 122. A.), πρὸς ταῦτα demgemäß.
Vergleich: οὐδὲν τὰ χρήματα πρὸς τὴν σοφίαν.
Ziel, Zweck: παιδεύεσθαι πρὸς ἀρετήν, λέγειν πρὸς χάριν.

In der Komposition hinzu, an-: προστιθέναι, προσαγορεύειν.

16. Σύν (ξύν) mit **Dat.: mit**, *cum*.

Verbindung: } οἱ σὺν Φαλίνῳ die Begleiter des Ph., σὺν τοῖς ὅπλοις.
Begleitung: } σὺν κραυγῇ, σὺν πολλῇ σπουδῇ — σὺν τῷ δικαίῳ.
Beistand: σὺν τοῖς θεοῖς mit Hilfe der Götter; sonst im reinen Attisch (das Xenophon nicht schreibt) selten.

In der Komposition zusammen: συλλέγειν, συνέρχεσθαι, συνέχειν.
mit: συμπορεύεσθαι, συμπράττειν, συνήδεσθαι.

17. Ὑπέρ, Grundbed. über.

1. mit **Gen.: über,** *super* und **für,** *pro.*

a) örtlich: ὑπὲρ τῆς γῆς, γήλοφος ὑπὲρ τῆς κώμης ἦν.

b) übertragen: für, *pro* ἀπέθανον μαχόμενοι ὑπὲρ αὐτοῦ.

zum Schutze von: μάχεσθαι ὑπὲρ τῆς πατρίδος.

im Interesse von: λέγειν ὑπὲρ Φιλίππου (Gegens. κατά 10, 1).

Ursache: ὀργίζεσθαι ὑπὲρ τῶν γεγενημένων.

(Im Sinne von περί c. gen. erst seit Demosthenes.)

2. mit **Akk.: über — hinaus,** *supra, ultra.*

a) örtlich: ὑπὲρ τὸν Ἑλλήσποντον οἰκεῖν.

b) zeitlich: ὑπὲρ τὰ πεντήκοντα ἔτη γεγονώς.

c) übertragen: ὑπὲρ δύναμιν *supra vires.*

In der Komposition: über, über — hinaus ὑπερβαίνειν, ὑπερβάλλειν (eig. über das Wurfmal eines andern hinaus werfen = übertreffen).

18. Ὑπό, Grundbed. unter, Gegensatz ἐπί.

1. mit **Gen.: unter.**

a) örtlich: unter — hervor (selten): ὑπὸ γῆς ἦλθεν εἰς φῶς.

unter: ὑπὸ γῆς οἰκεῖν, οὔτ' ἐπὶ γῆς οὔθ' ὑπὸ γῆς.

b) übertragen, unter der Einwirkung von, infolge von = *ab* beim Passiv:

νικᾶσθαι ὑπὸ τῶν Ἑλλήνων, ἀποθνῄσκειν ὑπὸ φονέως,

κακὰ πάσχειν ὑφ' ὧν οὐκ ἔδει.

Ursache: ὑπὸ λύπης vor Trauer, ὑπὸ λιμοῦ ἀπόλλυσθαι.

begleitende Umstände: ὑπὸ σάλπιγγος unter Trompetenschall.

2. mit **Dat.: unter,** *sub* c. abl.

a) örtlich: ὑπὸ τῷ οὐρανῷ, ὑπὸ τῇ ἀκροπόλει am Fuße der A.

b) übertragen, Abhängigkeit: ὑπὸ τυράννοις εἶναι, γίγνεσθαι,

ὑφ' ἑαυτῷ ποιεῖσθαι unter seine Gewalt bringen.

3. mit **Akk.: unter — hin,** *sub* c. acc.

a) örtlich: ὑπὸ τὰ δένδρα ἀπῆλθον, ὑπὸ τὸν λόφον *sub collem.*

b) zeitlich: ὑπὸ νύκτα *sub noctem,* ὑπὸ τοὺς αὐτοὺς χρόνους.

In der Kompos. unter: ὑποδεῖν, ὑποδύεσθαι — ὑποχείριος.

allmählich: ὑπάγειν, ὑποστρέφεσθαι, ὑποφαίνεσθαι.

listig, heimlich: ὑποπέμπειν, ὑφαρπάζειν.

19. Ὡς mit **Akk.: zu** (nur bei persönl. Obj. zu Verben der Bewegung):

ἀνήχθησαν ὡς βασιλέα.

VI. Die Genera des Verbums

§ 161. Aktiv

161 **1.** Manche Verben werden bald transitiv, bald intransitiv gebraucht.

Z. B.	ἄγειν	führen,	intr. (sc. τὸ στράτευμα) ziehen, vorrücken
	ὁρμᾶν	antreiben,	„ („ „ „) aufbrechen
εἰς-,	ἐμβάλλειν	hineinwerfen,	„ („ „ „) einfallen
	ἐλαύνειν	treiben,	„ („ „ „) ziehen
			„ („ τὸν ἵππον) fahren, reiten
	καταλύειν	ausspannen,	„ („ τὰ ὑποζύγια) Halt machen
	αἴρειν	heben,	„ („ τὰ σκεύη) aufbrechen
			„ („ τὰς ἀγκύρας) absegeln
	ἐξιέναι	heraussenden,	„ („ τὸ ὕδωρ) münden
	διαφέρειν	auseinandertragen,	„ sich unterscheiden
	ἔχειν	haben, halten,	„ mit Adv. sich verhalten
	πράττειν	handeln, treiben,	„ „ „ sich befinden.

Anm. Über transit. und intransit. Tempora desselben Verbs s. § 92.

2. Einige Aktiva dienen als Passiva anderer Verben. So heißt

ἀποκτείνειν töten,	ἀποθνῄσκειν (ὑπό τινος) getötet werden;
ἑλεῖν od. λαβεῖν nehmen,	ἁλῶναι genommen werden;
ἐκβάλλειν vertreiben,	ἐκπίπτειν od. φεύγειν vertrieben werden;
εὖ, κακῶς ποιεῖν τινα einem wohl, übel tun,	εὖ, κακῶς πάσχειν (ὑπό τινος) von einem Gutes, Übles erfahren; vgl. § 130.

3. Das Aktiv ist oft kausativ mit lassen zu übersetzen.

Κῦρος ἐξέκοψε τὸν παράδεισον καὶ τὰ βασίλεια κατέκαυσεν.

§ 162. Medium

162 Die im Medium liegende Zurückbeziehung auf das Subjekt erscheint uns in dreifacher Art:

1. **direkt,** d. h. das Subjekt ist zugleich wieder als Akkusativobjekt zu denken:

λούω wasche,	λούομαι wasche mich,
γυμνάζω übe,	γυμνάζομαι übe mich,
ἐνδύω bekleide,	ἐνδύομαι bekleide mich,
τρέπω wende,	τρέπομαι wende mich,
παρασκευάζω rüste,	παρασκευάζομαι rüste mich u. a.

Manche direkte Medien gehen in die intransitive Bedeutung über:

ἵστημι stelle, ἵσταμαι stelle mich; 1. trete, 2. bleibe stehen,
παύω mache aufhören, παύομαι mache mich aufhören, höre auf,
φαίνω zeige, φαίνομαι zeige mich, erscheine u. a.

Siehe die Dep. pass. § 94, 2.

2. **indirekt,** d. h. das Subjekt handelt für sich (zu seinem Vorteil), oder es wird besonders betont, daß die Handlung von ihm selbst ausgeht:

λούομαι τοὺς πόδας wasche mir die Füße,
παρασκευάζομαι πλοῖα rüste für mich Fahrzeuge aus,
αἱροῦμαι nehme für mich, wähle,
μεταπέμπομαι schicke für mich nach jem., lasse mir kommen,
φυλάττομαι bewache in meinem Interesse, nehme mich in acht vor.
ἀμύνομαι wehre von mir ab, verteidige mich gegen.

Ὁ νομοθέτης νόμους τίθησιν, ὁ δῆμος νόμους τίθεται.

τρέπομαι wende von mir weg, schlage in die Flucht,
παρέχομαι gewähre aus meinen Mitteln, von mir aus,
ἐπαγγέλλομαι kündige von mir aus an, verspreche,
ἀποφαίνομαι τὴν γνώμην 'bringe von mir aus die Meinung zum Vorschein', äußere meine Meinung.

Dieses Medium nimmt oft kausative Bedeutung an:

δανείζομαι lasse mir leihen, borge, entlehne,
δικάζομαι lasse mir Recht sprechen, prozessiere,
μισθοῦμαι lasse mir vermieten, miete,
ποιοῦμαι ὅπλα lasse mir Waffen anfertigen,
παρατίθεμαι δεῖπνον lasse mir ein Mahl vorsetzen.

3. Das sog. dynamische Medium, dessen Begriff sich nicht sicher abgrenzen läßt, bezeichnet im allgemeinen, daß das Subjekt sich in der Handlung kraftvoll betätigt:

σκοποῦμαι betrachte genau, prüfe, spähe,
πολιτεύω bin Bürger, Med.: betätige mich als Bürger,
πόλεμον ποιεῖν einen Krieg anstiften, *bellum movere*, aber
πόλεμον ποιεῖσθαι Krieg führen, *bellum gerere*.

Anmerkung: Manchmal vermögen wir den Unterschied zwischen Aktiv und Medium gar nicht zu erkennen; so bilden manche — sonst aktive — Verba ein mediales Futurum, ohne daß dadurch eine Bedeutungsverschiedenheit zum Ausdruck käme. Ebensowenig können wir feststellen, warum z. B. βούλεσθαι deponentiale, ἐθέλειν aber aktive Form aufweist.

§ 163. Passiv

163 1. Auch von intransitiven Verben wird ein persönliches Passiv gebildet, z. B.

ἄρχω τινός herrsche über einen,	ἄρχομαι werde beherrscht;
καταφρονέω τινός verachte einen,	καταφρονοῦμαι werde verachtet;
ἐπιβουλεύω τινί stelle einem nach,	ἐπιβουλεύομαι mir wird nachgest.;
πιστεύω τινί glaube, traue einem,	πιστεύομαι man glaubt mir;
φθονέω τινί *invideo alicui*,	φθονοῦμαι *mihi invidetur*.

Anm. Ein unpersönliches Passiv von intransitiven Verben (vgl. *itur, perventum est*) kommt nicht vor außer δέδοκται es ist beschlossen.

2. Die handelnde Person beim Passiv steht meist im Gen. mit ὑπό = *ab* c. abl. (§ 160, 18, 1b).

Anm. Selten sind dafür ἀπό, ἐκ, παρά und πρός c. gen., häufiger der Dativ des Urhebers beim Verbaladjektiv und beim perf. pass.: § 154, 2.

VII. Die Tempora des Verbums

§ 164. Die Tempora im allgemeinen

164 Das griechische Tempussystem läßt sich mit dem anderer europäischer Sprachen nicht ohne weiteres gleichstellen; es unterscheidet sich im besonderen von dem deutschen und vor allem von dem lateinischen.

Die Tempora der lateinischen Verben haben im allgemeinen 3 Aufgaben zu erfüllen. Sie stellen fest:

1. wann etwas geschieht: daraus ergeben sich die Zeitstufen: Gegenwart, Vergangenheit, Zukunft (z. B. dico ich sage, dixi od. dicebam ich sagte, dicam ich werde sagen.)
2. wie etwas geschieht: es ergeben sich daraus die Aktionsarten: Eintritt, Dauer, Vollendung einer Handlung (z. B. dixi ich sagte [Vollendung], dicebam ich sagte [oft], dixi ich sagte[einmal].)
3. wie 2 Handlungen zeitlich zueinander stehen: daraus ergeben sich die Zeitverhältnisse: Gleichzeitigkeit, Vorzeitigkeit, Nachzeitigkeit (z.B. cum dixerat, ridebamus; cum dixisset, abiit; scio eum dixisse).

Dagegen gilt für das Griechische:

1. Die Zeitstufen: Der Indikativ des Präsens und Perfekts bezeichnet die Gegenwart.

   Der Indikativ des Imperf., Aor. und Plusquamperf. bezeichnet die Vergangenheit. Sie haben daher das Augment. Während die Zeitstufe bei diesen Tempora durch den Indikativ zum Ausdruck kommt, weist der Futurstamm in allen seinen Formen auf die Zukunft hin.

2. Die Aktionsarten: Die eigentliche Funktion aller griechischen Verben liegt in der Unterscheidung der 3 Aktionsarten:
   a) Die Aktionsart des Präsensstammes (Präs. und Imperf.): Die Handlung wird als eine sich entwickelnde, dauernde, nicht abgeschlossene hingestellt. (In der deutschen Übersetzung kann „lange" oder „oft" hinzugefügt werden).
   b) Die Aktionsart des Perfektstammes (Perf., Plusquamperf., futurum perfecti: Die Handlung wird als eine vollendete, abgeschlossene hingestellt.
   c) Die Aktionsart des Aorists (Aor. und Futur): Die Handlung wird ohne Rücksicht auf ihre Dauer oder Vollendung als einmaliges Vollenden, Geschehen hingestellt, wobei besonders der Anfangspunkt der Handlung (ingressive Aktion) oder ihr Endpunkt (effektive Aktion) betont werden.
3. Die Zeitverhältnisse: Das Zeitverhältnis einer Handlung zu einer anderen pflegt der Grieche im Gegensatz zum Römer nicht besonders auszudrücken. Die jeweiligen Zeitverhältnisse, vor allem die Vorzeitigkeit zu einer Handlung der Vergangenheit müssen aus dem Zusammenhang erschlossen werden.

z. B.

ἐποίει er tat, war länger damit beschäftigt, versuchte, pflegte zu tun;

ἐποίησε er tat, hat getan, entw. er nahm das Tun in Angriff (ingressiv) od. er brachte es zustande, führte es zu Ende (effektiv);

πεποίηται es ist getan und liegt fertig vor.

So

φεύγειν sich allmählich an die Flucht machen, zu fliehen versuchen, davonfliehen, auf der Flucht sein, in der Verbannung leben;

φυγεῖν sich auf die Flucht machen (ingr.) od. entfliehen, entkommen (eff.);

πεφευγέναι entflohen —, entkommen —, in Sicherheit sein.

πίπτειν	im Fallen begriffen sein,	βάλλειν	werfen, schleudern,
πεσεῖν ingr.	ins Fallen geraten, fallen,	βαλεῖν ingr.	abschleudern, werfen,
effekt.	fallend aufschlagen, hin-	effekt.	treffen,
πεπτωκέναι	daliegen. [fallen,	βεβλῆσθαι	hingeworfen, getroffen daliegen.
ἀποθνῄσκειν	im Sterben liegen,	καλεῖσθαι	genannt werden,
ἀποθανεῖν	sterben, ersterben,	κληθῆναι	einen Namen bekommen,
τεθνάναι	tot sein.	κεκλῆσθαι	heißen.
κτᾶσθαι	mit Erwerben beschäftigt sein,	φοβεῖσθαι	in Furcht sein, sich scheuen,
κτήσασθαι	erwerben, gewinnen,	φοβηθῆναι	in F. geraten, erschrecken,
κεκτῆσθαι	besitzen.	πεφοβῆσθαι	eingeschüchtert, voll F. sein.
γιγνώσκειν	kennen lernen,	ἔχειν	haben, halten,
γνῶναι	erkennen,	σχεῖν	bekommen, erhalten,
ἐγνωκέναι	kennen, wissen	ἐσχηκέναι	dauernd haben.

Anm. Der Perfektstamm hat oft intensive Bedeutung: πεφόβημαι ich bin voller Furcht, ἐσπούδακα ich bin voll Eifers, τεθαύμακα ich bin voller Verwunderung, κέκραγα ich schreie (entsprechend ἐκεκράγειν, κεκράξομαι). Vielleicht ist diese Bedeutung des Perfektstammes die ursprüngliche: die Wiederholung des ganzen Stammes diente dazu, ihn nachdrücklicher auszusprechen (Goethe: kleinkleiner Knabe; vulgär: feinfein); dann wurde die Wiederholung des ganzen Stammes durch die der ersten Silbe ersetzt (Σί-συφος [zu σοφός] der ganz schlaue), und diese nachdrücklichere Aussprache eines Verbalstammes wurde Regel, wo der aus der vollendeten Handlung sich ergebende Zustand ausgedrückt werden sollte.

§ 165. Die Indikative

165 1. Der **ind. praesentis** und das **imperfectum** als die Tempora der sich entwickelnden, wiederholten, nicht abgeschlossenen Handlung stehen insbesondere:

a) bei erst begonnenen, versuchten Handlungen (praesens und imperfectum de conatu).

Ἔπειθον αὐτούς, καὶ οὓς ἔπεισα, τούτους ἔχων ἐπορευόμην.

b) in Beschreibungen von Zuständen, Sitten, Gebräuchen, bei wiederholten Handlungen, in allgemeinen Urteilen, bei Angabe von begleitenden Nebenumständen.

Πάντες οἱ τῶν ἀρίστων Περσῶν παῖδες ἐπὶ ταῖς βασιλέως θύραις παιδεύονται.
Πλοῖον ἐς Δῆλον Ἀθηναῖοι πέμπουσιν.
Ἀρετὴ δέ, κἂν θάνῃ τις, οὐκ ἀπόλλυται.
Ξενίας ὁ Ἀρκὰς τὰ Λύκαια ἔθυσε καὶ ἀγῶνα ἔθηκεν· ἐθεώρει δὲ τὸν ἀγῶνα καὶ Κῦρος.

Anm. 1. Auch das Griechische kennt das praesens historicum.

Ἐπεὶ ἐτελεύτησε Δαρεῖος, Τισσαφέρνης διαβάλλει τὸν Κῦρον.

Anm. 2. Eine Anzahl Präsentien bezeichnen auch die andauernde Wirkung der Handlung, so daß sie wie Perfekte und ihre Imperfekte wie Plusquamperfekte übersetzt werden können (perfektische Präsentien).

νικῶ siege und bin Sieger, ἡττῶμαι werde und bin besiegt,
ἀδικῶ tue unr. u. bin im Unr. μανθάνω vernehme und verstehe,
ἀκούω, πυνθάνομαι höre, erfahre = habe gehört, erfahren.
φεύγω werde verklagt, verbannt und bin verklagt, verbannt.

Anm. 3. Die Präsentien ἥκω und οἴχομαι haben immer Perfekt-, ihre Imperfekte Plusquamperfekt- und Aoristbedeutung.

ἥκω	bin gekommen, bin da,	ἧκον	war da und kam,
οἴχομαι	bin gegangen, bin fort,	ᾠχόμην	war fort und ging fort.

Anm. 4. Wie der ind. aor. als das eigentlich erzählende Tempus, so dient auch das Imperfekt oft zur Erzählung vergangener Ereignisse, doch meist mit dem Unterschied, daß

das Imperf. die Handlung entwickelt, beschreibt, schildert, darstellt, der ind. aor. deren Verwirklichung zusammenfassend feststellt.

Vgl. z. B. Xen. An. 4, 8, 3—25. Hdt. 1, 30—31. Thuk. 2, 49—52.

Im Zusammenhang der Erzählung verhalten sich impf. und aor. im Griechischen nicht völlig so zueinander wie im Lateinischen impf. und perf. hist., sondern im Griechischen erscheint auch bei Fortschritt der Haupthandlung häufig das impf., ohne daß wir in jedem Falle eine zureichende Begründung dafür geben können.

2. Der **ind. aoristi** drückt die in der Vergangenheit geschehene, tasächlich erfolgte, eingetretene oder zum Abschluß gelangte Handlung aus und steht:

a) **ingressiv**, den Eintritt der Handlung in der Vergangenheit bezeichnend, besonders bei Verben, deren Präsens einen Zustand ausdrückt.

βασιλεύω	bin König,	ἐβασίλευσα	wurde König,
ἠράσθην	gewann lieb,	ἡγησάμην	kam zur Ansicht
ἐθάρρησα	bekam, faßte Mut,	ἐσίγησα	verstummte,
ἐνόσησα	wurde kr., erkrankte,	ἐφοβήθην	erschrak.

Διὰ μικρὸν ἐπολεμήσατε (habt Krieg angefangen).

Πεισιστράτου τελευτήσαντος Ἱππίας ἔσχε τὴν ἀρχήν (bekam).

Anm. Diese Aoriste können auch die historische Bedeutung haben: ἐβασίλευσα war König, herrschte, ἐνόσησα war (einst) krank, ἐπολέμησα führte Krieg.

b) **effektiv** oder komplexiv, als Tempus der Erzählung ein einmaliges Faktum als geschehen konstatierend oder eine während eines längeren Zeitraums verlaufene Handlung zu einer Einheit zusammenfassend, entsprechend dem lat. perf. historicum, dem franz. passé défini.

Beispiele (effektiv):

Ἀκούσαντες ταῦτα ἐπείθοντο καὶ διέβησαν, πρὶν τοὺς ἄλλους ἀποκρίνασθαι.

Ἐπεὶ δ' ἐξῆλθεν, ἀπήγγειλε τοῖς φίλοις τὴν κρίσιν τοῦ Ὀρόντα, ὡς ἐγένετο.

Beispiele (komplexiv):

Μῆνας μὲν οὖν ἴσως τέτταρας διέμεινεν ἡ τῶν τετρακοσίων πολιτεία, καὶ ἦρξε ἐξ αὐτῶν Μνησίλοχος δίμηνον ἐπὶ Θεοπόμπου ἄρχοντος, ὃς ἦρξε τοὺς ἐπιλοίπους δέκα μῆνας.

Οὑμὸς πατὴρ ἔτη τριάκοντα ἐνθάδε ᾤκησε καὶ οὐδενὶ πώποτε δίκην ἐδικασάμεθα.

c) als sog. **gnomischer** Aorist, Erfahrungstatsachen ausdrückend, die sich unter gleichen Umständen wiederholen, oft in Sentenzen und Gleichnissen.

Beispiele:

Καὶ βραδὺς εὔβουλος εἷλεν (holt ein) ταχὺν ἄνδρα διώκων.

Ῥεχθὲν δέ τε νήπιος ἔγνω.

Anm. Vorvergangene Handlungen, deren Zeitverhältnis aus dem Zusammenhang erschlossen werden muß (§ 164, 1), stehen meist im ind. aoristi, besonders in temporalen und relativen Nebensätzen.

Τὴν ἀτραπὸν τὴν φέρουσαν ἐς Θερμοπύλας ἐξηῦρον μὲν οἱ ἐπιχώριοι Μηλιεῖς (wir: hatten ausfindig gemacht).

Ἐπεὶ ἐσάλπιγξε, προβαλόμενοι τὰ ὅπλα ἐπῇσαν.

Δαρεῖος Κῦρον μεταπέμπεται ἀπὸ τῆς ἀρχῆς ἧς αὐτὸν σατράπην ἐποίησεν (gemacht hatte).

Das Imperfekt bei tatsächlich vorvergangenen Handlungen bezeichnet sie als nicht abgeschlossen (dauernd, versucht, wiederholt).

Ἐνταῦθα πόλις ἦν ἐρήμη μεγάλη, ὄνομα δ'αὐτῇ ἦν Λάρισα. ᾤκουν δ'αὐτὴν τὸ παλαιὸν Μῆδοι (wir: hatten dauernd bewohnt).

Κῦρος εἶδε τὰς σκηνάς, οὗ οἱ Κίλικες ἐφύλαττον.

Οἵπερ πρόσθεν προσεκύνουν, καὶ τότε προσεκύνησαν.

3. Der **ind. futuri** bezeichnet sowohl die eintretende als die andauernde Handlung in der Zukunft; z. B. bedeutet

ἄρξω sowohl ich werde zur Herrschaft gelangen
als auch ich werde herrschen.

Σκεπτέον μοι δοκεῖ εἶναι, ὅπως τὰ ἐπιτήδεια ἕξομεν (bekommen w.).

Τούτων ἐγὼ τὴν πρόνοιαν ἕξω κατὰ τὸ δυνατόν.

Ὁ δίκαιος ἀνὴρ εὖ βιώσεται, κακῶς δὲ ὁ ἄδικος.

Anm. Μέλλω mit Inf. des Fut. (seltener des Präs. od. Aor.) bedeutet
a) ich bin im Begriff, bin willens: μέλλω ὑμᾶς διδάξειν.
b) es steht zu erwarten, daß ich: ἀγορὰν οὐδεὶς ἔτι παρέξειν ἔμελλεν.

4. Die **ind. perf., plusquamperf. u. fut. perfecti** bezeichnen einen durch die vollendete Handlung bewirkten bleibenden Zustand, ein Resultat in

Gegenwart,	Vergangenheit	und Zukunft; z. B.
ἕστηκα stehe,	εἱστήκειν stand,	ἑστήξω werde stehen,
τέθνηκε ist tot,	ἐτεθνήκει war tot,	τεθνήξω werde tot sein.
μέμνημαι bin eingedenk,	ἐμεμνήμην war einged.,	μεμνήσομαι werde e. sein.

Ἀπολελοίπασιν ἡμᾶς Ξενίας καὶ Πασίων, ἀλλ' οὐκ ἀποπεφεύγασιν.

Τέθαπται Κίμων ὁ Στησαγόρου πρὸ τοῦ ἄστεως (liegt begraben).

Ἐφοβήθην καὶ ἔτι καὶ νῦν τεθορύβημαι (bin in Verwirrung).

Ἀριαῖος ἐτύγχανεν ἐφ' ἁμάξης πορευόμενος, διότι ἐτέτρωτο.

Ἡμῶν ταῦτα ποιούντων εὐθὺς φίλος ἡμῖν οὐδεὶς λελείψεται.

Anm. Das Perfekt ist also nie perf. hist., das Plusquamperf. bezeichnet nicht die Vorvergangenheit, und das fut. perfecti entspricht dem lat. fut. exact. nur in Hauptsätzen.

§ 166. Konjunktive, Optative, Imperative und Infinitive

166 1. Sie bezeichnen nach § 164, 2 keine Zeitstufe, sondern nur die Aktionsart, die Beschaffenheit der Handlung in der § 164 u. 165 angegebenen Weise; daher heißt z. B. εἴπωμεν ἢ σιγῶμεν; sollen wir das Wort ergreifen oder im Stillschweigen verharren?

2. Ihre (absolute) Zeitstufe wird durch das Tempus des übergeordneten Verbs angegeben; z. B.

λέγω ταῦτα,	ἵνα πεισθῆτε	damit ihr (jetzt) gehorchet;
εἶπον ταῦτα,		damit ihr (damals) gehorchtet;
ἐρῶ ταῦτα,		damit ihr (in Zuk.) gehorchet.

3. Jedoch bezeichnen in oratio obliqua der **Opt.** und der **Inf.** des Präsens und Aorists eine vergangene Handlung, wenn sie das Imperf. oder den **Ind.** des Aor. der direkten Rede vertreten.

Ἔλεγον, ὅτι διδοίη (αὐτὸν διδόναι) daß er gebe (or. recta: δίδωσιν)
od. (nach § 174, 1 **Anm.**) daß er gegeben habe (or. recta: ἐδίδου).
Ἔλεγον, ὅτι δοίη (αὐτὸν δοῦναι) daß er gegeben habe (or. recta: ἔδωκε).

Διηγοῦντο οἱ στρατηγοὶ ἐν τῇ βουλῇ περὶ τῆς ναυμαχίας, ὅτι αὐτοὶ μὲν ἐπὶ τοὺς πολεμίους πλέοιεν, τὴν δὲ ἀναίρεσιν τῶν ναυαγῶν προστάξαιεν ἀνδράσιν ἱκανοῖς (direkt: ἐπλέομεν —προσετάξαμεν).

Οἱ στρατιῶται ἔφασαν τοὺς στρατηγοὺς πάλαι ταῦτ' εἰδότας κρύπτειν.
Ἐλέγετο Ἐπύαξα Κύρῳ δοῦναι χρήματα πολλά.

Anm. Der opt. futuri findet sich überhaupt nur in oratio obliqua als Vertreter des ind. futuri. Xen. Hell. 2, 3, 17.

4. Der Imper. des **Präsens** steht zum Ausdruck andauernder oder wiederholter Handlungen, in allgemeinen Lebensregeln, in die Art und den Verlauf der Ausführung versetzend;

der Imper. des **Aorists** verlangt für einen gerade vorliegenden Fall die rasche Verwirklichung (Eintritt od. Abschluß) der Handlung.

Ποίει sei tätig, versuche zu tun —ποίησον tu's!
λέγε führe aus, lege dar, rede weiter —εἰπέ sprich! sage!
μὴ θορυβεῖτε lärmt nicht (immer wieder)! — μή μοι θορυβήσητε fangt mir jetzt nicht an zu lärmen!

Plat. Apol. 21a. 30c. 27b. — 20e.

Τοὺς μὲν θεοὺς φοβοῦ, τοὺς δὲ γονέας τίμα, τοῖς δὲ νόμοις πείθου.
Ζεῦ, Ζεῦ τέλειε, τὰς ἐμὰς εὐχὰς τέλει.
Ζεῦ, Ζεῦ, θεωρὸς τῶνδε πραγμάτων γενοῦ.
Λῆγε μὲν κακῶν φρενῶν, λῆξον δ' ὑβρίζουσα.

§ 167. Die Partizipien

1. Wie die Nebenmodi und die Infinitive, so bezeichnen auch die Partizipien an sich keine Zeitstufe, sondern nur die Aktionsart; es bezeichnet: 167

das part. praes. die sich entwickelnde, nicht abgeschlossene oder wiederholte Handlung, das part. aor. die eingetretene, abgeschlossene oder einmalige Handlung.

Βασιλεὺς διώκων εἰσπίπτει εἰς τὸ Κύρειον στρατόπεδον.

Νῦν μὲν δειπνεῖτε· δειπνήσαντες δὲ ἀπελαύνετε.

2. Da die zur Zeit der Haupthandlung nicht abgeschlossene Handlung des part. praes. oft mit jener gleichzeitig ist, anderseits die zur Zeit der Haupthandlung abgeschlossene Handlung des part. aor. oft jener vorausgeht, so können die genannten beiden Partizipien die Gleichzeitigkeit und die Vorzeitigkeit bezeichnen und dienen daher für unser Sprachgefühl zum Ausdruck des relativen Zeitverhältnisses.

3. Der gewöhnliche Gebrauch ist also folgender. Es bezeichnet

a) das **part. praes.** meist eine mit der Haupthandlung gleichzeitige Nebenhandlung: indem, während, wenn, solange.

Σοφοῖς ὁμιλῶν καὐτὸς ἐκβήσῃ σοφός.

b) das **part. aor.** meist eine der Haupthandlung vorausgegangene Nebenhandlung: nachdem, als, sobald.

Τισσαφέρνης κατανοήσας ταῦτα καὶ μείζονα ἡγησάμενος εἶναι ἢ ὡς ἐπὶ Πισίδας τὴν παρασκευήν, πορεύεται ὡς βασιλέα.

c) das **part. perf.** (nach § 165, 4) immer den mit der Haupthandlung gleichzeitigen dauernden Zustand.

Διαβεβηκόσι τοῖς Ἕλλησι φαίνεται ὁ Μιθραδάτης.

Ἐσκεμμένα καὶ παρεσκευασμένα πάντα λέγω.

d) das **part. fut.** (nach § 164, 3) immer eine der Haupthandlung nachfolgende Nebenhandlung, meist eine Absicht ausdrückend.

Ὁ βάρβαρος ἐπὶ τὴν Ἑλλάδα δουλωσόμενος ἦλθεν.

4. Zuweilen drückt aber auch das part. praes. eine der Haupthandlung vorausgegangene und das part. aor. eine mit jener gleichzeitige Nebenhandlung aus.

Οἱ πρόσθεν σὺν ἡμῖν ταττόμενοι νῦν ἀφεστήκασιν.

Πολλοὺς ὁρῶ δικάζοντας τῶν τότε παρόντων — παρὼν ἐρῶ (da ich dabei war)

Πρῴην τινὸς ἤκουσα εἰπόντος ἐν τῇ βουλῇ.

Ξενοφῶντα ὠνήσατε οὐχ ἑλόμενοι (dadurch daß).

Ὣς εἰπὼν ὤτρυνε — ὥς μ᾽ ἀπώλεσας θανών.

5. Die Zeitstufe des Partizips wird gewöhnlich durch die Zeitform des übergeordneten Verbs bestimmt.

Ταῦτα λέγων ἀκούει während er das sagt, hört er;
ταῦτα λέγων ἤκουσε während er das sagte, hörte er;
ταῦτα λέγων ἀκούσεται w. er das sagen wird (sagt), wird er hören;
od. ταῦτ' εἰπὼν ἀποβαίνει (ἀπέβη, ἀποβήσεται) nachdem er so gesprochen hat (g. hatte, g. haben wird) usw.

VIII. Die Modi des Verbums

§ 168. Vorbemerkungen

168 1. Man unterscheidet nach ihrem Inhalt zwei Hauptarten von Sätzen, nämlich:

a) **Behauptungs**sätze zum Ausdruck einer Behauptung (Negation: οὐ).
b) **Begehrungs**sätze zum Ausdruck einer Forderung oder eines Wunsches (Negation μή).

Anm. Fragesätze sind entweder in Frage gestellte Behauptungssätze (Beispiele s. § 203) oder in Frage gestellte Begehrungssätze (dubitative Fragen § 170, 2; 175, 2), je nachdem sie als Antwort einen Behauptungs- oder einen Begehrungssatz fordern. Ist dies so? Ja, es ist so. Soll ich dies tun? Ja, du sollst es tun.

2. In Behauptungssätzen steht oft, in Begehrungssätzen selten die Moduspartikel ἄν.

3. Ἄν drückt aus, daß das Verb, bei dem es steht, an eine Bedingung geknüpft ist, daß die Handlung unter Umständen eintrat oder eintritt.

Anm. Ἄν steht an sich hinter seinem Verb, schließt sich aber gern an betonte Wörter, bes. Fragewörter, Negationen und Adverbien an; in relativen und konjunktionalen Nebensätzen, die das Verb im Konjunktiv haben, steht ἄν unmittelbar hinter dem Relativ oder der Konjunktion, mit der es oft, wie mit dem steigernden καί (auch, sogar) in ein Wort verschmilzt (ἐάν, ὅταν, ἐπᾶν ἐπειδᾶν, κᾶν).

A. Die Modi im Hauptsatz

§ 169. Zusammenstellung

1. Behauptungssätze

169 Ind. ohne ἄν.
Opt. mit ἄν (Potentialis der Gegenwart § 171, 2).
Ind. der Nebentempora mit ἄν (Irrealis § 169, 4 oder Potentialis der Vergangenheit § 169, 5).
In Frage gestellte Behauptungssätze: dieselben Modi (vgl. § 203).

2. Begehrungssätze

Aufforderung in der 1. Pers.: Konjunktiv (§ 170, 1).
Aufforderung in der 2. oder 3. Person: Imperativ (§ 172).
Verbot: Konjunktiv (§ 170, 3), Imperativ (§ 172).
Wunsch, als erfüllbar gedacht: Optativ (§ 171, 1); als unerfüllbar gedacht: Indikativ der Nebentempora (§ 169, 3).
In Frage gestellte Begehrungssätze: Konjunktiv (§ 170, 2; auch 203).

Der Gebrauch des **Indikativs** als Modus der **Wirklichkeit (Realis)** ist im wesentlichen derselbe wie im Deutschen, doch steht der Ind. der Nebentempora abweichend vom Deutschen in folgenden Fällen:

1. Das **Imperfekt (ohne ἄν)** in den unpersönlichen Ausdrücken des Könnens, Sollens und Müssens, entsprechend dem deutschen Konj. des Imperf. und Plusqpf.

Ἔδει, χρῆν, προσῆκεν *oportet, decet* od. *oportebat, decebat,*
ἐξῆν, εἰκός, δίκαιον, καλόν, ἀναγκαῖον ἦν *aequum est, erat,*
es wäre nötig, schicklich, möglich, billig usf.,
od. es wäre nötig, schicklich, möglich, billig usf. gewesen;
παιδευτέον, πειστέον, προαιρετέον ἦν *praeferendum est, erat,*
man sollte erziehen, gehorchen, vorziehen,
od. man hätte erziehen, gehorchen, vorziehen sollen.

Der Gegensatz ist: es wäre nötig, geschieht aber nicht,
od. es wäre nötig gewesen, geschah aber nicht.

Τί σιγᾷς; οὐκ ἐχρῆν σιγᾶν, τέκνον (solltest).
Ἔδει τὰ ἐνέχυρα τότε λαβεῖν (man hätte müssen).

Anm. 1. Ἔδει kann auch modus realis sein (es war nötig), also dreierlei bedeuten: es war nötig, es wäre nötig und es wäre nötig gewesen.

Anm. 2. Im bedingten Satze einer irrealen Bedingungsperiode steht nach § 169, 4 ἔδει ἄν (man müßte, hätte müssen); Xen. An. 5. 1, 10. Thuk. 1. 74, 4.

2. Der **ind. aor. (ohne ἄν)** mit ὀλίγου, μικροῦ *paene*,
oder ὀλίγου, μικροῦ ἐδέησα mit Inf. d. Aor.,

entsprechend dem deutschen beinahe, fast mit coni. plusqpf.

Ὀλίγου ἐπελαθόμην *paene oblitus sum* fast hätte ich vergessen.
Ὀλίγου πληγὰς ἔλαβον, ὅτι ἐπελαθόμην.
Τὸ πῦρ τοὺς Πλαταιέας ἐλαχίστου ἐδέησε διαφθεῖραι.

3. Der **Ind. der Nebentempora (ohne ἄν)**, eingeleitet durch εἴθε, εἰ γάρ, ὡς, zum Ausdruck eines als unerfüllbar gedachten Wunsches, und zwar

das **Imperfekt** für die **Gegenwart**, } (Neg. μή).
der **ind. aor.** für die **Vergangenheit** }

Εἴθ' ἦσθα δυνατὸς δρᾶν, ὅσον πρόθυμος εἶ.
Εἴθ' ηὕρομέν σ', Ἄδμητε, μὴ λυπούμενον.

Anm. Umschrieben werden diese Wunschpräterita durch ὤφελον (-ες, -εν § 85, 3) mit dem inf. praes. od. aoristi:

Ἀλλ' ὤφελε μὲν Κῦρος ζῆν (eig. K. schuldete zu leben).
Ὡς ὤφελον πάροιθεν ἐκλιπεῖν βίον (hätte verlassen sollen).

4. Der **Ind. der Nebentempora mit ἄν** als **Irrealis** zur Bezeichnung der Nichtwirklichkeit (Neg. οὐ), und zwar

a) das Imperfekt mit ἄν für die Gegenwart, entsprechend dem lat. coni. imperf.:

ἔλεγον ἄν *dicerem* ich würde sagen (sage aber nicht).

b) der ind. aor. mit ἄν für die Vergangenheit, entsprechend dem lat. coni. plusquamperfecti:

ἔλεξα ἄν }
εἶπον ἄν } *dixissem* ich hätte gesagt (sagte aber nicht).

Beispiele § 182.

5. Der **Ind. der Nebentempora mit ἄν** (Neg. οὐ) als **Potentialis der Vergangenheit:** εἶπεν (ἔλεγεν) ἄν τις *diceres* man hätte sagen können;

θᾶττον ἢ ὥς τις ἂν ᾠήθη (ᾤετο) schneller, als man geglaubt hätte.
Εἴ τις Κλεάρχῳ δοκοίη βλακεύειν, ἔπαισεν ἄν (konnte er wohl zuschlagen, schlug er manchmal zu; mit iterativem Sinn).

Anm. Die Indikative der Nebentempora drücken somit drei Modusverhältnisse aus: a) ohne ἄν: die Wirklichkeit in der Vergangenheit: § 164, 3;
b) mit ἄν: die Nichtwirklichkeit: § 169, 4;
c) mit ἄν: die Potentialität in der Vergangenheit: § 169, 5.

170 § 170. Der **Konjunktiv** als Modus **des Wollens** steht:

1. **adhortativ** (Neg. μή), in der 1. P., meist des Plur.

Ἴωμεν *eamus*: laßt uns gehen!
Φειδώμεθ' ἀνδρῶν εὐγενῶν, φειδώμεθα.

Anm. Für die 2. und 3. Person steht zur Bezeichnung der Aufforderung der Imperativ: § 172.

2. **dubitativ** (Neg. μή) in zweifelnden Fragen, meist in der 1. Person.

Τί ποιῶμεν; *quid faciamus?* was sollen wir tun?
Εἴπωμεν ἢ σιγῶμεν; ἢ τί δράσομεν;
Πότερον βίαν φῶμεν ἢ μὴ φῶμεν εἶναι;

Anm. Von der dubitativen Frage ist zu unterscheiden die Frage nach der Willensmeinung eines anderen: βούλει (βούλεσθε) mit Konj. Βούλει σκοπῶμεν; Sollen wir zusehen?

3. **prohibitiv,** mit μή (μήτε, μηδείς), im Verbot. Die 2. (und 3.) Person coni. aor. steht statt des verneinten imper. aor.

Μὴ ποιήσῃς, *ne feceris:* tue nicht!
Μηδὲν ἀθυμήσητε ἕνεκα τῶν γεγενημένων.

§ 171. Der **Optativ** als Modus **des Wunsches** und **des bloß Gedachten** steht 171

1. **ohne** ἄν zum Ausdruck eines als erfüllbar gedachten Wunsches, mit oder ohne einleitendes εἴθε, εἰ γάρ, o daß, wenn doch (Neg. μή).

Ὦ παῖ, γένοιο πατρὸς εὐτυχέστερος.
Μή μοι γένοιθ' ἃ βούλομ', ἀλλ' ἃ συμφέρει.

Anm. Über den Ausdruck des unerfüllbaren Wunsches s. § 169, 3.

2. **mit** ἄν zum Ausdruck einer bloßen Möglichkeit (dürfte, könnte, möchte wohl), einer bescheidenen Behauptung, eines subjektiven Urteils (Neg. οὐ): **Potentialis der Gegenwart.**

Ἴσως ἄν τις εἴποι *forsitan dixerit quispiam.*
Ὥρα ἂν εἴη συσκευάζεσθαι (es dürfte Zeit sein —).
Ὦ παῖ, γένοιο πατρὸς εὐτυχέστερος,
τὰ δ' ἄλλ' ὅμοιος, καὶ γένοι' ἂν οὐ κακός.

Anm. Über den Potentialis der Vergangenheit s. § 169, 5; unterscheide also
εἴποι (λέγοι) ἄν τις *dixerit quispiam*
von εἶπεν (ἔλεγεν) ἄν τις *diceres.*

§ 172. Der **Imperativ** bezeichnet **bestimmt Verlangtes;** die Negation ist μή. Beispiele § 166, 4. 172

Das Verbot bezeichnet μή mit imper. praes. od. coni. aor.

μὴ ποίει od. μὴ ποιήσῃς,
μὴ ποιείτω od. μὴ ποιήσῃ,
in der dritten Person häufiger μὴ ποιησάτω.

B. Die Modi im Nebensatz

§ 173. Vorbemerkungen

1. Für den Modus des abhängigen Verbs ist es vielfach maßgebend, ob das regierende Verb in einem Haupttempus oder in einem Nebentempus steht. 173

2. Als **Hauptteempora** gelten alle Zeitformen, die sich auf die Gegenwart oder Zukunft beziehen, also

die ind. praes., perf. u. futuri, der opt. potentialis
und alle Konjunktive und Imperative.

3. Als Nebentempora gelten alle Zeitformen, die sich auf die Vergangenheit beziehen, also

der ind. aor., das Impf. und Plusqpf., das praes. historicum
und der Potentialis der Vergangenheit.

4. Das logische Subjekt eines Satzes ist in demjenigen Satzteil enthalten, der den Urheber der Handlung bezeichnet. In dem Satze οἱ περὶ Κλέαρχον ὑπὸ Τισσαφέρνους ἀπέθανον ist οἱ περὶ Κλέαρχον das grammatische, Tissaphernes das logische Subjekt.

Innerlich abhängige Sätze sind diejenigen Nebensätze, die der Redende als Äußerung oder Gedanken des logischen Subjekts des regierenden Satzes hinstellen will.

In innerlich abhängigen Nebensätzen **kann**, wenn im regierenden Satze ein Nebentempus steht, an Stelle des Indikativs sowie des Konjunktivs mit oder ohne ἄν der bloße Optativ (optativus obliquus) stehen.

5. Das Subjekt des innerlich abhängigen Satzes wird häufig vorausgenommen und vom Verb des Hauptsatzes abhängig gemacht (sog. Antizipation oder Prolepsis).

Δέδοικα δ' αὐτήν, μή τι βουλεύσῃ νέον.
Ἠρώτων τὸν ἄνδρα τὸ στράτευμα, ὁπόσον εἴη.

I. Subjekt- oder Objektsätze

(abhängige Behauptungs-, Begehrungs-, Fragesätze)

174 § 174. Deutschen Behauptungs- und Begehrungssätzen dieser Art entspricht im Griechischen vielfach eine Infinitivkonstruktion (§ 195, 2), Behauptungssätzen auch eine Partizipialkonstruktion (§ 198, 2).

1. Abhängige Behauptungssätze

Sie werden durch ὅτι oder ὡς = daß eingeleitet. In ihnen steht
nach einem Haupttempus stets der Modus der direkten Rede,
nach einem Nebentempus ist gleichfalls der Modus der direkten Rede zulässig; nur steht statt des Indikativs der direkten Rede häufiger der optativus obliquus.

Ihre Negation ist οὐ.

Λέγει ὁ κατήγορος, ὡς ὑβριστής εἰμι καὶ βίαιος.
Κῦρος ἔλεγεν, ὅτι ἡ ὁδὸς ἔσοιτο πρὸς βασιλέα μέγαν.
Ἔλεγον, ὅτι Κῦρος μὲν τέθνηκεν, Ἀριαῖος δὲ πεφευγὼς ἐν τῷ σταθμῷ εἴη.

Anm. Der Satz ἔλεγεν, ὅτι ἀδικοίην kann zweierlei bedeuten,
sowohl: er sagte, daß ich unrecht täte (direkt: ἀδικεῖς),
als auch: er sagte, daß ich unrecht getan hätte (dir.: ἠδίκεις), § 166, 3.

2. Abhängige Begehrungssätze

A. In Subjekt- oder Objektsätzen nach Verben und anderen Ausdrücken des Fürchtens, Besorgtseins,
eingeleitet durch μή, daß, *ne*
negiert μὴ οὐ, daß nicht, *ne non*

steht nach einem Haupttempus immer der Konjunktiv,
nach einem Nebentempus meist der (oblique) Optativ,
seltener der Konjunktiv.

Δέδοικα, μὴ ἐπιλαθώμεθα τῆς οἴκαδε ὁδοῦ.
Ἐφοβεῖτο, μὴ οὐ δύναιτο ἐκ τῆς χώρας ἐξελθεῖν.

Anm. In der Bedeutung sich scheuen, Bedenken tragen werden diese Verben wie *vereor*, *metuo*, *dubito* mit dem Inf. verbunden.

B. In Subjekt- oder Objektsätzen nach Verben und andern Ausdrücken des Sorgens, Sich-bemühens, Sich-kümmerns, wie

ἐπιμέλομαι, φροντίζω sorge, σκοπῶ, σκοποῦμαι schaue darauf,
μέλει μοι es liegt mir daran, σκεπτέον (ἐστίν) man muß sehen,
βουλεύομαι überlege mir, παρασκευάζομαι bereite mich vor usf.

eingeleitet durch ὅπως, ὡς wie, daß,
negiert ὅπως μή, ὡς μή wie nicht, daß nicht

steht gewöhnlich der indicativus futuri. Doch können diese Sätze auch als Finalsätze konstruiert werden (§ 178).

Σκεπτέον μοι δοκεῖ, ὅπως ὡς ἀσφαλέστατα μενοῦμεν.
Κῦρος βουλεύεται, ὅπως μήποτε ἔσται ἐπὶ τῷ ἀδελφῷ.

Vgl. z. B. An. 3, 1, 38 mit 3, 1, 14. 16; 4, 6, 10 mit 1, 3, 11.

Anm. 1. ὅπως c. ind. fut. kann auch für sich allein stehen, indem der Imperativ eines der genannten Verben nicht ausgesprochen, sondern etwa durch eine Gebärde ersetzt wird.

Ὅπως ἔσεσθε ἄνδρες ἄξιοι τῆς ἐλευθερίας, ἧς κέκτησθε. Daß ihr mir ... seid!

Anm. 2. In selbständigen Sätzen der Befürchtung (die auch zum Ausdruck der Warnung und der vorsichtigen od. ironischen Behauptung dienen können), bedeutet

μή mit Konj.: ich fürchte, daß = daß nur nicht, wenn nur nicht, wohl;
μὴ οὐ mit Konj.: ich fürchte, daß nicht = wohl nicht;
οὐ μή mit coni. (aor.) od. ind. fut.: keine Furcht, daß = gewiß nicht.

Μὴ λίαν πικρὸν εἰπεῖν ᾖ.
Μὴ οὐ τοῦτ' ᾖ χαλεπόν, θάνατον ἐκφυγεῖν, ἀλλὰ πονηρίαν.
Τὸν ἄνδρ' ἐκεῖνον οὔ τι μὴ λίπω ποτέ.
Τοὺς πονηροὺς οὐ μή ποτε βελτίους ποιήσετε.

Anm. 3. Μή mit dem Indikativ nach Verben des Fürchtens und des Besorgtseins steht zum Ausdruck der Befürchtung, daß etwas schon eingetreten sei.

Φοβούμεθα, μὴ ἅμα ἀμφοτέρων ἡμαρτήκαμεν.

Ὅρα μή mit Ind.: sieh zu, ob etwa; z.B. μὴ σκῆψιν οὐκ οὖσαν τίθης.
mit Konj.: gibt acht, daß nicht; z. B. μὴ πῆμα νῦν σαυτῷ τιθῇς.

3. Abhängige Fragesätze

175 § 175. Sie werden eingeleitet durch interrogative und relative Pronomina und Adverbien (§ 127) oder durch die Fragepartikeln

εἰ ob, ob nicht,
πότερον — ἤ, εἰ — ἤ } ob — oder ob
πότερα — ἤ, εἴτε — εἴτε } *utrum* — *an*.

1. Abhängige Fragesätze, die als Antwort einen Behauptungssatz fordern, haben

nach einem Haupttempus den Modus der direkten Frage;
nach einem Nebentempus ist gleichfalls der Modus der direkten Frage zulässig; nur steht statt des Indikativs der direkten Frage häufiger der optativus obliquus.

Ihre Negation ist οὐ.

Συμβουλευόμεθά σοι, τί χρὴ ποιεῖν.
Ἐπήρετο τὸν Μηδοσάδην, εἰ ἀληθῆ ταῦτ' εἴη.
Ξενοφῶν οὐ τοῦτο πρῶτον ἠρώτα, πότερον λῷον εἴη (obliquer Opt.) αὐτῷ πορεύεσθαι ἢ μένειν, ἀλλὰ τοῦτ' ἐπυνθάνετο, ὅπως ἂν κάλλιστα πορευθείη.

Anm. Im zweiten Glied abhängiger Doppelfragen ist die Neg. auch μή.

2. Abhängige dubitative Fragesätze haben (vgl. § 170, 2)
nach einem Haupttempus den Konjunktiv,
nach einem Nebentempus den (obliquen) Optativ oder den Konjunktiv.

Ihre Negation ist immer μή.

Ὁρῶ σε ἀποροῦντα, ποίαν ὁδὸν ἐπὶ τὸν βίον τράπῃ.
Ὁ Θηβαῖος ἠπόρει, ὅ,τι χρήσαιτο τῷ πράγματι.

II. Adverbialsätze

§ 176. Kausalsätze

176 Sie werden eingeleitet durch ὅτι, διότι, ὡς weil, *quod*
ἐπεί da, cum, ἐπειδή, ἐπείπερ, ὅτε, ὁπότε da ja, *quoniam*,

und haben nach einem Haupttps. die Modi des Behauptungssatzes,
nach einem Nebentps. den Indikativ (objektiver Grund)
oder den (obliquen) Optativ (subjektiver Grund).

Ihre Negation ist οὐ.

Ἀθηναῖοι ἐνόμισαν λελύσθαι τὰς σπονδάς, διότι ἐς χεῖρας ἦλθον.

Οἱ στρατηγοὶ ἐθαύμαζον, ὅτι Κῦρος οὔτε ἄλλον πέμπει σημανοῦντα, ὅ τι χρὴ ποιεῖν, οὔτε αὐτὸς φαίνοιτο.

Δέομαί σου παραμεῖναι ἡμῖν, ὡς ἐγὼ οὐδ' ἂν ἑνὸς ἥδιον ἀκούσαιμι ἢ σοῦ.

Kausalsätze werden auch durch Partizipialkonstruktionen ersetzt: § 199, 3a.

Anm. ἐπεί und ὡς führen auch Hauptsätze ein und bedeuten dann denn.

§ 177. Konsekutivsätze

177 1. Sie werden eingeleitet durch ὥστε (ὡς) so daß, und es steht
bei tatsächlicher Folge ὥστε mit verbum finitum (Neg. οὐ),
bei bloß gedachter (erwarteter, möglicher) Folge ὥστε (ὡς) m. Inf. (Neg. μή).

Ἦν ψῦχος δεινόν, ὥστε τὸ ὕδωρ ἐπήγνυτο.

Ἔχω τριήρεις ὥστε ἑλεῖν τὸ ἐκείνων πλοῖον (so daß ich ... kann).

Κραυγὴν πολλὴν ἐποίουν οἱ στρατιῶται καλοῦντες ἀλλήλους, ὥστε καὶ τοὺς πολεμίους ἀκούειν (es hören konnten, mußten).

2. Insbesondere steht der Infinitiv regelmäßig

a) bei beabsichtigter Folge:

Πᾶν ποιοῦσιν ὥστε δίκην μὴ διδόναι.

b) nach Ausdrücken des Könnens, Bewirkens und der Fähigkeit:

Τὸ θεῖον τοιοῦτόν ἐστιν ὥστε πανταχοῦ παρεῖναι.

Προσπολεμῶν ἐποίησα, ὥστε τούτῳ δόξαι τοῦ πρὸς ἐμὲ πολέμου παύσασθαι.

Τίς οὕτω δεινός ἐστι λέγειν ὥστε σε πεῖσαι;

c) nach einem Komparativ mit ἤ oder einer Negation:

Οἱ ἀκοντισταὶ βραχύτερα ἠκόντιζον ἢ ὡς ἐξικνεῖσθαι ἡμῶν.

Ταῦτα οὐ πάλαι ἐστὶ γεγενημένα, ὥστε ἀγνοεῖν ὑμᾶς.

d) wenn ὥστε bedeutet unter der Bedingung, daß, wofür gewöhnlicher ἐφ' ᾧ, ἐφ' ᾧτε mit Inf. (od. Ind. d. Fut.) steht.

Πολλὰ Τιμασίωνι οἱ Ἡρακλεῶται ὑπισχνοῦντο ὥστε ἐκπλεῖν.
Ἔφασαν ἀποδώσειν τοὺς νεκρούς, ἐφ' ᾧ(τε) μὴ κάειν τὰς οἰκίας.

Anm. 1. Ὥστε führt auch Hauptsätze ein: und so, darum, daher.
Εἰς τὴν ὑστεραίαν οὐχ ἧκε Τισσαφέρνης· ὥσθ' οἱ Ἕλληνες ἐφρόντιζον.

Anm. 2. Über das Subjekt (Nom. oder Akk.) des Inf. s. § 193.

§ 178. **Finalsätze**

178 In Finalsätzen, eingeleitet durch

ἵνα, ὡς, ὅπως *ut*, damit,

negiert ἵνα μή, ὡς μή, ὅπως μή oder nur μή } damit nicht, *ne*

steht nach einem Haupttempus immer der Konj. (praes. od. aor.),
nach einem Nebentempus meist der (oblique) Opt. (praes. od. aor.), seltener der Konjunktiv.

Μὴ φθόνει τοῖς εὐτυχοῦσι, μὴ δοκῇς εἶναι κακός.
Ταῦτ' εἰπὼν εὐθὺς ἀνέστη, ἵνα περαίνοιτο (περαίνηται) τὰ δέοντα.
Ὅπως δὲ καὶ εἰδῆτε, εἰς οἷον ἔρχεσθε ἀγῶνα, ὑμᾶς διδάξω.

Anm. ὡς und ὅπως c. coni. haben öfter ein ἄν bei sich; § 191, 6.

Konditional- oder Bedingungssätze

§ 179. **Vorbemerkungen**

179 1. Bedingungssätze werden eingeleitet durch εἰ und ἐάν = εἰ ἄν (auch ἄν, ἤν) wenn (= falls).

2. Die Negation des Bedingungssatzes ist μή.

3. Alle Bedingungsperioden sind einander darin gleich, daß aus dem bedingenden Satze notwendig der Inhalt des bedingten Satzes folgt: wer den Inhalt des bedingenden Satzes annimmt, muß notwendig den des bedingten Satzes zugeben.

Die Bedingungsperioden werden eingeteilt nach dem Verhältnis des bedingenden Satzes zur Wirklichkeit, welches der Sprechende annimmt.

I. Fall. Der Sprechende läßt das Verhältnis des bedingenden Satzes zur Wirklichkeit unbestimmt (Indefinitus).

Wenn der Angeklagte schuldig ist — ob das der Fall ist, lasse ich unentschieden —, verdient er den Tod.

II. Fall. Der Sprechende deutet an, welches Verhältnis des bedingenden Satzes zur Wirklichkeit er annehmen will (Definitus).

a. Er deutet an, daß er den Inhalt des bedingenden Satzes als möglich annehmen will (Potentialis).

Wenn der Angeklagte schuldig wäre (sein sollte) — und ich könnte mir das ja denken —, verdiente er den Tod (würde ... verdienen).

b. Er deutet an, daß nach seiner Annahme der Inhalt des bedingenden Satzes nicht wirklich ist oder war (Irrealis).

A. Gegenwart oder Zukunft.

Wenn der Angeklagte schuldig wäre — aber ich weiß, daß das nicht der Fall ist —, verdiente er den Tod (würde ... verdienen).

B. Vergangenheit.

Wenn der Angeklagte schuldig gewesen wäre — aber ich weiß, daß das nicht der Fall war —, hätte er den Tod verdient (würde ... verdient haben).

Anm. Aus rhetorischen Gründen stellt man oft den Inhalt eines Kausalsatzes in der Form eines indefiniten Bedingungssatzes hin: Wenn du mein Freund bist, wirst du mir in diesem Unglück helfen. Von solchen Sätzen stammt die falsche Bezeichnung des ersten Falles als Realis.

§ 180. I. Indefinitus

Bedingender Satz: εἰ c. ind., bedingter Satz: Indikativ. 180

Εἰ βούλει, δύνασαι. *Si vis, potes.*

Wenn du willst, so kannst du.

Εἰ θεοί τι δρῶσιν αἰσχρόν, οὐκ εἰσὶν θεοί.

Εἰ μὴ καθέξεις γλῶσσαν, ἔσται σοι κακά.

Wenn das Satzgefüge in der Zukunft liegt, so steht im bedingenden Satze nicht nur εἰ c. ind. fut., sondern auch — und zwar häufiger — ἐάν c. coni. praes. od. aor.

Ἐὰν βούλῃ (βουληθῇς), δυνήσῃ.

Si voles (volueris), poteris.

Wenn du willst, wirst du können.

Ἥξω παρὰ σὲ αὔριον, ἐὰν θεὸς ἐθέλῃ.

Νέος ἂν πονήσῃς, γῆρας ἕξεις εὐθαλές.

Ἐὰν δ' ἔχωμεν χρήμαθ', ἕξομεν φίλους.

In diesen Sätzen steht

der Konj. des Präs. im Sinne des lat. Futurs,

der Konj. des Aor. im Sinne des lat. Fut. exacti.

Ein Bedeutungsunterschied zwischen εἰ c. ind. fut. und ἐάν c. conj. besteht für uns nicht. Häufiger ist ἐάν deshalb, weil es dem Redenden gestattet, die Aktionsart auszudrücken, indem er jenachdem den Konj. Präs. oder den Konj. Aor. wählt.

§ 181. II. a) **Potentialis**

181 Bedingender Satz: εἰ c. opt., bedingter Satz: opt. mit ἄν.

Εἰ βούλοιο, δύναιο ἄν. *Si velis, possis.*

Wenn du wolltest, so könntest du.

Εἴ τις ξυνελὼν ταῦτα φαίη, ὀρθῶς ἂν εἴποι.

Οὐκ ἂν φορητὸς εἴης, εἰ πράσσοις καλῶς.

Εἰ ἀναγκαῖον εἴη ἀδικεῖν ἢ ἀδικεῖσθαι, ἑλοίμην ἂν μᾶλλον ἀδικεῖσθαι ἢ ἀδικεῖν.

§ 182. II. b) **Irrealis**

A. Der Gegenwart

182 Bedingender Satz: εἰ c. ind. impf., bedingter Satz: ind. impf. mit ἄν.

Εἰ ἐβούλου, ἐδύνασο ἄν.

Si velles, posses (sed non vis).

Wenn du wolltest, so könntest du (du willst aber nicht).

Φῶς εἰ μὴ εἴχομεν, ὅμοιοι τοῖς τυφλοῖς ἂν ἦμεν.

Εἰ μὴ γὰρ ἦν Χρύσιππος, οὐκ ἂν ἦν στοά.

B. Der Vergangenheit

Bedingender Satz: εἰ c. ind. aor., bedingter Satz: ind. aor. mit ἄν.

Εἰ ἐβουλήθης, ἐδυνήθης ἄν.

Si voluisses, potuisses (sed noluisti).

Wenn du gewollt hättest, so hättest du gekonnt (du wolltest aber nicht).

Οὐκ ἂν ἐποίησεν Ἀγασίας, εἰ μὴ ἐγὼ ἐκέλευσα.

Εἰ τριάκοντα μόναι μετέπεσον τῶν ψήφων, ἀπεπεφεύγη ἄν.

Vergangenheit und Gegenwart gemischt:

Εἰ μὴ ὑμεῖς ἤλθετε, ἐπορευόμεθα ἂν ἐπὶ βασιλέα.

183 § 183. Aktionsart im irrealen Satzgefüge: An sich bezeichnen das Imperfekt und der Aorist nicht einen Unterschied der Zeitstufe hier wie überall, sondern der Aktionsart, deren Ausdruck dem Griechen die Hauptsache ist: Οὐκ ἂν νήσων (Ἀγαμέμνων) ἐκράτει, εἰ μή τι καὶ ναυτικὸν εἶχεν. Thuk. 1, 9 (er hätte nicht über Inseln geherrscht, wenn er nicht auch eine Flotte gehabt hätte. Der Aorist würde bedeuten: Er hätte die Herrschaft nicht gewonnen, wenn er nicht eine Flotte bekommen hätte).

184 § 184. 1. Vermischung verschiedenartiger Bedingungsfälle: Der bewegliche Geist des Hellenen wechselt häufig bei der Bildung des bedingten Satzes den Standpunkt, auf den er sich bei dem bedingenden Satze stellte; jeder einzelne solche Fall ist besonders zu erklären, indem man die Denkweise und Stimmung

des Redenden erwägt. Xerxes zu Demaratos: Οὐδ' εἰ πάντες Ἕλληνες καὶ οἱ λοιποὶ οἱ πρὸς ἑσπέρης οἰκέοντες ἄνθρωποι συλλεχθείησαν, οὐκ ἀξιόμαχοί εἰσι ἐμὲ ἐπιόντα ὑπομεῖναι. Herod. 7, 101. Der Opt. mit ἄν genügt dem Selbstbewußtsein des Großkönigs nicht.

Nestor nach Agamemnons Bericht über seinen Traum: εἰ μέν τις τὸν ὄνειρον Ἀχαιῶν ἄλλος ἔνισπεν, ψεῦδός κεν φαῖμεν καὶ νοσφιζοίμεθα μᾶλλον· νῦν δ' ἴδεν ὃς μέγ' ἄριστος Ἀχαιῶν εὔχεται εἶναι.

2. Im einzelnen merke noch:

a) εἰ μή nach einer Negation (wie *nisi*) außer.

b) εἰ δὲ μή nach εἰ μὲν (μή), ἐὰν μὲν (μή), ohne Verb als erstarrte Formel, widrigenfalls, andernfalls, wo nicht, sonst.

c) εἴπερ mit Ind. *si quidem*, wenn anders, wenn wirklich.

d) εἰ μὴ ἄρα mit Ind. ist (wie *nisi forte, nisi vero*) meist ironisch: wenn nicht etwa, es müßte denn.

3. Vergleichende Nebensätze (Komparativsätze), die einen bedingten Vergleich enthalten (deutsch: wie wenn), werden durch ὥσπερ ἂν εἰ eingeleitet und wie Bedingungssätze konstruiert.

Παραπλήσιον οἱ τοιοῦτοι πάσχουσιν, ὥσπερ ἂν εἴ τις (= πάσχοι τις, εἰ) ἵππον κτήσαιτο καλὸν κακῶς ἱππεύειν ἐπιστάμενος.

Ὥσπερ, εἰ ἐτύγχανον ὑπόκωφος ὤν, ᾤου ἂν χρῆναι μεῖζον φθέγγεσθαι ἢ πρὸς τοὺς ἄλλους, οὕτω, ἐπειδὴ ἐπιλήσμονι ἐνέτυχες, βραχυτέρας ποίει τὰς ἀποκρίσεις.

Ὥσπερ οὖν ἄν, εἰ ξένος ἐτύγχανον ὤν, συνεγιγνώσκετε δήπου ἄν μοι.. καὶ δὴ καὶ νῦν τοῦτο ὑμῶν δέομαι.

Anm. Komparativsätze, die ein Urteil als wirklich hinstellen, sind Relativsätze und werden wie diese konstruiert. Ἐφθέγξαντο πάντες, οἷον τῷ Ἐνυαλίῳ ἐλελίζουσιν.

§ 185. Iterative Bedingungssätze

In den in § 180—182 genannten Fällen enthält der εἰ-Satz überall eine 185
wirkliche Bedingung (wenn = falls); εἰ steht aber auch in Nebensätzen der unbestimmten Wiederholung (Iterativsätzen), wo es sich der Bedeutung einer Temporalkonjunktion annähert (wenn = so oft). Dann steht

a) in der **Gegenwart:**

Nebens.. ἐάν c. coni. (d. Präs. od. Aor.); Hpts.: Präsens.

Ἐὰν βούλῃ (βουληθῇς), δύνασαι.
Cum vis (voluisti), potes.
So oft du willst, kannst du.

Ἅπας λόγος, ἂν ἀπῇ τὰ πράγματα, μάταιος φαίνεται.
Ἢν ἐγγὺς ἔλθῃ θάνατος, οὐδεὶς βούλεται θνήσκειν.

b) in der **Vergangenheit:**

Nebens.: εἰ c. opt. (d. Präs. od. Aor.); Hpts.: Imperf. (auch Aor.)
Εἰ βούλοιο (βουληθείης), ἐδύνασο.
Cum volebas (*volueras*), *poteras*.
So oft du wolltest, konntest du.

Ξενοφῶν εἴ πού τι ὁρῴη βρωτόν, διεδίδου.
Εἴ τίς γέ τι Κύρῳ προστάξαντι καλῶς ὑπηρετήσειεν, οὐδενὶ πώποτε ἀχάριστον εἴασε τὴν προθυμίαν.

§ 186. Konzessivsätze

186 Konzessivsätze folgen in ihrer Konstruktion ganz den Bedingungssätzen, wenn ihr Inhalt als eine Bedingung hingestellt wird; ihre Negation ist μή. Sie werden eingeleitet durch

εἰ καί, ἐὰν καί wenn auch,
oder καὶ εἰ, καὶ ἐάν (κἄν) auch wenn, selbst wenn.

Κεἰ μὴ πέποιθα, τοὔργον ἔστ' ἐργαστέον.
Γελᾷ δ' ὁ μωρός, κἄν τι μὴ γελοῖον ᾖ.

Anm. Eine Partizipialkonstruktion mit vorgesetztem καί, καίπερ (Negation οὐ) entspricht deutschen Konzessivsätzen, deren Inhalt als Tatsache hingestellt wird (deutsch obgleich, obwohl); s. § 199, 3e.

§ 187. Temporalsätze

187 Sie werden eingeleitet durch die Konjunktionen

ὅτε, ὁπότε, ἡνίκα, ὡς als, *cum* mit Ind.;
ἐπεί, ἐπειδή als, nachdem, *cum* mit Konj.;
ἐπεὶ (ἐπειδὴ) πρῶτον (τάχιστα) sobald als, *cum primum*;
ἀφ' οὗ, ἐξ οὗ seit, *ex quo*; ἐν ᾧ während, *dum*;
ἕως, ἔστε, μέχρι (οὗ) solange als, bis, *dum*, *quoad*;
πρίν ehe, bevor, *priusquam*.

ἄν vereinigt sich mit ὅτε zu ὅταν, mit ὁπότε zu ὁπόταν, mit ἐπειδή zu ἐπειδάν, mit ἐπεί zu ἐπήν oder ἐπάν.

Über εἰ in temporalem Sinne vgl. § 185.

1. In Temporalsätzen, deren Inhalt eine einmalige Tatsache der Vergangenheit bildet, steht der Indikativ (Neg. οὐ).
Ἐπεὶ πάντες συνῆλθον, ἐκαθέζοντο· ὅτε δὲ ταῦτα ἦν, ἦσαν μέσαι νύκτες.

2. In Temporalsätzen, welche eine Tatsache enthalten, deren Eintreten erst in der Zukunft erwartet wird, steht der Konjunktiv mit

ἄν, sowohl der des Präsens als auch der des Aorists (zum Unterschied vgl. § 180).

Anm. Wird ein solcher Temporalsatz von einem Nebentempus innerlich abhängig (§ 173, 4), so kann statt des Konj. mit ἄν der oblique Optativ eintreten.

3. In Temporalsätzen der unbestimmten Wiederholung (Iterativsätzen) steht

a) in Satzgefügen der Gegenwart oder Zukunft der Konjunktiv mit ἄν, bei Gleichzeitigkeit der des Präsens, bei Vorzeitigkeit der des Aor.

b) in Satzgefügen der Vergangenheit der bloße Optativ, bei Gleichzeitigkeit der des Präsens, bei Vorzeitigkeit der des Aor.

Für das Tempus gilt auch hier der Hinweis in § 180.

Beispiele zu 2. Τάφος δὲ ποῖος δέξεταί μ', ὅταν θάνω;
'Επειδὰν ἅπαντα ἀκούσητε, κρίνατε.
Μὴ ἀναμείνωμεν, ἕως ἂν (bis) πλείους ἡμῶν οἱ πολέμιοι γένωνται, ἀλλ' ἴωμεν, ἕως (so lange als) ἔτι οἰόμεθα εὐπετῶς ἂν αὐτῶν κρατῆσαι.
"Εδοξεν αὐτοῖς προϊέναι, ἕως Κύρῳ συμμείξειαν (obl. Opt.).

zu 3. Μαινόμεθα πάντες, ὁπόταν ὀργιζώμεθα.
Κῦρος ἐν τῷ παραδείσῳ ἐθήρευεν, ὁπότε (so oft) γυμνάσαι βούλοιτο ἑαυτόν τε καὶ τοὺς ἵππους.
Οἱ δὲ αὐτόν τε ἔβαλλον καὶ τὰ ὑποζύγια τὰ ἐκείνου, ἐπεὶ (jedesmal wenn) ἄρξαιντο προϊέναι.

4. Nach πρίν kann immer der Inf. stehen (inf. od. acc. c. inf., § 193). Gewöhnlich steht

a) bei affirmativem Hauptsatz der Infinitiv:

Διέβησαν πρὶν τοὺς ἄλλους ἀποκρίνασθαι.
Πολλοὶ ἄνθρωποι ἀποθνήσκουσι πρότερον πρὶν δῆλοι γίγνεσθαι, οἷοι ἦσαν.

b) bei negativem Hauptsatz ein verbum finitum, und zwar:

α) zur Bezeichnung einer Tatsache der Vergangenheit der Indikativ.

Οὐκ ἀπέπλευσαν, πρὶν ἐξεπολιόρκησαν τὴν πόλιν.

β) zur Bezeichnung von Erwartetem der Konj. mit ἄν.

Μὴ ἀπέλθητε, πρὶν ἂν ἀκούσητε τὸ πρᾶγμα.
Οὐκ ἤθελον συμπλεῖν οἱ Κορίνθιοι, πρὶν ἂν τὰ Ἴσθμια διεορτάσωσιν.

Anm. Πρίν mit Opt. findet sich nur in obliquer Rede (§ 190, 2b) oder bei der Modusassimilation (§ 189).

III. Attributsätze

§ 188. Relativsätze

188 1. Sie werden durch relative Pronomina und Adverbien eingeleitet.

2. **Erklärende** Relativsätze, welche einen einzelnen Begriff näher bestimmen, behalten die Modusform und die entsprechende Negation selbständiger Sätze bei.

Πρᾶγμα, ὃ οὐκ ἐγένετο — ὃ οὐ γενήσεται —
ὃ οὐκ ἂν γένοιτο — ὃ οὐκ ἂν ἐγένετο —
ὃ μὴ γένοιτο — ὃ μήποτε ποιῶμεν —
ὃ μὴ ποιεῖτε (ποιήσητε).

3. Abweichend vom Lateinischen haben:

a) **Kausale** Relativsätze den Indikativ (Neg. οὐ).

Θαυμαστὸν ποιεῖς, ὃς (fast = ὅτι) ἡμῖν οὐδὲν δίδως (*qui des*).

b) **Konsekutive** Relativsätze den Indikativ (Neg. οὐ).

Τίς οὕτω μαίνεται, ὅστις οὐ βούλεταί σοι φίλος εἶναι;
Παῖδές μοι οὔπω εἰσίν, οἵ με θεραπεύσουσιν (die mich pflegen könnten).

c) **Finale** Relativsätze immer (auch nach regierendem Nebentempus) den Ind. des Futurs (Neg. μή).

Ἡγεμόνα αἰτήσομεν Κῦρον, ὅστις ἡμᾶς ἀπάξει (*qui abducat*).
Ἔδοξε τῷ δήμῳ τριάκοντα ἄνδρας ἑλέσθαι, οἳ τοὺς πατρίους νόμους συγγράψουσι, καθ' οὓς πολιτεύσουσιν (*conscriberent*, *viverent*).

4. **Konditionale** Relativsätze, welche einem Bedingungssatz nahestehen, haben die Modi der bedingenden Sätze (§ 180ff.), die Negation ist μή.

ὅς (ὅστις) = εἴ τις. ὃς ἄν (ὅστις ἄν) = ἐάν τις.

a) indefinit (§ 180): Ἃ μὴ οἶδα, οὐδὲ οἴομαι εἰδέναι.
Ἃ μὴ προσήκει, μήτ' ἄκουε μήθ' ὅρα.
futurisch: Ἀπόκριναι, ὅ,τι ἄν σε ἐρωτῶ.
Τῷ ἀνδρί, ὃν ἂν ἕλησθε, πείσομαι.

b) potential (§ 181): Ἐγὼ μὲν ὀκνοίην ἂν εἰς τὰ πλοῖα ἐμβαίνειν, ἃ ἡμῖν Κῦρος δοίη (= εἴ τινα δοίη).

c) irreal (§ 182): Οἱ παῖδες ὑμῶν, ὅσοι ἐνθάδε ἦσαν, ὑπὸ τούτων ἂν ὑβρίζοντο (= εἴ τινες ἦσαν, wären).

d) iterat., Ggw.: Νέος δ' ἀπόλλυθ', ὅντιν' ἂν φιλῇ θεός.
(§ 185) Vgh.: Σφοδρὸς ἦν Χαιρεφῶν, ἐφ' ὅ τι ὁρμήσειεν.

189 § 189. **Zuweilen findet sich, bes. in Final-, Temporal- und Relativsätzen, eine Assimilation des Modus, und zwar auf zweierlei Art:**

a) nach einem Opt. mit oder ohne ἄν folgt ein Opt. (ohne ἄν).

Εἴθε ἥκοις, ἵνα γνοίης — Ἔρδοι τις, ἣν ἕκαστος εἰδείη τέχνην.
Οὐκ ἂν ἐπὶ πᾶν ἔλθοι βασιλεύς, ὡς πᾶσι φόβον παράσχοι;

b) nach einem Ausdruck der Irrealität (Wunsch oder Behauptung) folgt der Ind. eines Nebentempus (ohne ἄν).

Εἰ γὰρ ὤφελον οἷοί τ' εἶναι οἱ πολλοὶ τὰ μέγιστα κακὰ ἐργάζεσθαι, ἵνα οἷοί τ' ἦσαν καὶ ἀγαθὰ τὰ μέγιστα.

Εἰ τῷ ὄντι ξένος ἐτύγχανον ὤν, ξυνεγιγνώσκετε ἄν μοι, εἰ ἐν ἐκείνῃ τῇ φωνῇ τε καὶ τῷ τρόπῳ ἔλεγον, ἐν οἷσπερ ἐτεθράμμην.

§ 190. Indirekte Rede

1. Treten **Haupt**sätze in die indirekte Rede, d. h. werden sie von einem Verb des Sagens oder Denkens abhängig, so steht: 190

a) in **Behauptungs**sätzen das verbum finitum mit ὅτι oder ὡς oder der Infinitiv (vgl. § 193).

Οἱ θεοὶ πάντα ἴσασιν.

Σωκράτης ἔλεγεν, ὅτι οἱ θεοὶ πάντα ἴσασιν (εἰδεῖεν), od. τοὺς θεοὺς πάντα εἰδέναι.

b) in **Begehrungs**sätzen der Infinitiv (vgl. § 193).

Μὴ παραχωρεῖτε (παραχωρήσητε) τῆς τάξεως.

Ἀξιῶ ὑμᾶς μὴ παραχωρεῖν (παραχωρῆσαι) τῆς τάξεως.

2. Für **Neben**sätze der indirekten Rede ist zu beachten:

a) nach regierendem Haupttempus müssen Tempora und Modi der direkten Rede unverändert bleiben,

b) nach regierendem Nebentempus müssen der Irrealis und der Potentialis unverändert bleiben, die Indikative und die Konjunktive mit oder ohne ἄν können bleiben oder in den Optativ ohne ἄν (optativus obliquus) übergehen (vgl. § 173, 4).

3. Oft wird aus der indirekten in die direkte Rede übergegangen. An. 1, 3, 14. 16. 20; 1, 9, 25 u. a. Das einleitende ὅτι behält dann scheinbar nur die Bedeutung eines Anführungszeichens, z. B. An. 2, 4, 16 Πρόξενος εἶπεν, ὅτι αὐτός εἰμι, ὃν ζητεῖς.

4. Zuweilen geht eine mit ὅτι oder ὡς und dem verbum finitum beginnende indirekte Rede in die Infinitivkonstruktion über oder umgekehrt.

§ 191. Zusammenfassung über die Moduspartikel ἄν

Sie verbindet sich überhaupt nur: 191

1. mit dem Ind. der Präterita zum Irrealis (§ 169, 4).
2. mit dem Ind. der Präterita zum Potentialis der Vergangenheit (§ 169,5).
3. mit dem Konj. in indefiniten Bedingungssätzen der Zukunft (§ 180), in Temporalsätzen der Zukunft (§ 187, 2) und in Iterativsätzen (§ 185, § 187, 3, § 188, 4).
4. mit dem Opt. zum Potentialis (§ 171, 2).
5. mit Inf. und Part. im Sinne eines Potentialis od. Irrealis (§ 200).

6. selten mit finalem ὡς, ὅπως (nie mit finalem ἵνα: ἵν' ἄν ist stets relativ ubicumque). Ὡς ἂν μάθῃς τὰ δίκαια, ἀντάκουσον.

Anm. Ἄν wird zuweilen doppelt gesetzt (πῶς ἂν οὐκ ἂν πάσχοιμεν;), oder es fehlt (bei Dichtern, Thuk. u. Hdt.), wo es nach obigen Regeln stehen müßte; über seine Stellung s. § 168, 3. Anm.

IX. Die nominalen Verbalformen

A. Der Infinitiv

192 § 192. 1. Der Infinitiv ist ursprünglich ein Verbalsubstantiv mit Dativ (Lokativ-)bedeutung: ἰέναι zu(m) Gehen, λῦσαι zu(m) Lösen.

Sein Gebrauch stimmt vielfach ganz mit dem Deutschen überein, weit mehr als mit dem Lateinischen.

2. Die nominale Natur der Infinitive zeigt sich bes. in deren Verbindung mit dem Artikel, die verbale bes. darin, daß sie durch Adverbien bestimmt werden und ihr Objekt im gleichen Kasus wie die übrigen Verbalformen haben (τὸ ἀκριβῶς τοῖς νόμοις πείθεσθαι), daß sie genus verbi und Aktionsart ausdrücken (λιπεῖν, λιπέσθαι, λειφθῆναι — φυγεῖν, φεύγειν, πεφευγέναι), und daß sie mit ἄν verbunden werden.

§ 193. Subjekts- und Prädikatskasus beim Infinitiv

193 1. Ist das Subjekt des Inf. dasselbe wie das des regierenden Verbs, so wird es beim Inf. nicht ausgedrückt.

Ἀδικεῖσθαι ὑφ' ἡμῶν νομίζει Κῦρος.
Ἔχω τριήρεις ὥστε ἑλεῖν τὸ ἐκείνων πλοῖον.

2. Ist das Subjekt des Inf. verschieden von dem des regierenden Verbs und auch nicht in einem von diesem abhängigen Gen. oder Dat. enthalten, so steht es im Akkusativ (acc. c. inf.).

Σωκράτης ἡγεῖτο θεοὺς πάντα εἰδέναι.

3. Das Prädikatsnomen beim Infinitiv richtet sich nach seinem Subjektswort. Steht aber dieses im Genitiv oder Dativ, so kann es auch im Akkusativ stehen. Fehlt ein Subjektswort, so steht es, wie im Lat., im Akkusativ.

Ἐρωτώμενος, ποδαπὸς εἴη, Πέρσης ἔφη εἶναι.
Νομίζω ὑμᾶς ἐμοὶ εἶναι καὶ φίλους καὶ συμμάχους.
Ἔξεστιν ὑμῖν εὐδαίμοσι γενέσθαι
od. εὐδαίμονας γενέσθαι.
Κῦρος παραγγέλλει Ξενίᾳ ἥκειν λαβόντι τοὺς ἄλλους
od. ἥκειν λαβόντα τοὺς ἄλλους.
Δίκαιον εὖ πράττοντα μεμνῆσθαι θεοῦ (allgem., sc. τινά = man)

§ 194. Der Infinitiv mit Artikel

1. Der Infinitiv kann (§ 122) durch Vorsetzung des Artikels substantiviert werden, ohne seine verbale Natur einzubüßen; die Negation ist μή. 194

2. Der Artikel kann beim Inf. stehen, wenn dieser Subjekt oder Akkusativobjekt ist; der Artikel muß stehen, wenn der Inf. als Genitiv- oder Dativobjekt oder abhängig von Präpositionen steht.

Τὸ πολλὰ τολμᾶν πόλλ' ἁμαρτάνειν ποιεῖ.
Νέοις τὸ σιγᾶν κρεῖττόν ἐστι τοῦ λαλεῖν.
Νίκησον ὀργὴν τῷ λογίζεσθαι καλῶς.
Πολλὰ ὑπισχνεῖ νῦν διὰ τὸ ἐν τοιούτῳ εἶναι.

§ 195. Der Infinitiv ohne Artikel

1. Als **Subjekt** steht der Infinitiv (oder acc. c. inf.) besonders bei unpersönlichen Verben und gleichwertigen Ausdrücken wie 195

δεῖ, χρή, δοκεῖ, ἔξεστι, οἷόν τέ ἐστι, προσήκει, συμβαίνει,
ἄξιον, δίκαιον, δυνατόν, καλόν — ὥρα, καιρός, νόμος ἐστίν.
Ἀλλὰ γὰρ ἤδη ὥρα ἀπιέναι.

Anm. Statt des unpersönlichen Ausdrucks tritt oft der persönliche ein, z. B. δοκῶ *videor*, ἄξιός εἰμι, δίκαιός εἰμι ich bin berechtigt zu —.

2. Als **Objekt** steht der Infinitiv (oder acc. c. inf.) bei den Verben
des Sagens und Erklärens, Glaubens und Hoffens;
des Begehrens und Wünschens, Verbietens und Hinderns;
des Lehrens und Lernens, Verstehens und Könnens.

Ὅτι ἂν ποιῇς, νόμιζ' ὁρᾶν θεούς τινας.
Ἔλπιζε τιμῶν τὸν θεὸν πράξειν καλῶς.
Καλῶς ἀκούειν μᾶλλον ἢ πλουτεῖν θέλε.
Τί τοὺς θανόντας οὐκ ἐᾷς τεθνηκέναι;
Τὴν τῶν κρατούντων μάθε φέρειν ἐξουσίαν.
Δίκαιος ἀδικεῖν οὐκ ἐπίσταται τρόπος.

3. Als **nähere Bestimmung** steht der Inf. (meist der aktive) bei Adjektiven wie geeignet, fähig, würdig, tüchtig, leicht, bequem, angenehm und deren Gegenteil, z. B. χαλεπὸς εὑρεῖν *difficilis inventu*; ἄξιος ἐπαινέσαι *dignus, qui laudetur*; ἱκανοὶ φυλάττειν hinreichend um zu —; οἷος ἄρχειν geeignet zu —; οἷος ζῆν genügend um zu —; besonders οἷός τέ εἰμί bin imstande.

Ῥᾴδια πάντα θεῷ τελέσαι: zu vollenden.
Κῦρος πάντων ἦν ἄρχειν ἀξιώτατος.

4. Den **Zweck** bezeichnet der Inf. besonders bei Verben wie geben, überlassen, gestatten; wählen, bestimmen, bewirken u. ä.

Τὰς κώμας διαρπάσαι τοῖς Ἕλλησιν ἐπέτρεψεν.
Εἵλοντο Δρακόντιον δρόμου ἐπιμεληθῆναι.

5. Der sog. **absolute** Inf. steht (mit und ohne Artikel) in Redensarten wie
ὀλίγου, μικροῦ δεῖν wenig gefehlt, beinahe;
ὡς (ἔπος) εἰπεῖν sozusagen; ἑκὼν εἶναι freiwillig;
ὡς συνελόντι εἰπεῖν um es kurz zu sagen (§ 154, 3);
ὡς ἐμοὶ δοκεῖν wie mir scheint; τό νῦν εἶναι für jetzt;
τὸ κατὰ τοῦτον (ἐπὶ τούτῳ) εἶναι was diesen betrifft.

Ἀληθές γε ὡς ἔπος εἰπεῖν οὐδὲν εἰρήκασιν.
Τὸ ἐπ' ἐκείνοις εἶναι ἀπολώλατε.

B. Das Partizip

196 § 196. Das Partizip ist ein Verbaladjektiv und kann als solches attributiv und prädikativ gebraucht werden.

197 § 197. Das attributive Partizip

wird in attributiver Stellung zum Substantiv gesetzt.

Οἱ παρόντες ἡγεμόνες — οἱ νῦν ὄντες ἄνθρωποι —
ἡ Μίδου καλουμένη κρήνη die sogenannte Midasquelle —
τοῖς Θρᾳξὶ τοῖς ὑπὲρ Ἑλλήσποντον οἰκοῦσι den Thr., welche . . w.

Der hinzutretende Artikel ist (§115 mit Anm. 2)
entweder individuell: ὁ γραψάμενος τὸν Σωκράτη,
oder generell: ὁ βουλόμενος, ὁ τυχών, ὁ τολμήσων,
ὁ μὴ πιστεύων *si quis non credit.*

198 § 198. Das prädikative Partizip,

als Ergänzung eines verbalen Prädikats, steht:

1. in Beziehung auf das **Subjekt:**

a) bei Verben, die ein näher bestimmtes Sein ausdrücken, z. B.
τυγχάνω es trifft sich, daß ich, λανθάνω bin heimlich,
διάγω, διατελῶ, διαγίγνομαι bin fortwährend,
δῆλος, φανερός εἰμι, φαίνομαι es ist offenbar, daß ich,
φθάνω bin früher, komme zuvor, οἴχομαι bin fort.

Ἑπτὰ ἡμέρας πάσας μαχόμενοι διετέλεσαν.
Ἔφθησαν τοὺς Πέρσας ἀφικόμενοι εἰς τὴν πόλιν.

b) bei Verben des Anfangens und Aufhörens,
des Ausdauerns und Ermattens, z. B.

ἄρχομαι (§ 145, 3) fange an zu —, παύομαι, λήγω höre auf zu —, ἀνέχομαι halte aus im —, ἀπαγορεύω, κάμνω werde müde zu —

Οὔποτε ἐπαυόμην ὑμᾶς οἰκτίρων.

Μὴ κάμῃς φίλον ἄνδρα εὐεργετῶν.

(aber: Παύω τοὺς ἐχθροὺς γελῶντας ich mache, daß d. F. zu lachen aufhören.)

c) bei Verben des Recht- und Unrechttuns, des Überlegenseins und Nachstehens, z. B.

καλῶς ποιῶ tue wohl zu —, ἀδικῶ tue unrecht daran, daß —, χαρίζομαί τινι, χάριν φέρω τινί erweise mich darin gefällig, daß —, νικῶ, κρατῶ übertreffe im —, ἡττῶμαι, λείπομαι stehe nach im —.

Ἀδικεῖτε πολέμου ἄρχοντες καὶ σπονδὰς λύοντες.

d) bei Verben der Gemütsstimmung, z. B.

χαίρω, ἥδομαι freue mich zu —, ἄχθομαι, ἀγανακτῶ bin unwillig zu — αἰσχύνομαι schäme mich zu —, μεταμέλομαι bereue zu —.

Ἥδομαι ἀκούων σου φρονίμους λόγους.

2. In Beziehung auf das **Subjekt** oder **Objekt:**

a) bei Verben der sinnlichen und geistigen Wahrnehmung, z. B.

ὁρῶ, περιορῶ (dulde), ἀκούω, αἰσθάνομαι, καταλαμβάνω, οἶδα, ἐπίσταμαι, μέμνημαι, γιγνώσκω, εὑρίσκω.

Vgl. *Catonem vidi sedentem, Socratem audio dicentem.*

Ὁρῶμεν πάντα ἀληθῆ ὄντα, ἃ λέγετε.

Ὁ θεὸς τὰ μέγιστα μὲν πράττων ὁρᾶται, τάδε δὲ οἰκονομῶν ἀόρατος ἡμῖν ἐστιν.

b) bei Verben des Zeigens, Meldens und Überführens, z. B.

δείκνυμι, δηλῶ, (ἀπο)φαίνω, ἀγγέλλω, (ἐξ)ελέγχω.

Δειλίας ἕνεκα δειχθήσεται τοῦτο πεποιηκώς.

Κῦρον ἐπιστρατεύοντα πρῶτος ἤγγειλα.

Πάνθ' ἕνεκα ἑαυτοῦ ποιῶν Φίλιππος ἐξελεγχθήσεται.

Anm. 1. Bei den unter 1d, 2a u. b genannten Verben kann auch ein Satz mit ὅτι stehen.

Anm. 2. Merke: ἴσθι (μέμνησο) θνητὸς ὤν (daß du sterblich bist).

Ὁρῶμεν ἀδύνατοι ὄντες περιγενέσθαι.

Anm. 3. Bei σύνοιδα ἐμαυτῷ bin mir bewußt steht das Part. bald im Nom., bald im Dat., bei μεταμέλει μοι bereue stets im Dat.

Ἐγὼ γὰρ οὐ ξύνοιδα ἐμαυτῷ σοφὸς ὤν — oder σοφῷ ὄντι.

Anm. 4. Ἀκούω, αἰσθάνομαι, πυνθάνομαι haben dreifache Konstruktion:
ἀκούω c. gen. part.: ich höre (selbst, persönlich), daß — (vgl. § 145, 4. A.).
ἀκούω c. acc. part.: ich höre (durch andere) als Tatsache, daß = ὅτι.
ἀκούω m. d. acc. c. inf.: ich höre als Gerücht, daß —.

Anm. 5. In ähnlicher Weise steht bei mehreren der genannten Verben das Part. und der Inf. mit verschiedener Bedeutung; z. B. bedeutet

	mit Partizip		mit Infinitiv	
ἄρχομαι	beginne, bin am Anfg. d. Hdlg.		unternehme, schicke mich an zu —	
φαίνομαι	es zeigt sich, daß ich *(apparet)*,		es scheint, daß ich *(videor)*,	
αἰδέομαι αἰσχύνομαι	schäme mich zu tun (= tue mit Scham),		schäme mich zu tun (= unterlasse aus Scham),	
γιγνώσκω	erkenne,	daß etw. ist (auch ὅτι, ὡς)	beschließe,	etwas zu tun (vgl. § 195,2)
ἐπίσταμαι	verstehe,		verstehe,	
οἶδα, μανθάνω	weiß, lerne,		weiß, lerne,	
ἐπιλανθάνομαι	vergesse,		vergesse,	
μέμνημαι	erinnere mich,		bin bedacht,	

μέμνημαι (οἶδα, ἀκούω), ὅτε c. ind. *memini, cum* erinnere mich der Zeit, da.

199 ## § 199. Das prädikative Partizip als part. coniunctum u. absolutum

1. Wie im Lateinischen, so entspricht auch im Griechischen das Partizip vielfach deutschen Konjunktionssätzen, und zwar:

a) als part. coniunctum solchen Nebensätzen, deren Subjekt im übergeordneten Satz in irgendeinem Kasus vorkommt;

b) als part. absolutum solchen Nebensätzen, deren Subjekt im übergeordneten Satz gar nicht vorkommt.

2. Den lateinischen ablativi absoluti entsprechen im Griechischen die genetivi absoluti.

Θεοῦ διδόντος οὐδὲν ἰσχύει φθόνος,
καὶ μὴ διδόντος οὐδὲν ἰσχύει πόνος.

Anm. Abweichend vom Lat. kann beim gen. absol.

a) das Beziehungswort öfters wegbleiben, wenn es sich aus dem Zusammenhang leicht ergibt: οὕτως ἐχόντων *cum ita sint;*

b) das Part. nicht durch Subst. oder Adj. ersetzt werden (vgl. *Cicerone consule, Hannibale vivo*), sondern es muß stets ὤν hinzutreten: also Pericle duce, aber Περικλέους ἡγεμόνος ὄντος. — Ἑκών und ἄκων sind ursprünglich Partizipien, daher ἐμοῦ οὐχ ἑκόντος *me invito.*

3. Beide Partizipialkonstruktionen stehen auch im Griechischen:

a) **kausal,** oft verdeutlicht durch Beifügung von

ἅτε, οἷον (bei objekt. Grund): weil m. d. Ind.
ὡς (bei subj. Grund): da m. d. Konj., in der Meinung, daß

Ἅτε ἐξαίφνης ἐπιπεσόντες πολλὰ ἀνδράποδα ἔλαβον.
Πρόξενον ἐκέλευσε παραγενέσθαι, ὡς εἰς Πισίδας βουλόμενος στρατεύεσθαι.
Ἀνεθορύβησαν ὡς εὖ εἰπόντος τοῦ Ἀγασίου.

b) **final,** nur im part. fut., oft mit ὡς: um zu (Neg. μή).

Οἱ Ἀθηναῖοι παρεσκευάζοντο ὡς πολεμήσοντες.

c) **temporal,** oft verdeutlicht durch Beifügung von Adverbien wie
ἅμα zugleich, αὐτίκα, εὐθύς sofort, μεταξύ mitten in, u. a., z. B.
ἅμα πορευόμενοι während des M., εὐθὺς παῖδες ὄντες *a pueris.*

Πολλαχοῦ με ἐπέσχε λέγοντα μεταξύ.
Δρυὸς πεσούσης πᾶς ἀνὴρ ξυλεύεται.

d) **konditional** (Neg. μή).

Δίκαια δράσας συμμάχους ἕξεις θεους.
Οὐκ ἂν δύναιο μὴ καμὼν εὐδαιμονεῖν.

e) **konzessiv,** oft verdeutlicht durch beigefügtes καί, καίπερ (Neg. οὐ).

Πολλοὶ γὰρ ὄντες εὐγενεῖς εἰσιν κακοί.
Εἰσήλθετε ὑμεῖς καίπερ οὐ διδόντος τοῦ νόμου.

f) **modal:** indem.

Ἐξελαύνει τὸν Εὐφράτην ποταμὸν ἐν δεξιᾷ ἔχων.

g) **komparativ** mit ὡς oder ὥσπερ: als ob.

Χρὴ ἡμᾶς κατασκευάζεσθαι ὡς αὐτοῦ που οἰκήσοντας.

4. Ein **absoluter Akkusativ des Partizips** findet sich (oft mit ὡς, ὥσπερ als ob) von unpersönlichen Ausdrücken wie

δέον, προσῆκον	da (während, obgleich) es nötig ist oder war,
ὄν, ἐξόν, παρόν	da (während, obgleich) es möglich ist oder war,
δόξαν, δεδογμένον	da (wenn, obgleich) beschlossen ist oder war,
ἄδηλον ὄν, αἰσχρὸν ὄν	da (wenn, obgleich) es unbekannt, schimpflich ist oder war, u. ä.

Κατακείμεθα, ὥσπερ ἐξὸν ἡσυχίαν ἄγειν.
Σὺ σαυτὸν οὐχὶ ἔσωσας, οἷόν τε ὂν καὶ δυνατόν.

§ 200. Infinitiv und Partizip mit ἄν

Das modale ἄν steht beim Infinitiv und Partizip, wenn bei deren Auf- 200
lösung in einen Satz mit verbum finitum

entweder der Optativ mit ἄν
oder der Ind. eines Nebentempus mit ἄν

stehen müßte. Die Bedeutung ist also immer entweder potential oder irreal.

Σὺν ὑμῖν ἂν οἶμαι τίμιος εἶναι, ὅπου ἂν ὦ (direkt: τίμιος ἂν εἴην).
Ἀρίστιππος αἰτεῖ Κῦρον εἰς δισχιλίους ξένους τριῶν μηνῶν μισθόν, ὡς οὕτως περιγενόμενος ἂν τῶν ἀντιστασιωτῶν (direkt: περιγενοίμην ἄν).

Anm. Inf. und Part. des Aor. haben nie die Bedeutung der Vergangenheit, wenn sie einem Optativ entsprechen.

C. Das Verbaladjektiv

201 § 201. 1. Die Verbaladjektive auf -τός, -τή, -τόν bezeichnen (nach § 78, 9)

entweder das Bewirkte: λυτός gelöst, ἄκρατος ungemischt,
od. das Bewirkbare: βρωτός eßbar, ἀόρατος unsichtbar.

2. Die Verbaladjektive auf -τέος, -τέα, -τέον bezeichnen eine Notwendigkeit, entsprechend dem lat. Gerundiv, z. B. λυτέος, *solvendus*, πειστέον *oboediendum:* doch kann die griechische Verbalform auch ein Akkusativobjekt regieren.

Persönliche Konstruktion hebt den Gegenstand (Pers. od. Sache), unpersönliche Konstruktion dagegen die Handlung hervor.
Die Person, die etwas tun muß, steht im Dativ (§ 154, 2).

Οἱ συμμαχεῖν ἐθέλοντες εὖ ποιητέοι.
Τοσαῦτα ὄρη ὁρᾶτε ὑμῖν πορευτέα ὄντα.
Οἰστέον πᾶσι τὴν τύχην — τῷ ἀδικοῦντι δοτέον δίκην.

X. Von den Partikeln

§ 202. Die Negationen

202 1. Die beiden Negationen οὐ und μή unterscheiden sich in der Weise, daß
οὐ die Gültigkeit einer Behauptung verneint (objektiv),
μή die Verwirklichung eines Gedankens abwehrt (subjektiv).

Ἐγὼ θρασὺς καὶ ἀναιδὴς οὔτ' εἰμὶ μήτε γενοίμην.

Dieses μή ist auf die abwehrende Frage übertragen: § 203, 3.

Anm. Wie οὐ und μή, so unterscheiden sich auch

οὔτε	οὔποτε,	οὐδέ,	οὐδείς,	οὐκέτι,	οὔπω
u. μήτε,	μήποτε,	μηδέ,	μηδείς,	μηκέτι,	μήπω u. ä.

2. Demgemäß steht οὐ in allen Behauptungssätzen, also:
in unabhängigen und abhängigen Behauptungs-, Frage- und Kausalsätzen, sowie in gewöhnlichen Relativ- und indikativischen Temporalsätzen.

Οὐ δυνατόν ἐστιν — ἔλεγεν, ὅτι οὐ δυνατὸν εἴη.
τί οὐκ ἤλθετε; — ἐπεὶ ταῦτ' οὐκ ἐγένετο —
ὅθεν οὐκ ἔστιν ἐξελθεῖν.

3. Dagegen steht μή in allen Begehrungssätzen, also:
in unabhängigen und abhängigen Sätzen des Wünschens und Verbietens,
und in Nebensätzen der Absicht und Befürchtung.

Μή μοι γένοιθ' ἃ βούλομ', ἀλλ' ἃ συμφέρει.
Μὴ φθόνει τοῖς εὐτυχοῦσι, μὴ δοκῇς εἶναι κακός.
Δέδοικα, μὴ ἐπιλαθώμεθα τῆς οἴκαδε ὁδοῦ.

4. Ferner steht μή:

a) in Bedingungssätzen und allen Ausdrücken, welche dem Sinn nach eine Bedingung enthalten, sowie in allen Nebensätzen der Erwartung und der unbestimmten Wiederholung.

Εἰ μὴ καθέξεις γλῶσσαν, ἔσται σοι κακά.
Ἃ μὴ οἶδα, οὐδὲ οἴομαι εἰδέναι.
Ὁ μὴ δαρεὶς ἄνθρωπος οὐ παιδεύεται.

b) beim Infinitiv, bei welchem nur nach Verben des reinen Meinens und Behauptens οὐ steht.

Τολμῶσι λέγειν οὐδεμίαν μάχην γεγονέναι — aber
Ὑπισχνοῦντο μηδὲν χαλεπὸν αὐτοὺς πείσεσθαι.

5. Zu beachten ist ferner:

a) nach negativen Verben wie

bestreiten:	ἐναντιοῦσθαι, ἀντιλέγειν, ἀντειπεῖν,
bezweifeln:	ἀμφισβητεῖν, ἀπιστεῖν, ἀπορεῖν,
leugnen:	ἀρνεῖσθαι, ἔξαρνον εἶναι u. a.

steht im abhängigen Behauptungssatz ein (für uns überflüssiges) οὐ.

Οὐκ ἂν ἀρνηθεῖεν ἔνιοι, ὡς οὐκ εἰσὶ τοιοῦτοι (daß sie so sind).

b) nach negativen Ausdrücken wie

hindern:	κωλύειν, εἴργειν, ἀπέχειν, ἐμποδὼν εἶναι,
entgehen, vermeiden:	φεύγειν, εὐλαβεῖσθαι, φυλάττεσθαι,
widerstreben, sich weigern:	ἀντέχειν, ἐναντιοῦσθαι,
leugnen, bestreiten:	ἀρνεῖσθαι, ἔξαρνον εἶναι, ἀντιλέγειν,
sich enthalten:	ἀπέχεσθαι, u. ä. — steht

oft, nach verbieten (ἀπαγορευειν, ἀπειπεῖν) immer, beim Infinitiv ein μή (oder τὸ μή), wenn dieser Ausdruck positiv ist; wenn er negiert ist, μὴ οὐ oder τὸ μὴ οὐ.

Ὁ φόβος τὸν νοῦν ἀπείργει μὴ λέγειν, ἃ βούλεται (zu sagen).
Οὐδεὶς πώποτε ἀντεῖπε μὴ οὐ καλῶς ἔχειν τοὺς νόμους (daß sie gut sind).

Anm. Nach negativen Ausdrücken wie ἀδύνατόν ἐστιν, οὐκ ἐγχωρεῖ oder Ausdrücken, die als solche aufgefaßt werden können wie αἰσχρόν ἐστιν (= οὐ καλόν ἐστιν) tritt zum Infinitiv, wenn er verneint werden soll, in der Regel μὴ οὐ.

Οὐχ ὅσιόν σοί ἐστι μὴ οὐ βοηθεῖν δικαιοσύνῃ (nicht zu helfen).
Πᾶσιν αἰσχύνη ἦν μὴ οὐ συσπουδάζειν (nicht eifrig mitzuarbeiten).

6. Negationen derselben Art verbunden. Eine Negation wird durch eine oder mehrere folgende Negationen derselben Art
verstärkt, wenn die letzte zusammengesetzt ist,
dagegen aufgehoben, wenn die letzte einfach ist.

Οὐκ ἐρεῖ οὐδεὶς οὐδέν keiner wird etwas sagen:
Οὐδεὶς οὐκ ἀποθανεῖται jeder wird sterben.

7. Negationen verschiedener Art sind verbunden:
a) οὐ μή mit coni. (aor.) od. ind. fut. im Hauptsatz: gewiß nicht (§ 174. A. 2);
b) μὴ οὐ mit Konj. (od. opt. obl.) im Nebensatz nach Verben und Ausdrücken des Fürchtens = *ne non*: daß nicht (§ 174, 2); im Hauptsatz: wohl nicht (§ 174 A. 2);
c) μὴ οὐ mit Inf.
nach negativem Hauptverb, im Deutschen wegfallend: oben 5. b.;
nach negativen Ausdrücken, im Deutschen = nicht: oben 5. b. A.

§ 203. Die Fragepartikeln

203 Von den Fragepartikeln entspricht bei unabhängigen Fragen

1. dem lat. -nĕ: ἦ und ἆρα.
   Ἆρα βιωτὸν ἡμῖν ἐστιν μετὰ διεφθαρμένου σώματος;
   Ἦ παρ' ἐκείνου φαίνῃ;
2. dem lat. nonne: οὐ, ἆρ' οὐ — οὐκοῦν *nonne igitur*?
   Ἆρ' οὐκ ἂν ἐπὶ πᾶν ἔλθοι βασιλεύς, ὡς ἡμᾶς τὰ ἔσχατα αἰκίσαιτο;
   (ἦ γάρ [§ 204, 8b] und ἄλλο τι ἤ [§ 204, 18b] nicht wahr?)
3. dem lat. num: μή, ἆρα μή / μῶν (= μὴ οὖν) } doch nicht etwa?
   Μὴ αὐτὸν (Ἀχιλλέα) οἴει φροντίσαι θανάτου καὶ κινδύνου;
4. dem lat. utrum — an: πότερον (πότερα) — ἤ (was von beiden [ist der Fall?] a oder b?)
   dem lat. bloßen an: bloßes ἤ;
   Σπονδὰς ἢ πόλεμον ἀπαγγείλω;

Anm. Abhängige Fragen: § 175.

204 § 204. Die häufigsten Anwendungen der übrigen Partikeln, soweit sie nicht schon oben besprochen sind.

Vorbem. 1. Die hier gegebene Übersetzung der Partikelverbindungen versucht den vollen Sinn jeder einzelnen Partikel wiederzugeben; die angemessene Verdeutschung ist für jeden einzelnen Fall zu suchen.

2. Eine Anzahl Partikeln können nicht an erster Stelle des Satzes stehen; sie heißen deshalb postpositiv und sind im folgenden durch * bezeichnet. Gern schließen sie sich dem Satzanfang an.

1. Ἀλλά (von ἄλλος); es bezeichnet zunächst einen scharfen Gegensatz (vgl. δέ):
   a) aber, nach einer Neg. sondern *(sed, at)*.
   b) darum, bei einer Aufforderung.
   c) vorangestelltes nun, in der Antwort.

   ἀλλ' οὐ, ἀλλὰ μή nicht aber, und nicht (vielmehr), *ac non*.
   ἀλλ' οὖν (γε) doch gewiß (wenigstens).
   εἰ μή — ἀλλά ... γε wenn nicht — so doch wenigstens, *si non — at tamen*.
   οὐ μὴν (μέντοι) ἀλλά nicht jedoch (ist dies und das der Fall), sondern, indessen, *verum tamen*.

2. ἄλλως anderswie; nur so aufs Geratewohl.
   ἄλλως τε καί (sonst sowohl als) besonders; zumal.
   τὴν ἄλλως vergeblich, umsonst (vgl. τὴν ταχίστην § 138).

3. ἅμα zugleich, mit Dat. § 155, 1; mit Part. § 199, 3c.
   ἅμα μέν — ἅμα δέ zugleich — und, teils — teils.
   ἅμα (τε) — καί (zugleich) sowohl — als auch;
   kaum — und sofort, und zugleich.

4. *ἄρα drückt eine Übereinstimmung zwischen Gedanken und Tatsache aus:
   a) also, nun,
   b) wie sich denken läßt, wie ich jetzt sehe; allerdings sind diese Wendungen für die Übersetzung zu breit.

   εἰ ἄρα, ἐὰν ἄρα wenn (ob) nämlich; wenn (ob) etwa.
   εἰ μὴ ἄρα mit Ind. ironisch wenn nicht etwa, es müßte denn, *nisi forte, nisi vero* § 184, 2. d.
   ὡς (ὅτι) ἄρα daß nämlich, daß eben, daß ja.

5. ἆρα (aus fragendem ἦ und ἄρα) fragend = *-ne?*
   ἆρ' οὐ *nonne?* ἆρα μή; *num?* § 203, 2. 3.

6. ἀτάρ (ebenso αὐτάρ) a) adversativ: aber.
   b) hervorhebend und steigernd · aber vollends.

7. *αὖ adversativ: hinwiederum, anderseits. An. 1, 1, 7.
   seiner- oder ihrerseits. An. 1. 6. 7. 10. 11.

8. *γάρ (aus γε + ἄρ[α]) a) begründend: denn, *enim*;
   b) lebhaft fragend: — denn? (τίς γάρ; *quisnam?*)
   c) in Antworten: ja, denn; nein, denn, ein durch Gebärde ersetztes ja od. nein begründend.

   ἀλλὰ γάρ aber (genug!) denn; aber (das beweist nichts), denn, wie *at enim*.
   εἰ γάρ beim Optativ: o daß doch, *utinam* § 171,1.
   καὶ γάρ *etenim* denn, od. denn auch, *nam etiam*.

9. *γε (enkl.) wenigstens; oft hebt es nur einen Begriff hervor. In der Antwort mitunter = ja. In Wahrheit wird das „ja“ durch eine Gebärde ausgedrückt.
ἔγωγε, ἐμοῦγε usf. § 61, 3. ὅς γε der ja, weil er ja § 126, 1. A. 2.
ἀλλά — γε doch wenigstens, ἐπεί γε da ja.

10. *γοῦν (aus γε + οὖν), verstärktes γε.

11. *δέ bezeichnet eine leise Gegenüberstellung (vgl. ἀλλά): aber, *autem;* ist oft nur verbindend: und oder begründend: denn.
μέν — δέ zwar — aber, s. 22b.
ὁ μέν — ὁ δέ und ὁ δέ, ἡ δέ τὸ δέ § 114, 1 u. 2.

12. *δή a) temporal: schon, eben; attisch nur in bestimmten Verbindungen wie νῦν δή soeben, πάλαι δή schon lange, πολλοὶ δή schon viele.
b) etwas als schon bekannt bezeichnend: ja; δῆλον δή es ist ja klar.
c) folgernd: also.
d) beim Imper. eindringlich mahnend: λέγε δή so sage doch.
εἰ δή wenn denn wirklich.
ὅστις δή wer nun auch (ich weiß nicht wer), wer immer.

13. δῆθεν dem Sinne nach = *scilicet* und wie dieses oft ironisch: natürlich, nämlich.

14. *δήπου doch wohl, oft ironisch.
Das enklitische που steht oft modal im Sinne von wohl.

15. *δῆτα ein verstärktes δή; in der Antwort = allerdings.
οὐ δῆτα allerdings nicht, freilich nicht.
τί δῆτα; was denn nur?

16. εἴτε — εἴτε sei es, daß — oder daß, *sive — sive.*
in abhängigen Fragen ob — oder ob (§ 175).

17. ἦ a) beteuernd: fürwahr, verstärkt ἦ μήν (unten 25. a): ὤμοσαν ἦ μὴν μὴ μνησικακήσειν. ἦ που wahrlich wohl, sicherlich wohl.
b) fragend: wirklich? s. § 203, 1. 2 u. ἄρα.

18. ἤ a) disjunktiv: oder; oft doppelt ἤ — ἤ *aut — aut;*
b) vergleichend: als, nach Komparativen und Ausdrücken der Verschiedenheit (ἄλλος, ἕτερος, ἐναντίος).
ἄλλο τι ἤ nicht wahr? § 203, 2. [Ist] etwas anderes [der Fall] oder?
ἤ = *an* in der Doppelfrage § 203, 4.
ἤτοι (γε) — ἤ (od. ἤ — ἤτοι) *aut — aut.*
ἀλλ' ἤ nach einer Negation oder Frage außer, als, *nisi.*

Anm. Bei Zahl- oder Maßbestimmungen bleibt ἤ oft weg nach den adverbialen Komparativen πλέον (Nbf. πλεῖν), ἔλαττον, μεῖον, oder nach den entsprechenden Adjektiven, z. B. πέμπει οὐκ ἔλαττον δέκα ἄνδρας (*non minus decem*), ἔτη γεγονὼς πλείω ἑβδομήκοντα (§ 146, Anm.).

19. καί a) kopulativ: und, auch;

b) steigernd: sogar; beim Komp. noch.

Bei mehr als zwei Begriffen wird καί (wie *et*) bei jedem einzelnen wiederholt (polysyndetische Verbindung).

καί — καί sowohl — als auch, gleichwertige Glieder verbindend; vgl. unten 39.

καί = wie nach Ausdrücken der Gleichheit: ὅμοιος, ὁμοίως, ὁ αὐτὸς καί similis, similiter, aeque, idem *atque*.

καί — δέ 1. aber auch, 2. und auch.

καὶ δή und schon, und in der Tat.

καὶ δὴ καί und so denn auch.

οὐ μόνον — ἀλλὰ καί nicht nur — sondern auch.

ἤδη c. imperf. — καί schon..., da..., *iam* — *cum* (inversivum).

οὔπω c. imperf. — καί noch nicht..., da, *nondum* —, *cum*...

20. καίτοι konzessiv: und doch. Vgl. 40.

21. μά beteuernd, mit dem Akk. der angerufenen Gottheit oder Sache (s. § 130, 2):

μὰ τοὺς θεούς bei den Göttern,

ναὶ μὰ Δία ja beim Zeus, οὐ μὰ Δία nein beim Zeus.

22. *μέν abgeschwächt aus μήν, ist

a) in bestimmten Partikelverbindungen noch = μήν:

καὶ (ἀλλὰ) μὲν δή und (aber) fürwahr ja.

οὐ μὲν δή nicht jedoch ja.

πάνυ μὲν οὖν in der Antwort: ganz gewiß, jawohl.

b) konzessiv, meist folgendem δέ aber entsprechend:

μέν — δέ zwar — aber; oft ist dabei μέν nicht zu übersetzen.

23. *μέντοι, ein durch τοι verstärktes μέν (im Sinne von μήν), steht

a) bekräftigend: fürwahr.

b) adversativ: jedoch (vgl. oben 1. a. E.).

c) in Fragen οὐ μέντοι —; nicht wahr?

24. μή nicht ist die Negation des Begehrungssatzes, § 202, 3.

μή in Fragen = *num* § 203, 3.

μή u. μὴ οὐ mit Konj. ohne Hauptsatz § 174, A. 2.

οὐ μή mit Konj. (d. Aor.) od. Ind. d. Fut. § 174 A. 2.

μὴ οὐ mit Konj. § 174, A. 2; mit Inf. § 202, 5. b. u. A.

μή für uns überflüssig § 202, 5. b.

μή als Konjunktion, die einen Nebensatz einleitet, § 174, A. 2 u. A. 3, § 178.

μὴ ὅτι und μὴ ὅπως s. 30.

ὅτι μή (wie εἰ μή § 184, 2. a) außer, *nisi*.

25. *μήν a) beteuernd = *vero*: fürwahr, oft mit ἦ (oben 17. a); bes. in Verbindungen wie:

ἀλλὰ μήν aber fürwahr, *at vero*.

καὶ μήν und in der Tat.

b) adversativ: jedoch.

καὶ μήν und doch, οὐ μὴν ἀλλά nicht jedoch ... sondern, indessen (vgl. oben 1. a. E.).

26. μῶν fragend = μὴ οὖν doch nicht etwa? *num?* § 203, 3.

27. ναί ja in Antworten, ναὶ μὰ Δία ja beim Zeus; vgl. 21.

28. νή beteuernd: νὴ Δία ja beim Zeus. § 130, 2.

29. *νυν (enkl.) folgernd: unser tonloses nun.

30. οὐ nicht ist die Negation des Behauptungssatzes, § 202, 2. 4b.

in der direkten Frage ἆρ' οὐ; οὐκοῦν *nonne?* § 203, 2.

οὐ für uns überflüssig § 202, 5 a

οὔ τι gar nicht (§ 138).

οὐχ ὅτι oder ὅπως (ich sage) nicht, daß ...

μὴ ὅτι oder ὅπως (sage) nicht, daß ...

sind im Deutschen je nach dem Zusammenhange durch nicht nur, nicht nur nicht, geschweige denn (daß) wiederzugeben.

μόνον οὐ (οὐχί), ὅσον οὐ beinahe, *tantum non*.

ὅσον οὔπω, ὅσον οὐκ ἤδη beinahe schon, alsbald.

31. οὐδέ (μηδέ):

a) nach negativem Satz oder Satzglied: und nicht, noch auch.

und nicht nach positivem Satz oder Satzglied heißt καὶ οὐ (μή).

aber nicht heißt nur bei Homer οὐ δέ, attisch οὐ (μὴ) μέντοι, ἀλλ' οὐ (ἀλλὰ μή), δ' οὐ (δὲ μή), οὐ ... δέ (μή ... δέ).

b) auch nicht, nicht einmal, *ne — quidem*.

32. *οὖν a) folgernd: also, weiterführend: nun.

b) versichernd, in bestimmten Verbindungen:

ἀλλ' οὖν (γε) doch gewiß (wenigstens).

δ' οὖν 1. aber nun, 2. gewiß aber ist, daß ... = jedenfalls.

καὶ γὰρ οὖν und so denn auch.

μὲν οὖν in der Antwort: fürwahr ja, d. h. je nach dem Zusammenhang allerdings oder im Gegenteil.

an Relativen: ὁστισοῦν (ὁντιναοῦν, ἡστινοσοῦν usf.) *quicumque*.

33. οὐκοῦν (mit Betonung des οὖν) steht:
a) ruhig fragend: *nonne igitur?* nun nicht, also nicht? § 203, 2.
b) im Behauptungssatz, folgernd: also.

34. οὔκουν (mit Betonung der Negation) steht:
a) im Behauptungssatz, versichernd: jedenfalls nicht, *nequaquam.*
b) erregt fragend: nun nicht?

35. οὔτε — οὔτε (μήτε — μήτε) weder — noch, *neque — neque.*
οὔτε (μήτε) — τε einerseits nicht — anderseits, *neque — et.*
οὔτε — οὐ — (bes. dichter.) = οὔτε — οὔτε.
οὔτε — οὐδέ weder — noch auch.

36. *περ (enkl., aus πέρι), hervorhebend: Grundbedeutung wohl sehr.
in Prosa nur in Verbindung mit Relativen und Partikeln:
ὅσπερ eben der, welcher, ὥσπερ ebenso, wie, gleich wie.
ὅπου περ eben da wo, ὅτε περ, ὅταν περ eben als, eben wenn.
εἴπερ § 184, 2c, ἐπείπερ da eben, ἐπειδήπερ alldieweil; καίπερ 199, 3e.

37. πλήν außer steht a) als präpositionales Adv. mit Gen., § 159, 5;
b) konjunktional: ausgenommen daß, nur.

38. πω (enkl.) noch; meist an Negationen: μήπω, οὔπω *nondum*, noch nicht, (aber μηκέτι, οὐκέτι *non iam*, nicht mehr).

39. *τε (enkl.) und, *-que*; in Prosa verbindet
einfaches τε seltener einzelne Begriffe als ganze Sätze,
τε — τε sowohl — als auch meist gleichwertige Sätze,
τε — καί nicht nur — sondern auch sowohl gleichwertige Sätze als auch sich ergänzende einzelne Begriffe.

40. *τοι (enkl.) versichernd: fürwahr,
besonders oft mit anderen Partikeln verbunden:
καίτοι oben 20.; μέντοι oben 23. οὔτοι wahrlich nicht!
τοιγάρ (τοίγαρ) folgernd: darum also; verstärkt τοιγαροῦν u. τοιγάρτοι.
τοίνυν folgernd: nun, also.

Die wichtigsten Bedeutungen der Formen

Vorbemerkungen: 1. Wohl von keinem griechischen Verbum sind alle hier sich findenden Formen belegt; sollen sie an einem Verbum gezeigt werden, so ergeben sich dabei bisweilen Bedeutugen, die im Zusammenhang der lebendigen Rede nicht

	Indikativ		Konjunktiv	
Präs.	λύω	ich löse	ἆρα λύω;	soll ich lösen?
			λύωμεν	laßt uns lösen!
			ἵνα λύω	damit ich löse
			ἐὰν λύω	wenn (= falls; konditional) ich lösen werde
			ὅταν λύω	wenn (temporal) ich lösen werde
				wenn (iterativ) ich löse
Impf.	ἔλυον	ich löste (solvebam)		
	ἔλυον ἄν	ich würde lösen (solverem)		
	εἰ ἔλυον	wenn ich löste (ich tue es aber nicht)		
Fut. I	λύσω	ich werde lösen		
Aor.	ἔλυσα	ich löste (solvi)	ἆρα λύσω;	soll ich lösen?
	ἔλυσα ἄν	ich hätte gelöst	μὴ λύσῃς	löse nicht!
	ἐπεὶ ἔλυσα	als ich gelöst hatte	μὴ λύσωμεν	laßt uns nicht lösen!
	εἰ ἔλυσα	wenn ich gelöst hätte (ich tat es aber nicht)	ἵνα λύσω	damit ich löse
			ἐὰν λύσω	wenn (konditional) ich gelöst haben werde
			ὅταν λύσω	wenn (temporal) ich gelöst haben werde
				wenn (iterativ) ich gelöst habe
Perf.	λέλυκα	ich bin mit dem Lösen fertig		
Plsqpf.	ἐλελύκειν	ich war mit dem Lösen fertig		

des griechischen (aktiven) Verbums

vorkommen. 2. Die deutsche Übersetzung strebt danach, den Inhalt der griechischen Formen möglichst genau wiederzugeben; beim Übertragen eines griechischen Textes muß daher die deutsche Übersetzung vielfach umgestaltet werden.

Optativ		Imperativ		Infinitiv		Partizip	
εἴθε λύοιμι	möchte ich doch lösen! (utinam solvam!)	λῦε	löse!	λύειν	lösen	λύων	lösend
λύοιμι ἄν	ich dürfte lösen	μὴ λῦε	löse nicht!				
ἵνα λύοιμι	damit ich löste						
εἰ λύοιμι	wenn ich löste (und ich könnte mir das ja denken)						
ὅτε λύοιμι	wenn (iterativ) ich löste						
ἔλεγεν, ὅτι λύσοι	er sagte, daß er lösen werde			ἔφη λύσειν	er sagte, daß er lösen werde	πάρειμι λύσων	ich bin da, um zu lösen
εἴθε λύσαιμι	möchte ich doch lösen! (utinam solvam)	λῦσον	löse!	λῦσαι	lösen gelöst haben	λύσας	gelöst habend
λύσαιμι ἄν	ich dürfte lösen						
ἵνα λύσαιμι	damit ich löste						
εἰ λύσαιμι	wenn ich löste (und ich könnte mir das ja denken)						
ὅτε λύσαιμι	wenn (iterativ) ich löste						
				λελυκέναι	mit dem Lösen fertig sein	λελυκώς	mit dem Lösen fertig.

Vierter Teil: Wortbildungslehre

§ 205. Vorbemerkungen

205 1. Der einfachste Bestandteil eines Wortes ist die Wortwurzel; sie trägt die Grundbedeutung einer Wortfamilie.

2. Aus Wurzeln können flektierbare Wörter auf zweifache Weise gebildet werden: entweder treten die Flexionsendungen unmittelbar an die Wurzel (z. B. ἄγ-ω, πυρ-ός, χερ-σί[ν], κεῖ-μαι), oder aus der Wurzel erwachsen durch den Antritt besonderer Elemente (Suffixe) zunächst Wortstämme, an die dann die Flexionsendungen gefügt werden (z. B. φίλ-ο-ς, παιδ-εύ-ε-τε, ἐχ-υ-ρός). Im ersten Fall entstehen Wurzelwörter, im zweiten abgeleitete Wörter.

Anm. Wörter, die aus Verbalstämmen (Wurzeln) abgeleitet werden, nennt man primitiva, wie ἄρχω, ἀρχή, ἀρχός vom St. ἀρχ.

Wörter, die aus Nominalstämmen abgeleitet werden, nennt man denominativa wie ἀρχαῖος, ἀρχαιότης vom St. ἀρχᾱ.

3. Es gibt einfache, einen einzigen Wortstamm enthaltende Wörter wie λόγο-ς vom St. λεγ-, und zusammengesetzte Wörter, die zwei oder mehrere Wortstämme aufweisen wie λογο-γράφο-ς, ἀ-πρό-οπτος.

4. Nach dem Gesagten erfolgt die Wortbildung durch Ableitung und durch Zusammensetzung.

A. Ableitung

206 § 206. Die Ableitung der Wörter geschieht (nach § 205, 2) meist durch Anfügung von Bildesilben (Suffixen), die den Begriff der Wörter näher bestimmen.

Mit ihr ist oft Vokalwechsel, d. h. Ablaut verbunden, so daß die Stämme in ihren verschiedenen Ablautformen erscheinen (§ 15/16).

Wir geben im folgenden die häufigsten Suffixe zur Bildung von Substantiven, Adjektiven, Adverbien und Verben, nach den gebräuchlichsten Bedeutungen gruppiert.

§ 207. Substantive 207

Sie werden aus Verbal- und Nominalstämmen abgeleitet.

1. nomina agentis

-τᾱ: κρι-τής Richter, ποιη-τής — ναύ-της, πολῖ-της, οἰκέ-της.
-τήρ: σω-τήρ, ὀπ-τήρ, δο-τήρ — -τειρα: σώ-τειρα.
-τορ: ῥή-τωρ, συλλήπ-τωρ Helfer — -τρια: συλλήπ-τρια.
-εύ: ἱππ-εύς, ἱερ-εύς, βασιλ-εύς — -εια: ἱέρ-εια, βασίλ-εια.
m. Abl. ε-ο: γον-εύς, κλοπ-εύς, νομ-εύς, τροφ-εύς, φον-εύς.
-ό m. Abl. ε-ο: πομπ-ός Geleiter, τροχ-ός „Läufer", Rad, ἡ τροφ-ός.

2. nomina actionis

-τι u. -σι: φά-τις Rede, πίσ-τις — λύ-σις Lösung, πρᾶξις.
-ο m. Abl. ε-ο: λόγ-ος Rede, τρόπ-ος Wendung, φόρ-ος Beitrag, Tribut.
-ᾱ u. η m. Abl.: ἀγορ-ᾱ́, σπορ-ᾱ́ — φυγ-ή, τροπ-ή, σπουδ-ή.
-είᾱ (zu -εύω): παιδ-είᾱ, βασιλ-είᾱ, δουλ-είᾱ, πορ-είᾱ.
-μό: ὀδυρ-μός, λογισ-μός, σπασ-μός, δε-σ-μός.

3. nomina rei actae

-ματ: γράμ-μα Geschriebenes, Schrift, κτῆ-μα, πρᾶγ-μα, ῥῆ-μα.
-εσ: βέλ-ος. Geworfenes, Geschoß, γέν-ος, λάχ-ος, ψεῦδ-ος.
-μη: γνώ-μη Erkanntes, Einsicht, μνή-μη, γραμ-μή Linie.

4. nomina qualitatis

-τητ: ἰσό-της aequitas, νεό-της iuventūs, ταχυ-τής Schnelligkeit.
-ίᾱ: σοφ-ίᾱ sapientia, κακ-ίᾱ Bosheit, ἀδικ-ίᾱ, ἀθῡμ-ίᾱ.
-ια: ἀλήθε-ια, ἀναίδε-ια, ἀσθένε-ια, εὐγένε-ια — εὔνο-ια.
-εσ: βάθ-ος, βάρ-ος, εὖρ-ος, μῆκ-ος, ὕψ-ος, μέγεθ-ος.
-σύνη: δικαιο-σύνη, σωφρο-σύνη, ἀφρο-σύνη, κερδ-ο-σύνη.

5. nomina instrumenti

-τρο: ἄρο-τρον arātrum, σκῆπ-τρον Stütze, Stab, λέκ-τρον Lager, λύ-τρα.
-θρο: βά-θρον Tritt, Stufe, κλεῖ-θρον Schloß, Riegel.

6. nomina loci

-τήριο: βουλευ-τήριον Rathaus, -saal, δεσμω-τήριον, δικασ-τήριον.
-εῖο: ἀρχ-εῖον Amtslokal, κουρ-εῖον Barbierstube, Μουσ-εῖον Musensitz.
-ών: ἀνδρ-ών Männersaal, Παρθεν-ών, Μαραθ-ών Fenchelfeld.

7. nomina deminutiva

-ίσκο: παιδ-ίσκος Söhnchen, νεᾱν-ίσκος Jüngling, παιδ-ίσκη.
-ίο u. -ίδιο: παιδ-ίον Knäblein; χρῡσ-ίον Stück Gold, οἰκ-ίδιον.

8. patronymica

-ίων u. -(ί)δᾱ: Κρον-ίων, Ἡφαιστ-ίων — Κρον-ίδης, Αἰνειά-δης.

9. gentilia

-ιο:	Κορίνθ-ιος	Corinthius,	— -ιαδ:	Δηλιάς	Delierin.
-εύ:	Μεγαρ-εύς	Megarensis,	— -ίδ:	Μεγαρίς	Megarerin
-τᾱ:	Σπαρτιά-της	Spartaner,	— -τιδ:	Σπαρτιᾶτις	Spartanerin.

Anm. Nur wenige Subst. sind ohne Suffix bloß mit dem Nominativzeichen σ gebildet (Wurzelsubstantive), wie

ἡ φλόξ	Flamme,	St. φλογ-,	Vbst. φλεγ-,	φλέγω brenne,
ἡ ὄψ	Stimme,	St. ὀπ-,	Vbst. ἐπ- (ϝεπ),	εἰπεῖν sagen,
ὁ κλώψ	Dieb,	St. κλωπ-,	Vbst. κλεπ-,	κλέπτω stehle.

Ferner ὁ πούς, Ζεύς, ἡ πτύξ, ἡ φρίξ, ἡ ναῦς, ὁ κῆρυξ, ἡ δι-ῶρυξ u. a.

§ 208. Adjektive

208 Sie werden sowohl von Nominal- als von Verbalstämmen abgeleitet; im letzteren Fall sind sie ihrer Bedeutung nach oft aktiven oder passiven Partizipien ähnlich. Es bezeichnen

1. Zugehörigkeit im allgemeinen

-ιο: { οἰκε-ῖος häuslich, οὐράν-ιος himmlisch, δίκα-ιος, τίμ-ιος, σωτήρ-ιος rettend, πάτρ-ιος, τέλε-ιος, αἰδο-ῖος.

2. Stoff und Abstammung

-εο: χρύσ-εος, -οῦς golden, ἀργυρ-οῦς argent-eus,

-ινο: λίθ-ινος steinern, ξύλ-ινος, σκύτ-ινος, τρίχ-ινος hären.

-ειο: βασίλ-ειος königlich, δούλ-ειος sklavisch, Εὐριπίδ-ειος.

3. Angehörigkeit, Tauglichkeit, Eignung

-κό:
-ικό: { φυσι-κός natürlich, πολεμ-ικός kriegerisch, Σκυθ-ικός. γραφ-ικός, πρᾱκ-τι-κός zum Malen, Handeln geeignet od. geschickt, διαλεκ-τι-κός geschickt sich zu unterreden.

Anm. Manche dieser Adj. werden (unter Ergänzung von τέχνη) substantivisch gebraucht: ἡ μουσική, ἡ γραμματική, ἡ φυσική.

4. Fülle

-εντ: χαρί-εις anmut-voll, τιμή-εις, ἀστερό-εις, δολό-εις, ὑλή-εις waldreich, φωνή-εις klangreich, δενδρή-εις, σκι-ό-εις

Von weniger bestimmter Bedeutung sind:

-νό, meist pass.: δει-νός furchtbar, στυγ-νός verhaßt, σεμ-νός, — τερπ-νός.

-λό, meist akt.: δει-λός furchtsam, ἀπατη-λός trügerisch, σιγη-λός schweigsam.

-ρό,
- aktivisch: φθονε-ρός neidisch, βλαβε-ρός schädlich, λαμπ-ρός leuchtend,
- passivisch: φανε-ρός offenbar, μια-ρός befleckt, σκλη-ρός verdorrt,
- akt. u. pass.: ἐχθ-ρός feindlich, hassend u. verhaßt, ἐχ-υ-ρός, λυπη-ρός.

-μο, -ιμο,
- aktivisch: στάσι-μος stehend, μάχ-ιμος streitbar, kriegerisch,
- passivisch: χρήσι-μος brauchbar, ἀοίδ-ιμος besungen, gepriesen,
- akt. u. pass.: φύξι-μος imstande zu fliehen u. entrinnbar.

Anm. Ganz wenige Adj. sind ohne Suff. gebildet (Wurzeladjektive) wie πτώξ ängstlich, St. πτωκ-: πτηκ-, πτήσσω sich ducken, ἅρπαξ, -αγος räuberisch (ἁρπάζω), μονό-ζυξ einspännig (ζυγ-: ζευγ-, § 105, 7).

§ 209. Adverbien

Über die von Adjektiven gebildeten Adverbien auf -ως s. § 59, über die 209
korrelativen Adverbien § 69, über die Zahladverbien auf -ά-κις § 70. — Vgl. auch § 51 u. 138.

Außerdem werden Adverbia aus Nominal- und Verbalstämmen gebildet, insbesondere mit den Suffixen:

-δόν: ἡβη-δόν im Jugendalter, ἀγελη-δόν herdenweise gregātim, ἀνα-φαν-δόν offenbar, σχε-δόν (sich haltend an = nahe) beinahe.

-δην: βά-δην im Schritt, ἄρ-δην gehoben, in der Höhe, σπορά-δην sparsim.

-τί (-ί): νεωσ-τί neulich, ὀνομασ-τί nominatim, ἐθελοντ-ί freiwillig, δωρισ-τί dorisch, Ἑλληνισ-τί auf Griechisch, ἀνδρισ-τί nach Männerart.

-εί: πανδημ-εί mit dem ganzen Volke, ἀμαχ-εί ohne Kampf.

-α: ἅμ-α, κάρτ-α, κρύφ-α, μάλ-α, σάφ-α, τάχ-α vielleicht, wahrscheinlich.

§ 210. Verben

1. Über die Bildung der verba primitiva (§ 205, 2. Anm.) aus den 210
Verbalstämmen siehe die §§ 75. 97. 103—111.

2. Verba denominativa zeigen besonders die Ausgänge

-άω,	-έω,	-όω,	-εύω,
-άζω,	-ίζω,	-αίνω,	-ύνω.

3. Oft bezeichnen die

Verben auf -έω u. -εύω ein Sein, einen Zustand,

die auf -όω, -ίζω } ein Machen,

-αίνω, -ύνω } ein Versetzen in einen Zustand.

φιλέω	bin Freund,	ἀδικέω, εὐτυχέω, σωφρονέω.
βασιλεύω	bin König,	ἀληθεύω, ἑρμηνεύω, ἱκετεύω, φονεύω.
ἀτῑμόω	mache ehrlos,	δηλόω, ἐλευθερόω, ἡμερόω, ὀρθόω, χρῡσόω.
ἀφανίζω	mache unsichtbar,	ἀνδραποδίζω, κακίζω, κουφίζω, σῴζω — ἑλληνίζειν, ἀττικίζειν, φιλιππίζειν.
θερμαίνω	erwärme,	εὐφραίνω, κερδαίνω, περαίνω, σημαίνω.
βαρῡ́νω	beschwere,	βραδῡ́νω, εὐθῡ́νω, εὐρῡ́νω, ἡδῡ́νω.

θαρρέω bin mutig,	θαρρῡ́νω mache mutig,
πολεμέω bin im Krieg,	πολεμόω verwickle in Krieg,
ὁρμέω liege vor Anker,	ὁρμίζω lege vor Anker,
σωφρονέω bin vernünftig,	σωφρονίζω mache vernünftig,
δουλεύω bin Sklave,	δουλόω mache zum Sklaven.

4. Verben auf -σείω bezeichnen ein Verlangen nach etwas (verba desiderativa):
γελασείω habe Lust zu lachen,
παραδωσείω bin geneigt zu übergeben,
ἀπαλλαξείω, δρᾱσείω, ναυμαχησείω, πολεμησείω, ξυμβασείω, ὀψείω.

B. Zusammensetzung

211 ### § 211. Von der Kompositionsfähigkeit und den Kompositionsgliedern

1. **Verben** können, ohne ihre Form zu ändern, nur mit **Präpositionen** zusammengesetzt werden:

ἀπο-μάχομαι, δια-μάχομαι, περι-μάχομαι, συμ-μάχομαι.

2. Der Zusammensetzung anderer Wörter mit einem Verbalbegriff muß die Bildung eines nomen agentis vorangehen.
Aus ναῦς und μάχ-εσθαι wird erst ναυ-μάχος gebildet zur See kämpfend
und daraus ναυμαχέω bin Seekämpfer (§ 210, 3);
aus εὖ und ἐργ-άζεσθαι erst εὐεργέτης Wohltäter
und daraus εὐεργετέω τινά tue einem wohl.

3. Auch **nomina abstracta** können unmittelbar nur mit Präpositionen verbunden werden; bei anderer Zusammensetzung nehmen sie eine Ableitungsendung an, mit oder ohne Vermittlung eines konkreten Verbalnomens. So bildete man

von δίκη wohl καταδίκη Verurteilung, aber nur ἀδικ-ίᾱ (ἄδικος) u. ä.,
von φυγή wohl ἀποφυγή, καταφυγή, aber nur ἀειφυγ-ίᾱ,
von βουλή wohl ἐπιβουλή u. συμβουλή, aber ἀβουλία (ἄβουλος),
εὐβουλίᾱ (εὔβουλος) und auch συμβουλίᾱ (σύμβουλος),
von πρᾶξις: διάπρᾱξις, εἴσπρᾱξις, σύμπρᾱξις,
aber ἀ-πρᾱξίᾱ, δυσ-πρᾱξίᾱ, εὐ-πρᾱξίᾱ, κακο-πρᾱξίᾱ.

4. Das erste Glied eines **Nominalkompositums** kann sein

a) ein Nominalst.: οἰκο-νόμος Hausverwalter, καρπο-φόρος frugi-fer.
ἀκρό-πολις Oberstadt, μεγαλό-ψῡχος magn-animus.
b) ein Verbalst.: λιπο-στρατίᾱ Fahnenflucht, ἀρχέ-κακος unheilstiftend.
c) ein Zahlbegriff: πέντ-ᾱθλον Fünfkampf, δί-πους bi-pes.
d) eine Präposition: ἀνά-βασις Hinaufmarsch, ὑπό-γειος unterirdisch.
e) ein Adverb: εὐθύ-φρων geradgesinnt, παλαί-φατος längstverkündet.
f) eine Partikel wie εὐ-: εὐ-εργέτης Wohltäter, εὐ-μενής wohlgesinnt.
δυσ-: δυσ-τυχίᾱ Mißgeschick, δυσ-μενής übelgesinnt.
ἀ-, ἀν-: ἀ-δικίᾱ Ungerechtigkeit, ἀν-άξιος in-dignus.

5. Das zweite Glied eines Nominalkompositums kann sein

a) Nominalst.: ψευδό-μαντις falscher Prophet, ἀξιό-πιστος glaubwürdig.
b) Verbalst.: οἰστρο-πλήξ bremsegestochen, ὁμό-ζυξ zusammengespannt.
m. nominalem Suffix: λογο-γράφ-ος Redenschreiber ἀνδρο-φόνος männermordend.
συγ-γραφ-εύς Schriftsteller.

§ 212. Von der Form der Komposita 212

Bei der Zusammensetzung können die Stämme unverändert nebeneinander treten wie in λογο-γράφο-ς Reden-schreiber, τελεσ-φόρο-ς Vollendung bringend. Viel häufiger erleiden sie aber leichte Veränderungen, deren wichtigste die folgenden sind:

a) am ersten Glied

1. Vor Vokalen werden die Stammauslaute -α u. -ο elidiert:
κεφαλ-αλγία Kopfweh (κεφαλή), μόν-αρχος Alleinherrscher (μόνος).

α und ο bleiben aber, wenn das zweite Wort ursprünglich konsonantisch anlautete:

τῑμά-ορος, τῑμωρός 'der für das Wergeld sorgt', Rächer (v. ϝοράω wahren, sehen § 88, 2. 111, 6).
θεο-ειδής gottähnlich (τὸ εἶδος, ϝεῖδος, ϝιδεῖν § 102, 4. 111, 6).
κακο-εργός, κακοῦργος Übeltäter (von ϝεργ-άζομαι, ϝέργον § 88, 1).
κληροῦχος Los besitzend (κλῆρος u. ἔχω, St. σεχ- § 88, 1. 111, 5).

2. Vor Konsonanten nehmen α-, ι-, υ- und konsonantische Stämme oft die Form von ο-Stämmen an:

ἡμερο-δρόμος Tagesläufer, φυσι-ο-λόγος naturkundig,
ἀγων-ο-θέτης Kampfordner, ἀνδριαντ-ο-ποιός Bildhauer,
τειχ-ο-μαχία Mauerkampf (τὸ τεῖχος),
γηρ-ο-τροφέω pflege im Alter (τὸ γῆρας),
αἱματ-ο-σταγής und αἱμ-ο-σταγής bluttriefend (στάζω).

3. Einige andere Umgestaltungen zeigen die Wörter

θανατ-η-φόρος todbringend, λαμπαδ-η-δρομία Fackellauf,
παν-αλήθης ganz wahr (παντ-), παν-οῦργος listig (vgl. κακοῦργος),
ξιφ-ήρης schwertgerüstet, ξιφ-η-φόρος ein Schwert tragend.

Anm. Kasusformen als erstes Kompositionsglied zeigen:
νεώσ-οικοι Schiffshäuser, Werften, ὁδοι-πόρος Wanderer (§ 51, Anm.),
ναυσί-κλειτος schiffberühmt, ὀρει-βάτης u. ὀρεσσι-βάτης auf Bergen wandelnd.

b) am zweiten Glied

1. Kurzer Anlaut erscheint vielfach gedehnt:
ἀν-ώνυμος namenlos (ὄνομα), στρατ-ηγός Heerführer (ἄγω),
ἀν-ήκεστος unheilbar (ἀκέομαι), ὑπ-ήκοος gehorchend (ἀκούω),
ξεν-ηλασίᾱ Fremdenvertreibung (ἐλαύνω).

2. Auch im Auslaut des zweiten Gliedes nehmen sehr viele Stämme die Form von o-Stämmen an:
φιλό-τῑμο-ς ehrliebend (τῑμή), μεγαλό-ψῡχο-ς hochherzig (ψῡχή),
φιλο-σώματ-ο-ς den Leib pflegend ἄν-αιμ-ο-ς blutlos (αἱματ-, vgl. oben 2).

§ 213. Zur Betonung der Komposita

213 Von der Hauptregel, daß in den Komposita der Akzent möglichst weit zurücktrete (§ 7), sind besonders folgende Abweichungen zu beachten:

1. der Akzent des Simplex wird meist bewahrt
   a) in den nomina agentis auf -τής und -εύς:
      ἀνταγωνιστής, ὑποκριτής — ἀρχιερεύς, συγγραφεύς.
   b) in den nomina actionis auf -ᾱ́, -ή, -μός:
      μισθοφορᾱ́, ἐντολή, ἐπισῑτισμός (doch σύνδεσμος).
   c) in den Adjektiven auf -ικός und -ής:
      προστατικός, συμβουλευτικός — ἀσαφής, ἀνεπιεικής.
   d) in den adiectiva verbalia auf -τέος: ἀποδοτέος.

2. die Verbaladjektive auf -τος von Präpositionalkomposita sind
in der Bed. der Möglichkeit endbetont u. haben drei Endungen,
in der Bed. des part. perf. pass. nicht endbetont u. haben zwei Endungen:
διαλυτός, 3. auflösbar, aber διάλυτος, 2. aufgelöst,
ἐξαιρετός, 3. herausnehmbar, aber ἐξαίρετος, 2. herausgenommen.

Anm. Alle anders komponierten Verbaladjektive haben zwei Endungen (vgl. § 32, 3) und sind nicht endbetont, sondern ziehen den Akzent zurück:
ἄ-γραπτος, 2. ungeschrieben, νεό-δαρτος, 2. frisch abgezogen,
ἀ-διάφθαρτος, 2. unverdorben, χειρο-ποίητος, 2. künstlich.

3. Komposita auf -ος mit Nominalstamm im ersten und Verbalstamm im zweiten Glied betonen gewöhnlich

bei aktiver Bedeutung das zweite,
bei passiver Bedeutung das erste Glied.

λογογράφος Redenschreiber — αὐτό-γραφος selbstgeschrieben,
θηρο-τρόφος Tiere nährend — θηρό-τροφος von Tieren genährt,
ναυσι-πόρος zu Schiffe fahrend — ναυσί-πορος von Schiffen befahren.

§ 214. Die Bedeutung der Komposita

Ihrer Bedeutung nach zerfallen die zusammengesetzten Substantive 214
und Adjektive in drei Hauptklassen:

1. Determinativkomposita; das erste Glied enthält eine adjektivische oder adverbiale Bestimmung zum zweiten.

ἡ ἀκρόπολις (d. i. ἄκρᾱ πόλις) Hochstadt, Oberstadt, Burg.
παλαιγενής (d. i. πάλαι γενόμενος) längst geboren, uralt.
πάμπρωτος der allererste.

2. Abhängigkeitskomposita; das eine Wort ist vom anderen in irgendeinem Kasus abhängig gedacht.

φωσ-φόρος lichtbringend	δεισι-δαίμων gottesfürchtig
στρατό-πεδον Heeresboden	ἀξιό-λογος der Rede wert
ἀνεμο-σκεπής vor dem W. schützend	θεο-βλαβής von Gott beschädigt
θεο-ειδής, ἰσό-θεος gottähnlich	χαλκό-δετος mit Erz gebunden
ὁδοι-πόρος Weg wandernd	οἰκο-γενής im Haus geboren

3. Possessivkomposita; das erste Glied bestimmt das zweite, das Ganze ist als Objekt eines Partizips wie habend, tragend zu denken und wird als adjektivisches Attribut verwendet.

ἀργυρό-τοξος d. i. ἀργυροῦν τόξον ἔχων mit silbernem Bogen,
ῥοδο-δάκτυλος rosenfingerig, βο-ῶπις kuhäugig
σώ-φρων gesunden Sinnes, besonnen, πολύ-καρπος früchtereich,
μελι-ηδής 'Honigsüßigkeit habend', honigsüß.

Dabei steht der Eigenschaftsbegriff für den Träger der Eigenschaft: Eos heißt Rosenfinger im Sinne von rosenfingerig; vgl. im Deutschen Dickkopf, Hasenherz, Langhand, Langohr, Leichtfuß, Rotbart, und mit *Eos Rosenfinger* unser *Richard Löwenherz.*

Anm. 1. Komposita mit dem ἀ- privativum können determinative oder possessive Bedeutung haben:

ἄ-γραφος = οὐ γεγραμμένος. ἄ-παις = παῖδας οὐκ ἔχων.

Anm. 2. Präpositionalkomposita zeigen die Präposition teils noch als Adverb: ἀμφι-θέᾱτρον Rundtheater, περι-καλλής vor anderen, überaus oder sehr schön, σύν-δουλος Mitsklave; teils den Kasus in Abhängigkeit von der Präposition: ἀνάλογος aus ἀνὰ λόγον, παράλογος aus παρὰ λόγον, ἔντιμος aus ἐν τιμῇ, ὑπεράνθρωπος aus ὑπὲρ ἄνθρωπον.

§ 215. Zur Bildung der Personennamen

215 Im allgemeinen werden im Griechischen die Personennamen durch Zusammensetzung gebildet, und zwar kommen Komposita jeder Art vor: Περι-κλῆς, Ἄ-δμητος, Ἀστυ-άναξ, Ἀρχί-λογος, Ἀγησί-λαος.

Nicht jeder Wortstamm konnte zur Namenbildung verwandt werden, es gab vielmehr besondere „Namenworte", mit denen etwas Angenehmes gesagt werden sollte. Außerdem war es üblich, das Kind nach dem Vater oder der Mutter zu benennen. Ein Kompositionsglied des Vaternamens wurde in den Kindesnamen übernommen: Δεινο-κράτης, Sohn des Δεινο-κλῆς, Εὐ-κράτης, Sohn des Εὐρυ-κράτης.

Oder man kehrte die Glieder um: Ἀρχ-ιππος zu Ἵππ-αρχος. Diese Gewohnheit ließ dann auch Namen entstehen, die völlig unsinnig waren: Man bildete zu Θεό-δωρος (der Gottgeschenkte) Δωρόθεος (vgl. dtsch. *Theodor, Dorothea).*

Diese Vollnamen konnten zu Kurz- oder Kosenamen verkürzt werden (vgl. dtsch. *Friedrich: Fritz).* Das geschieht in der Weise, daß nur ein Namenglied genannt wird (einstämmige Namen): Ζεῦξις zu Ζεύξιππος, Αἵμων zu Εὐαίμων.

Bemerkung. Solche Kurznamen werden durch Suffixe erweitert: *Νίκων, Νικίας* zu *Νικόμαχος.*

Eine zweite Art der Bildung von Kurznamen ist die, daß der Anlaut des zweiten Gliedes bewahrt ist; die so entstandene Form wird durch ein Suffix erweitert (zweistämmige Kurznamen): Εὐρυσθεύς zu Εὐρυ-σθένης.

Daneben gab es noch zweistämmige Namen, die irgendeine Eigentümlichkeit des Namenträgers hervorhoben, z. B. Στράβων (eigentlich der Schielende), Πύρρος (eigentlich der Rothaarige). Diese Namen waren ursprünglich als Spitznamen gedacht, haben aber dann den eigentlichen Namen der Person verdrängt und sich als allgemeine Namen eingebürgert, ohne daß man sich ihrer eigentlichen Bedeutung bewußt war (vgl. deutsche Namen wie *Rot, Braun).*

Zum epischen Dialekt der Homerischen Gedichte

I. Zur Laut- und Flexionslehre

§ 216. Zur Lautlehre

1. Vokale: η statt α: φιλίη, νεηνίης, πρήσσω — ἀληθείη. 216
   ει statt ε: ξεῖνος, εἵνεκα, χρύσειος.
   ου statt ο: μοῦνος, οὔνομα, πουλύς u. v. a.
2. sog. Metathesis: κράτος, κάρτος, καρτερός, ἔδρακον, ἔπραθον.
   θρῴσκω: ἔθορον — βλώσκω: ἔμολον.
3. Umspringen der Quantitäten: Ἀτρείδεω neben Ἀτρείδᾱο.
   στέωμεν neben στήομεν, ἕως, τέως neben ἧος, τῆος.
4. Kontraktion: γήραος, τέραα, τεράων, τεράεσσι, μένεα,
   τέγεος, φίλεον, ἀοιδιάει, ἀοιδιάουσα u. a.;
   Ἑρμῆς, ἠοῦς, ἠῶ, σέλᾳ, τιμᾷ, ἐφορμᾶται —
   εο u. εου zu ευ: θέρευς, φιλεῦντες, σεῦ — νεικεῦσι.
   εεα zu εια oder εα: ἐυκλεῖας, δυσκλέα.
   εεαι zu ειαι oder εαι: μῡθεῖαι oder μῡθέαι.
5. Synizese oder Verschleifung:
   Πηληιάδεω Ἀχιλῆος — ἀλλ' ὅτε δὴ ἔβδομον ἦμαρ.
   χρυσέοισιν ἐπὶ κλισμοῖσι — εἰλαπίνη ἠὲ γάμος.
   ἀλλ' ἐῶμέν μιν πρῶτα — ἢ οὐκ ἀίεις u. a. m.
6. Apokope: bei ἄρ (f. ἄρα), bei ἄν (f. ἀνά), κάτ, πάρ, ἄπ, ὕπ —
   mit Assimilation: κάλ-λιπε, κάβ-βαλε, κάτ-θεμεν, κατ-θέμεν,
   κὰρ ῥόον, κὰπ πεδίον, κὰκ κεφαλῆς, κὰδ δὲ παρειῶν,
   ἀλ-λέξαι, ἀμ-μείξας, ἀμ-πνεῦσαι, ἀγ-κρεμάσας, ἀν-στήσας, ἂμ πεδίον.
7. Prothetischer Vokal bei ursprünglich digammatischem Anlaut:
   ἐ-είκοσι, ἐ-εικοστός, ἐ-έλδομαι, ἐ-έλδωρ, ἐ-έλπομαι, ἐ-έργω,
   ἐ-εισάμενος, ἔ-εδνα, ἐ-ΐση.
8. Doppelkonsonanten: ποσσίν, δικάσσατε — ἔσσομαι, ἐτέλεσσα.
   ὅττι, ὅππως, ὁππότε — ἔδδεισεν.
   τόσσος, ἔμμορε, ἔννεον, ἔλλαβε, ἔσσυτο.
9. Hilfskonsonanten (ἀνδρός § 42, 2, γαμβρός, μεσημβρία):
   ἤμβροτον zu ἁμαρτάνω, μέμβλεται zu μέλει.
   μέμβλωκα zu ἔμολον, βλώσκω — ἄμβροτος.

§ 217. Zur Nominalflexion

1. A-Dekl.: ἱππότᾰ. Ἀτρείδᾱο, Ἀτρείδεω, ἐυμμελίω. 217
   δῖα θεάων, πυλέων ἐξέσσυτο, κὰδ δὲ παρειῶν.
   ἀθανάτῃσι θεῇς — ἀκταῖς, πᾶσαις.

2. O-Dekl.: ἀργυρέοιο βιοῖο — ὅο κράτος, Αἰόλοο κλυτὰ δώματα.
θεοῖσιν ἐπουρανίοισιν.
3. 3. Dekl.: ποσ-σί, ποσί, πόδ-εσσι — βέλεσ-σι, βέλεσι, βελέ-εσσιν.
ἔριδα u. ἔριν. γούνατος u. γουνός.
οὔατος, οὔατα, οὔασιν u. ὠσίν.
πατέρος u. πατρός, θυγατέρα u. θύγατρα.
ἀνέρος u. ἀνδρός, ἄνδρεσσι u. ἀνδράσιν.
γήραος, οὔδεος, μένεος, θέρευς, μένεα.
κλέα, ἀγακλεές (vgl. § 215) — Ἡρακλῆος, -κλῆι, -κλῆα.
ἠώς, -οῦς, -οῖ, -ῶ od. ἠώς, ἠόος, ἠόι, ἠόα.
σπέος u. σπεῖος, σπείους, (σπήει, σπέεϊ), σπέεσι, σπήεσσι.
πόλις: πόλιος u. πόληος, πόλει u. πόληι.
ἡδύς: εὐρύν u. εὐρέα. ὠκέα Ἶρις, βαθέης ὕλης.
βασιλῆος usf., βασιλεῦσι. Ὀδυσ(σ)ῆος (u. -σσέος, -σεῦς).
4. Anomala: Ἀΐδης: Ἀΐδᾱο u. Ἀΐδεω u. Ἄϊδος.
Ἄρης: Ἄρηος u. Ἄρεος, V. Ἆρες u. Ἄρες.
Ζεύς: Διός u. Ζηνός, Ζῆνα u. Ζῆν.
κάρη, τό: καρήατος, κάρητος, κρᾱ́ατος u. κρᾱτός,
κρᾱ́των, κρᾱσίν. — κάρηνα, καρήνων.
νηῦς: νηός u. νεός, νήεσσι, νέεσσι u. νηυσί.
υἱός: υἱέος u. υἷος. — ἀλκή: ἀλκῇ u. ἀλκί.
μάστῑγι, μάστῑγα u. μάστῑ, μάστιν.
5. Suffixe: -φι: ἐξ εὐνῆφι — κρατερῆφι βίηφι (Sg.),
διὰ στήθεσφιν — σὺν ὄχεσφιν (Pl.),
-θεν u. -θι: ἐξ ἁλόθεν, ἐμέθεν — ἠῶθι πρό.
6. Adjektive: ἰφθῑ́μους ψῡχάς, ἀθανάτη μήτηρ.
πο(υ)λύς, πολύ, G. πολέος, A. πο(υ)λύν (M. u. F.),
Pl. πολέες, πολέων, πολέεσσι, πολέσσι u. πολέσι,
und πολλός, πολλή, πολλόν, regelm.
7. Komparation: γλυκῑ́ων, φιλῑ́ων — ὤκιστος.
K. ἀρείων, βέλτερος, φέρτερος, λώϊον, λωΐτερον,
κακώτερος, χειρότερος, χερείων, χερειότερος —
μάσσων, ἆσσον.
S. κάρτιστος, φέριστος, φέρτατος — μήκιστος, ἄγχιστα.

§ 218. Zum Pronomen

218 1. Person.: ἐγών; ἐμεῖο, ἐμέο, ἐμεῦ; ἄμμες, ἄμμι(ν) ἄμμε; ἡμείων, ἡμέων; ἧμιν; ἡμέας — τύνη; σεῖο, σέο, σεῦ; τοι, τεΐν; ὕμμες, ὕμμι(ν), ὕμμε; ὑμείων, ὑμέων; ὖμιν; ὑμέας — εἷο, ἕο, εὗ; ἑοῖ; ἑέ, μιν; σφείων, σφέων; σφι(ν); σφέας — ἐμέθεν, σέθεν, ἕθεν.

2. Possess.: ἐμός, τεός, ἑός u. ὅς. ἀμός, ὑμός, σφός u. σφέτερος.
D. νωΐτερος. σφωΐτερος.

3. Demonstr.: ὅς oder ὅ (beide Mask.: er, der), ἥ, τό oder ὅ; (τοῖο, τοί, τοῖσι; ταί, τάων, τῇσι).

4. Relat.: ὅς, ὅς τε und das Demonstr. ὅ, ἥ, τό;
dieses eigentlich beiordnend, nicht unterordnend.

5. Interrog.: τέο u. τεῦ, τέῳ u. τῷ, τέων, τέοισι,
enklitisch gebraucht als Indefinita.

6. Verallgem. Relat.: ὅτις neben ὅστις, ὅττεο u. ὅτ(τ)ευ, ὅτεῳ, ὅτινα neben ὅντινα, — ὅτινας, ἅσσα.

§ 219. Zur Konjugation

1. Moduszeichen, Konj.: ἐγείρ-ομεν, ποιήσ-ε-ται, εὔξεαι, ἴομεν. 219
Opt.: δύη (f. δυίη), φθίμην, φθῖτο, δῦμεν, δαινῦτο, δαινύατο, λελῦτο (-υίατο, -υῖντο).

2. Augment: ἔλῦσε u. λῦσε, ἔβη u. βῆ, ἔχεν — κάθεμεν, ἄνεσαν.

3. Personalendungen:
ἐθέλωμι, ἐθέλῃσθα, ἐθέλῃσι — τίθησθα.
πεποίθεα, -εας, -εεν — φόβηθεν, ἴεν, ἔφαν, βάν.
ὀδύρεαι, ἐλύσαο u. βέβληαι — φραζώμεσθα.
τετράφαται (v. τρέπω), τετεύχαται, und
βεβλήαται, -ατο, ἰδοίατο — δίδωθι, ὄμνυθι.

4. Infinitiv: ἀμύνειν, ἀμῡνέμεν u. ἀμῡνέμεναι — ἰδέ-ειν.

5. Verba contr. auf -άω, offen: ἀοιδιάει, πεινάων, μενοίνεον, ναιεταούσης.
mit Vokalveränderung: γελόωντες u. γελώοντες, ὁράᾳς, ναιεταώσης.
kontr.: τιμᾷ, τιμῶσι, τιμῶν, ἐφορμᾶται.
auf -έω: φιλέεις, φίλεον, φιλέωμεν, φιλεῦντες.
auf -όω: ἀρόωσι od. ἀρόουσι, δυόωσι od. δυόουσι, (ὑπνώοντας), δηιόῳεν od. δηιόοιεν, χολοῦνται.

6. Verben auf -μι: τιθεῖ, τιθεῖσιν, διδοῖσθα, διδοῖ, διδοῦσιν.
θήω (θείω), θή-ῃς, θή-ο-μεν (θείομεν), θέ-ω-μεν.
γνώ-ω, γνώ-ῃς, δώ-ο-μεν, βή-ω (βείω),
στή-ο-μεν (στείομεν), στέωμεν, στή-ε-τε, στήωσι.
δαμή-ω (δαμείω), δαήω, μιγήῃς, φανήῃ,
τραπήομεν (von ἐτάρπην), δαμήετε, μιγέωσι.
εἶμι: εἶσθα, ἤια, ἴσαν, ἴμεν(αι), εἴσομαι, εἴσατο.
εἰμί: ἔᾱσι, ἔα u. ἔον, ἦην, ἔ(μ)μεν(αι), ἔσ(σ)εται, ἐσσεῖται.
οἶδα: ἠείδης, εἴδομεν, ἰδέω, ἴδμεν(αι), ἰδυῖα, εἰδήσω.

7. Gleiche Formen: ἴσαν (εἶμι, οἶδα), εἴσομαι (εἶμι, οἶδα, εἴδομαι), εἰσάμην (εἶμι, εἴδομαι).

8. Präsentien mit Futurbedeutung: καλέω, τελέω, ἀνύω, ἐρύω, ἀντιόω, δήω, κείω, κακκείοντες, νέομαι, βείομαι.

9. aor. I. act. med. ohne σ: ἔκηα, ἔχευα, ἔσσευα, ἠλεύατο u. ἀλέασθαι
(aus ἐκηυσα (St. καυ) wurde ἐκηυα, dann ἐκηϝα, ἔκηα, aus ἀλευσασθαι wurde ἀλευασθαι, dann ἀλεϝασθαι, ἀλέασθαι).

ἐδέγμην, δέκτο, δέχθαι, δέγμενος (aus ἐδεκ-σ-μην, δεκ-σ-το usf.)
ἴκμενος, ἐλέλικτο, μίκτο, κατέπηκτο, λέκτο legte sich, λέχθαι, λέγμενος zu λέχ-ος (δ 451 u. ι 335 zu λέγω zähle).
ἄλτο (ἆλτο), ἄλμενος, ἄρμενος, πάλτο, ὦρτο, πέρθαι
(aus ἀλ-σ-το, ἀρ-σ-μενος, παλ-σ-το, ὀρ-σ-το, περθ-σ-σθαι).

10. Aor. v. verba liquida mit σ: ἔκελσα, ἦρσα, ἔκερσα, ὦρσα,
neben ἔστειλα, ἄειρα, ἤγγειλα, ἀπεκείρατο.

11. „Aoristi mixti“: ἶξον, δύσετο, βήσετο, λέξεο, ὄρσεο, οἰσέμεν(αι).

12. Redupl. aor. II.
ἤραρον, ὤρορον, ἐπέφραδε, τεταρπώμεσθα, ἀμπεπαλών.
πεπιθεῖν, πεφιδέσθαι (Fut. πεπιθήσω, πεφιδήσεται).
ἐπέπληγον, πεπλήγοντο, κέκλυθι, ἐνένῑπε u. ἠνίπαπον.
mit Schwundstufe des Stammes: κέκλετο, ἔτετμε, ἔπεφνε.
mit kausat. Bedeutung: λελάχωσι, ἐκλέλαθον.

13. Primitive od. Wurzel-Aoriste des Akt. u. Med.
(die medialen meist mit intr. od. pass. Bdtg.):
ἐγήρα, ἔκταν (1. P. sg. u. 3. P. pl.), κτάμεναι, κτάς, ἔκτατο, κτάσθαι, λύμην, λύντο, ἔσσυτο, ἔφθιτο, φθίμενος, βλήτην, βλῆτο, βλήμενος, πλῆτο (v. πελάζω u. πίμπλημι).
K. κτέωμεν, βλήεται, φθίεται, φθιόμεσθα.
O. βλῆο (βλεῖο), φθίμην, φθῖτο (s. oben 1.).

14. Verschiedenartige Aor.: ἄειρα u. ἀέρθην (v. ἀείρω, αἴρω)
ἠράμην u. ἀρόμην, ἀρέσθαι von ἄρνυμαι.
ἦρσα, ἄρσα, ἄρμενος, ἤραρον, ἄρθην von ἀραρίσκω.
von ὄρνῡμι: ὦρσα (s. oben 10.); ὤρορον (s. oben 12.);
ὤρετο (mit ὄρηται, ὄροιτο nach § 85);
ὦρτο (mit ὄρσαι, ὄρθαι, ὄρμενος, vgl. oben 9.);
und ὄρσεο, ὄρσευ (s. oben 11.).

15. Perf. u. Plqpf.: κεκοπώς, πεφύᾱσι, τεθνηώς.
mit att. Red.: ἄρηρα, ὄρωρα, ἀλάλημαι, ἐρέριπτο.

mit Ablaut: λέλασται (neben λήθομαι, λέληθα),
ἔοικα u. ἔικτον, ἐικυῖα, εἰδώς u. ἰδυῖα,
πέφευγα u. πεφυγμένος, — ἔζευγμαι, πέπυσμαι.
τετεύχατο u. τέτυκτο, τετύχθαι, τετυγμένος,
εἰλήλουθα u. ἐλήλυθα.

mit unreg. Akzent: ἀκάχησθαι, ἀκαχήμενος, ἀλαλήμενος, ἐσσύμενος.

16. Iterative: ἔχεσκον, ἔλεσκε, μνησάσκετο, στάσκον, κέ-σκετο.

II. Zur Syntax

§ 220. Kasus und Präpositionen

1. Lokale Anwendung der bloßen Kasus (vgl. § 159, 2); auf die Frage 220
wohin? der Akkus.: ἔρχεσθον κλισίην — ἔβαν νέας ἀμφιελίσσας.
wo? der Gen.: ἔρχονται πεδίοιο — μὴ δηθὰ διατρίβωμεν ὁδοῖο.
woher? der Gen. (Abl.): ἀνέδυ πολιῆς ἁλός — πίθων ἠφύσσετο οἶνος.
wo? u. wohin? } der Dat.: αἰθέρι ναίων — ἀκροτάτῃ κορυφῇ.
χεὶρ πεδίῳ πέσε — θαλάσσῃ ἔλσαι Ἀχαιούς.

2. Präpositionen: εἰνί, ἐνί u. εἰν, παραί u. ὑπαί,
προτί u. ποτί, ἀμφίς u. ὑπείρ.

3. Präpos. noch als Adv.: ἐν δέ, σὺν δέ, πρὸς δέ, μετὰ δέ.
περὶ μὲν θείειν ταχύς, περὶ δ' ἱρὰ θεοῖσιν ἔδωκε.

4. Sog. Tmesis: ἐκ δ' ἔβαν αὐτοί — ἐξ ἔρον ἕντο — ἐπὶ κνέφας ἦλθε
— παρὰ δὲ ξεστὴν ἐτάνυσσε τράπεζαν.
νήπιοι, οἳ κατὰ βοῦς Ὑπερίονος ἠελίοιο ἤσθιον.

5. Anastrophe: Κικόνων ὕπο δηωθέντες — φυγὼν ὕπο νηλεὲς ἦμαρ.

6. Ἀνά mit Dat.: oben an, auf: χρυσέῳ ἀνὰ σκήπτρῳ (vgl. § 160, 2).

7. Μετά m. Dat.: mitten unter: μετὰ τοῖσιν ἀνέστη.
zwischen: μετὰ χερσὶν ἔχουσιν (vgl. § 160, 11, 2).

8. Ἔνι (f. ἔνεστιν, ἔνεισιν), ἔπι, μέτα, πάρα — ἄνα.

§ 221. Modi und Infinitiv

1. Der selbständige Konj. (mit od. ohne ἄν) berührt sich (als Modus 221
der Erwartung) nahe mit dem ind. fut.

Καί ποτέ τις εἴπῃσιν, vgl. ὥς ποτέ τις ἐρέει.
Οὐ γάρ πω τοίους ἴδον ἀνέρας οὐδὲ ἴδωμαι.

2. Ἄν od. κέ(ν) **steht,** abweichend vom att. Gebrauch (§ 191), zuweilen beim ind. fut.: Καί κέ τις ὧδ' ἐρέει.

im potentialen Vordersatz:

Εἰ τούτω κε λάβοιμεν, ἀροίμεθά κε κλέος ἐσθλόν.

häufig in Finalsätzen (vgl. § 191, 6):

Ἀλλ' ἴθι, μή μ' ἐρέθιζε, σαώτερος ὥς κε νέηαι.

selten beim Opt. des Wunsches: ὥς κέ οἱ αὖθι | γαῖα χάνοι.

3. Ἄν od. κέ(ν) **steht** abweichend vom att. Gebrauch zuweilen **nicht** beim potentialen Optativ:

Ῥεῖα θεός γ' ἐθέλων καὶ τηλόθεν ἄνδρα σαώσαι.

beim Konjunktiv im Bedingungs-, Relativ- und Temporalsatz:

Εἰ δ' αὖ τις ῥαίησι θεῶν ἐνὶ οἴνοπι πόντῳ, | τλήσομαι.
Ζεὺς αὐτὸς νέμει ὄλβον Ὀλύμπιος ἀνθρώποισιν,
ἐσθλοῖς ἠδὲ κακοῖσιν, ὅπως ἐθέλῃσιν, ἑκάστῳ.
Ζεὺς | ἀνθρώπους ἐφορᾷ καὶ τίνυται, ὅς τις ἁμάρτῃ.

Ὦ φίλοι, οὐ γάρ πω καταδυσόμεθ' ἀχνύμενοί περ
εἰς Ἀΐδαο δόμους, πρὶν μόρσιμον ἦμαρ ἐπέλθῃ.

bes. auch in Vergleichen:

Ὡς δ' ὅτε καπνὸς ἰὼν ἐξ ἄστεος αἰθέρ' ἵκηται
τηλόθεν ἐκ νήσου, τὴν δήιοι ἀμφιμάχωνται,
ὣς ἀπ' Ἀχιλλῆος κεφαλῆς σέλας αἰθέρ' ἵκανεν.

beim irrealen Indikativ: ἔνθα με κῦμ' ἀπόερσε (hätte fortgerissen).

4. Der Inf. als Zweckbestimmung:

ε 475 βῆ ῥ' ἴμεν schritt aus zum Gehen,
Β 107 (σκῆπτρον) Ἀγαμέμνονι λεῖπε φορῆναι hinterließ zum Führen,
Α 8 ξυνέηκε μάχεσθαι trieb zusammen zum Kämpfen,
Η 372 ἴτω . . . εἰπέμεν soll gehen, um zu sagen,
γ 176 ὦρτο . . . οὖρος ἀήμεναι erhob sich, um zu wehen.

5. Der Inf. imperativisch:

Νοστήσας δὴ ἔπειτα φίλην ἐς πατρίδα γαῖαν
σῆμά τέ οἱ χεῦαι καὶ ἐπὶ κτέρεα κτερεΐξαι
πολλὰ μάλ', ὅσσα ἔοικε, καὶ ἀνέρι μητέρα δοῦναι.

Τῷ νῦν μή ποτε καὶ σὺ γυναικί περ ἤπιος εἶναι.
μηδ' οἱ μῦθον ἅπαντα πιφαυσκέμεν, ὅν κ' ἐὺ εἰδῇς,
ἀλλὰ τὸ μὲν φάσθαι, τὸ δὲ καὶ κεκρυμμένον εἶναι.

6. acc. c. inf. im Gebet:

Ζεῦ ἄνα, Τηλέμαχόν μοι ἐν ἀνδράσιν ὄλβιον εἶναι,
καί οἱ πάντα γένοιτο, ὅσα φρεσὶν ᾗσι μενοινᾷ.

Griechische Bezeichnungen grammatischer Begriffe nach Dionysios Thrax (Wilamowitz, Griech. Lesebuch II 382ff.)

ὄνομα (*nomen*), ῥῆμα (*verbum*)[1]), μετοχή (*participium*)[2]), ἄρθρον (*articulus*)[3]), ἀντωνυμία (*pronomen*), πρόθεσις (*praepositio*), ἐπίρρημα (*adverbium*), σύνδεσμος (*coniunctio*).

γένος (*genus*), ἀρσενικόν (*masculinum*), θηλυκόν (*femininum*), οὐδέτερον (*neutrum*).

ἀριθμός (*numerus*), ἑνικός (*singularis*), δυικός (*dualis*), πληθυντικός (*pluralis*).

πτῶσις (*casus*)[4]), ὀρθή oder εὐθεῖα (*casus rectus*) oder ὀνομαστική (*nominativus*), γενική (*genetivus*)[5]), δοτική (*dativus*), αἰτιατική (*accusativus*)[6]), κλητική (*vocativus*).

ἔγκλισις (dafür *modus*), ὁριστική[7]) (dafür *indicativus*), προστακτική (*imperativus*), εὐκτική (*optativus*), ὑποτακτική (*subiunctivus*), ἀπαρέμφατος[8]) (*infinitivus*).

διάθεσις (dafür *genus verbi*), ἐνέργεια (*activum*), πάθος (*passivum*), μεσότης (*medium*).

πρόσωπον (*persona*).

χρόνος (*tempus* in der Bedeutung Zeitstufe), ἐνεστώς (*praesens*), παρεληλυθώς (*praeteritum*), μέλλων (*futurum*).

Unterabteilungen des παρεληλυθώς: παρατατικός, παρακείμενος, ὑπερσυντελικός, ἀόριστος = *impf.*, *perf.*, *plqpf.*, *aor.*[9]).

---

[1]) ὄνομα Benennung einer Person oder eines Gegenstandes, ῥῆμα das von ihr Ausgesagte.

[2]) Eine Verbalform, die 'Anteil hat' an der Natur des Nomen. μετοχή heißt 'Anteilnahme', *participium* soll das auch bedeuten; vgl. *princeps : principium = particeps : participium.*

[3]) Das Gelenk, welches das Substantiv in den Satz einfügt.

[4]) Der Ausdruck stammt wahrscheinlich vom Würfelspiel, wo es, neben der πτῶσις ὀρθή, πτώσεις πλάγιαι (seitliche Fälle) gab.

[5]) Vgl. Δαρείου καὶ Παρυσάτιδος παῖδες γίγνονται δύο — Κῦρος ὁ Δαρείου.

[6]) Griechisch Kasus des Bewirkten (αἰτιατόν); die Übersetzung *accusativus* beweist grobes Mißverständnis.

[7]) Nur Aktivum und Passivum voneinander 'abgrenzend', ohne die Sonderbedeutung der übrigen Modi.

[8]) Von παρεμφαίνω; 'nicht nebenbei andeutend', nämlich Person, Numerus, Modus.

[9]) Diese Benennungen gehen auf ganz verschiedene Systeme zurück. Ein älteres System unterschied in jeder der drei Zeitstufen a) einen παρατατικός ('ein Sichentlangstrecken [Dauern] bezeichnend') oder ἀτελής, b) einen συντελικός ('Vollendung bezeichnend'). Unser Imperfekt war παρατατικὸς παρῳχημένος, unser Perfekt συντελικὸς ἐνεστώς. Zu einem συντελικός (*perfectum*) ist ein ὑπερσυντελικός (*plusquamperfectum*) durch Mißverständnis hinzugebildet, zu beiden das lateinische *imperfectum*. Der Aorist heißt so, weil er weder in die Kategorie a) noch in die Kategorie b) gehört.

Anhang

Zur Geschichte der griechischen Sprache

§ 1. Abstammung des Griechischen: Daß das Griechische sprachlich in gerader Linie vom Indogermanischen abstammt, ist seit der Entdeckung der sprachlichen Zusammenhänge eine unbestrittene Tatsache. Auch die Art dieser Abstammung schien völlig klar zu sein. Nach der geographischen Lage der Wohnsitze nämlich, die die einzelnen indogermanischen Völker zu Beginn der geschichtlichen Überlieferung einnahmen, ergab sich folgende Zweiteilung:

A. Westlicher Zweig: Griechisch, Germanisch, Italisch, Keltisch;

B. Östlicher Zweig: Indisch-Iranisch (auch „arisch" in engerem Sinne genannt), Armenisch, Albanesisch, Baltisch-Slawisch.

Dieser geographischen Lagerung entsprach scheinbar auch eine sprachliche Gliederung. Ihr auffälligstes Merkmal ist die Behandlung der K-Laute. Wer beim Aussprechen der Silben Kunst gut — Kind Gin-ster auf die Vorgänge in seinem Munde achtet, wird spüren, daß das k und g in den beiden ersten Fällen weiter hinten im Munde gebildet wird als in den beiden letzten, daß der Zungenrücken sich in den beiden ersten Fällen dem weichen Gaumen (Gaumensegel, velum), in den beiden letzten Fällen dem harten Gaumendach (palatum) nähert; deshalb spricht man von velaren und palatalen K-Lauten. Velar sind bei uns die K-Laute vor a, o, u, palatal die vor e, i, ü. In der sog. ostindogermanischen Gruppe sind nun die Palatale zu Zischlauten geworden, während die westindogermanischen Sprachen diesen Wandel nicht kennen. Kennwort ist das Wort für hundert: lat. centum (ursprünglich kentum zu sprechen), griech. ἑκατόν, aber z. B. altiranisch satem. Man nannte demgemäß die ostindogermanischen Sprachen Satemsprachen, die westindogermanischen Kentumsprachen. Diese sprachlich-geographische Gleichsetzung ist allerdings durch neue Funde unhaltbar geworden: Eine zu Anfang dieses Jahrhunderts in Zentralasien neu gefundene indogermanische Sprache (das Tocharische) ist trotz der starken indischen Kultureinflüsse eine Kentumsprache (känt „hundert"), und ebenso scheint es mit einer zweiten neu entdeckten „ostindogermanischen" Sprache zu stehen, dem Hethitischen, der indogermanischen Sprache des Hethiterreiches im östlichen Kleinasien aus dem Anfang des 2. Jahrtausends v. Chr. (Hauptfundort: Boghasköi, östlich von Ankara).

§ 2. Gliederung des Griechischen: Von Norden her drangen die indogermanischen Eroberer in die Balkanhalbinsel ein und unterwarfen die dort ansässigen Bewohner, ohne sie ganz zu vernichten. An verschiedenen Stellen des griechischen Sprachgebiets (Kreta, Kypern, Lemnos) haben sich Reste der vorgriechischen Sprache in für uns vorläufig allerdings nicht verständlichen Inschriften erhalten, und auch die griechische Sprache selbst zeigt Spuren eines vorgriechischen Einflusses (z. B. die Bildungssilbe -νθο- in Κόρινθος, Τίρυνς u. ä.). Vielleicht ist auch der eine oder andere Lautwandel im Griechischen auf diesen vorgriechischen Einfluß zurückzuführen.

Wie sich die Landnahme der Indogermanen auf der Balkanhalbinsel vollzog, läßt sich deutlich von der Sprachenkarte Griechenlands ablesen: Die drei Hauptmundarten, das Ionisch-Attische, das Äolische und das Dorische, spiegeln die drei großen Züge wieder, in denen sich im Laufe des zweiten Jahrtausends die Eroberung vollzog. Alle diese Mundarten sind uns aus Schrifttum und Inschriften bekannt; an Bedeutung aber übertrifft das Ionisch-Attische seine Schwestern: Ionisch ist die Sprache Homers und Herodots, Attisch die Sprache, die der Schüler als Griechisch lernt, während ihm in den Gedichten Homers äolische und in den Chorliedern der Tragödie dorische Formen begegnen. Als wesentliches Unterscheidungsmerkmal des Ionisch-Attischen einerseits und des Äolischen und Dorischen andererseits erschien schon den Griechen der Wandel von ᾱ zu η, der im Ionischen allgemein ist, während im Attischen nach ε, ι, ρ ein ᾱ erscheint: dorisch ἁμέρα, ionisch ἡμέρη, attisch ἡμέρα. So verschieden die griechischen Mundarten auch im einzelnen sein mögen, sie alle zusammen machen das aus, was man unter „Griechisch" versteht; und die Sprecher der griechischen Mundarten bilden das griechische Volk, so wie die Sprecher der deutschen Mundarten das deutsche Volk bilden. Neben dem stolzen νικᾶμες auf dem dorischen Tempel zu Selinus steht ebenbürtig das νενικήκαμεν der Marathonsieger.

§ 3. Die Schrift: **Schon äußerlich werden die griechischen Mundarten zusammengehalten durch das feste Band der — abgesehen von einzelnen Abweichungen** — einheitlichen Schrift. Etwa um die Jahrtausendwende haben die Griechen ein vorderasiatisches Alphabet zu einer Schrift umgestaltet, die dann die Grundlage für alle europäischen Alphabete abgeben sollte. Das mag folgende Tafel veranschaulichen[1]):

Bilderschrift	Vorderasiatisch	Griechisch	Lateinisch	Karolingische Minuskeln	Russisch (Druckschrift)
Stierkopf	𐤀	A	Aa	a	А
nach oben spitz zulaufende Zelttür	𐤃	Δ	Dd	d	Д
Fingerhand	𐤊	K	Kk	k	К
Ochsenstachel	𐤋	Λ	Ll	l	Л
Kopf mit Hals (Vorderansicht)	𐤒	Ϙ	Qq	q	—
Kopf mit Hals (Seitenansicht)	◁	▷	Rr	r	Р

Das wesentliche Verdienst der Griechen aber ist es, die Schrift nicht nur äußerlich umgeformt, sondern vor allem auch bedeutungsmäßig umgestaltet zu haben. Während

[1]) Nach A. Laudien, Griechische Fibel für kleine Lateiner (M. Diesterweg, Frankfurt 1927)

im Alphabet der Vorlage vielleicht noch jedes Zeichen den Wert Konsonant + Vokal hatte (Silbenschrift), bezeichnen die Griechen mit jedem Zeichen einen Laut (Lautschrift). So erhielten die Griechen und mit ihnen die anderen indogermanischen Völker Europas eine ihrer Sprache angepaßte Schrift; denn gerade hier spielt ja die Vielheit und der Wechsel der Vokale eine wichtige Rolle.

Mit den Buchstaben selbst haben die Griechen auch die Namen dafür übernommen oder in Anlehnung an bereits vorhandene Benennungen gebildet. Nur die erweiterten Namensformen ε ψιλόν, υ ψιλόν, ο μικρόν und ω μέγα entstanden erst in byzantinischer Zeit, und zwar auf Grund von Rechtschreibungsregeln: αι und ε sowie οι und υ waren in der Aussprache als e bzw. i zusammengefallen, und die Regel gab an, ob ein Wort mit Diphthong αι (οι) oder mit einfachem ε (υ) (διὰ τοῦ ἐ [ὐ] ψιλοῦ) geschrieben wurde. Da auch ο und ω gleich gesprochen wurden, mußte festgestellt werden, welche Wörter mit einem (der Gestalt nach) kleinen bzw. großen o geschrieben wurden.

Wie sich aus dem griechischen Alphabet die verschiedenen europäischen Schriftarten entwickelt haben, so hat dieses selbst seine innergriechische Geschichte: einzelne Zeichen verändern ihre Form, ja manche erhalten einen anderen Lautwert. Das Alphabet, das wir „griechisch" nennen, ist auf ionischem Boden entstanden, wurde im Jahre 403/2 amtlich in Attika eingeführt und hat dann im Laufe des folgenden Jahrhunderts Allgemeingeltung im griechischen Sprachgebiet erhalten. Aus der Geschichte des Alphabets seien folgende Veränderungen hervorgehoben. Die älteste griechische Schrift kannte auch Zeichen für h, q, v sowie ein weiteres Zeichen für s. ϙ (q) und ϡ (s), Koppa und Sampi genannt, wurden genau gesprochen wie κ und σ und durch diese ersetzt; sie haben nur noch den Wert von Zahlzeichen. Ähnlich erging es dem Zeichen für den Dauervokal Vau = Ϝ (wegen seiner Form Digamma genannt); dieses Zeichen erübrigte sich, als der Laut im Ionisch-Attischen verstummt war. In umgestalteter Form ς ist es als Zahlzeichen für 6 erhalten geblieben. Anders die Geschichte des Zeichens für den Hauchlaut, der ursprünglich mit H bezeichnet wurde. Im Ionischen war h verstummt, und man benutzte das vorhandene Zeichen zur Bezeichnung des offenen, langen e-Lautes: aus Heta war Eta geworden. Im Attischen, wo man ein Zeichen für h brauchte, half man sich, indem man H in zwei Teile zerlegte: ⊢ und ⊣. Daraus entstanden durch Verkürzung und Abrundung die Zeichen ʻ (Spiritus asper) und ʼ (Spiritus lenis).

Auch für den Wandel des Lautwerts einzelner Zeichen seien einige Beispiele gegeben. υ wurde ursprünglich wie u gesprochen und hat diesen Wert auch in den Diphthongen behalten. ει und ου hatten ursprünglich den Wert von Doppellauten, wurden aber dann als einfache lange Laute gesprochen, ει zunächst wie ē (z.B. dtsch. See); so konnte man das aus der Kontraktion von ε + ε hervorgegangene oder durch Ersatzdehnung für ε entstandene ē mit ει schreiben. Man nennt dieses ει unechtes ει im Gegensatz zum echten ει, das aus ε + ι kontrahiert ist oder im Ablaut zu ι steht. ει wird dann später wie i gesprochen (εἰρήνη dtsch. Irene). Ähnlich entwickelt sich ου (o + u) über ō (Kontraktion von o + o, Ersatzdehnung von o) zu ū.

Bei den Konsonanten sei die wechselnde Aussprache von ϑ, φ, χ erwähnt. Ursprünglich wurden sie als behauchte Laute (Aspiraten) gesprochen, also t, k, p mit nachstürzendem Hauchlaut (so erklärt sich, daß beim Zusammentreffen von Tenuis und Spiritus asper ϑ, φ, χ entstehen, s. Gr. § 20). Später werden sie als Reibelaute (engl. th, f, ch) gesprochen. Unsere Aussprache stellt also eine Zwischenlösung dar: Wir sprechen zwar ϑ als behauchten Laut (t + h), φ u. χ dagegen als Reibelaut (f, ch).

§ 4. Der Akzent: Eine griechische Schöpfung sind gleich der Schrift die Akzentzeichen, mit dem Unterschied allerdings, daß sie erst angewandt wurden, als die Bedürfnisse des Schulunterrichts es erforderten, d. h. in der alexandrinischen Zeit. Sie sollen zunächst den Schüler mehrdeutige Worte erkennen und verstehen lassen; erst in der nachchristlichen Zeit werden die Texte in zunehmendem Maße mit Akzenten versehen.

Was die Akzente bezeichnen sollen, ergibt sich aus dem Namen: lat. accentus (ad + cantus) ist die Übersetzung des griech. προσῳδία „das Dazugesungene". Im Griechischen wurden also die betonten Silben nicht so sehr, wie bei uns, lauter gesprochen als die unbetonten, sondern höher oder tiefer. Wir nennen diesen Akzent den musikalischen Akzent im Gegensatz zu unserem „exspiratorischen" Akzent. Nach der Betonung unterscheiden die Griechen zunächst naturgemäß zwei Arten von Silben:

1. Die Silbe ist hochbetont, sie trägt dann den hohen, hellen Ton, die προσῳδία ὀξεῖα = accentus acutus;
2. die Silbe ist tiefbetont, sie trägt dann den tiefen dumpfen Ton, die προσῳδία βαρεῖα = accentus gravis, und zwar beträgt der Unterschied zwischen hoch- und tiefbetonter Silbe etwa eine Quinte.

Nach den alexandrinischen Betonungsregeln soll jede Silbe, die den Hauptton nicht hat, mit dem Gravis versehen werden, man müßte also z. B. schreiben χρήσὶμὸς ἂνθρὼπὸς. Nun können aber lange Silben zwei Töne auf sich vereinigen, indem sich die Stimme zuerst hebt und dann senkt; der Akzent wird also gewissermaßen über die ganze Silbe hingezogen (προσῳδία περισπωμένη = accentus circumflexus): φὶλέὲτὲ = φὶλεῖτὲ. Aus ^ wird dann durch Abrundung ⁀ und schließlich ~. Schon die Form zeigt also, daß der Zirkumflex entsteht durch ein Zusammentreffen von Akut an erster Stelle und Gravis an zweiter Stelle und nicht umgekehrt. So erklärt sich die Betonung von τιμῶν aus τιμάὼν im Gegensatz zu ἑστώς aus ἑστὰώς (vgl. § 11 Gr.). Zwischen dieser alexandrinischen Betonungsweise und der heute üblichen (auch für das Neugriechische gültigen), die erst von den byzantinischen Grammatikern eingeführt wurde und bei der der Gravis lediglich Ersatz für den Akut auf der letzten Silbe im Satzzusammenhang ist, klafft ein tiefer Unterschied, für den seither eine allgemein anerkannte Erklärung nicht gefunden werden konnte. Bezeichnend ist, daß das Fragewort τίς wer ?, das immer die höchste Tonstelle im Satz hatte, von der byzantinischen Regel nicht betroffen wurde.

Anmerkung. Da der griechische Wortakzent musikalischer Natur war, der Rhythmus des Verses ader in einem Wechsel von Kürze und Länge bestand, existiert der Widerspruch zwischen Wortakzent und dem sogenannten Versakzent für das griechische Ohr überhaupt nicht.

§ 5. Von den Lauten—Vorbemerkungen: Im Verlaufe der geschichtlichen Entwicklung unterliegen die sprachlichen Formen Wandlungen, die z. T. zurückzuführen sind auf die gegenseitige Beeinflussung benachbarter Laute, zum Teil aber auch keinerlei äußerlich erkennbare Ursachen haben. Die wissenschaftliche Forschung hat nun gezeigt, daß sich der Lautwandel nach bestimmten festen Gesetzen ohne willkürliche Ausnahmen vollzieht und daß bei Erklärung dieser Ausnahmen ganz bestimmte Grundsätze anzuwenden sind. Davon seien die wichtigsten hier angeführt.

I. Die Lautgesetze sind in ihrer Wirkung zeitlich beschränkt. Im Attischen wird das lange α außer nach ε, ι, ρ zu η. Als aber in der Lautfolge νσ (aus ντj) ν mit Ersatzdehnung schwand, war dieses Lautgesetz nicht mehr in Geltung; daher πᾶσα über πανσα aus παντjα, gegenüber ἔφηνα aus ἐφανσα mit ursprünglichem νσ.

II. Ein Lautgesetz hebt ein anderes Lautgesetz auf. Von dem Stamm σεχ wäre ein mit Spiritus asper anlautendes Präsens zu erwarten gewesen. Das Hauchdissimilationsgesetz verursachte den Schwund des Hauchs, daher ἔχω.

III. Von besonderer Wichtigkeit ist die Wirkung der Analogie (ἡ ἀναλογία = die Entsprechung), d. h. Angleichung an ähnliche oder verwandte Formen des Sprachgebiets. So entstehen in der Sprache auch „falsche" Formen, die durch den Gebrauch zu „richtigen" Formen werden. Aus dem Deutschen läßt sich etwa anführen: Das Präteritum von backen buk wurde zu backte umgebildet, nach dem Muster anderer schwacher Verba. Analogiebildungen kommen in allen Sprachen vor. Beispiele aus dem Griechischen:

1. Die Kontraktion von ε + α hätte außer nach ε, ι, ρ ein η ergeben müssen. ὀστέα Nom. plur. zu ὀστοῦν wird aber zu ὀστᾶ kontrahiert, weil eben der Nom. Plur. Neutr. meist auf α ausgeht.
2. Nach § 8, 3 Anh. schwindet σ zwischen Vokalen; in der Aoristbildung ἔλυσα, ἐπαίδευσα erscheint es dennoch, weil zahlreiche Formen mit σ (ἔγραψα, ἔλεξα) daneben stehen, besonders weil das σ das besondere Kennzeichen des schwachen Aorists ist.
3. Nach der strengen Fassung des Hauchdissimilationsgesetzes (§ 20, 2) schwindet der Hauch des ersten Lautes. Im Imperativ 2. Pers. Sg. des Aor. Pass. aber heißt es παιδεύθητι. Alle übrigen Formen des Aorists weisen die Bildungssilbe θη auf; der Imperativ würde aus dem System herausfallen, wenn die lautgesetzliche Veränderung einträte. Um das zu verhindern, wird der zweite Hauchlaut dissimiliert.
4. Analogiebildung liegt auch vor, wenn für τj statt σ ein ττ erscheint, z. B. ἐρέττω: ἐρέτης; κρείττων : κράτος; ἡ Κρῆττα : ὁ Κρής, Κρητός.

Nach diesen Gesichtspunkten soll im folgenden die in der Grammatik gegebene Lautlehre ergänzt und vertieft werden.

§ 6. Von den Vokalen 1. Der griechische Vokalismus im Verhältnis zum deutschen und lateinischen Vokalismus: Zu Beginn der Überlieferung ist der griechische Vokalismus im allgemeinen altertümlicher als der deutsche, während er mit dem lateinischen vielfach übereinstimmt. Die wichtigsten Abweichungen des Deutschen sind:

Griech.:	Lat.:	Dtsch.:			
ᾱ	ā	ū	φράτηρ	frater	Bruder
ε	e	i, e	ἐστί	est	ist
			δέκα	decem	zehn
ο	o	a	ὀκτώ	octo	acht
υ	u	o	ζυγόν	iugum	Joch.

Vor Beginn unserer literarischen Überlieferung macht sich jedoch eine Neigung geltend, die in der Folgezeit immer stärkeren Umfang annahm, die Neigung nämlich, offene Vokale geschlossen zu sprechen. Auch hier nur die auffälligsten Wandlungen:

u (geschr. υ) wird über ü zu i,
ae (geschr. η) wird über e zu i,
ei (geschr. ει) wird über e zu i,
ou (geschr. ου) wird über o zu u,
ai (geschr. αι) wird über ä zu e.

Das Endergebnis dieser Entwicklung, das im Neugriechischen vorliegt, und auch die einzelnen Etappen sind nicht gleichzeitig erreicht worden; es hat auch in der Schrift keinen Ausdruck gefunden; so wird heute noch γυναῖκα geschrieben, doch jinéka gesprochen.

2. Auch was die Quantität der Vokale angeht, erweist sich das Griechische als ein treuer Hüter indogermanischen Erbgutes. Die wenigen Neuerungen lassen sich in folgenden Regeln zusammenfassen:

a) Langdiphthonge (das sind alle Diphthonge, deren erster Vokal lang ist, also alle Vokale mit ι subscriptum; dazu ηυ und das im ionischen Dialekt Herodots durch Kontraktion entstandene ωυ) bleiben im allgemeinen nur im Auslaut erhalten, werden im Inlaut gekürzt: St. βασιληυ, Nom. Sing. βασιλεύς; St. νᾱυ, Nom. Plur. νᾶες, ion.-att. νῆες, Nom. Sing. νᾰῦς.

b) Vokal vor langem Vokal wird gekürzt: Gen. Plur. νεῶν statt νηῶν.
ἕως statt ἠώς.

c) Langer Vokal wird gekürzt vor Liquida oder Nasal + Konsonant: ἔβην : βάντων.

d) Quantitative Metathese: Die Quantitäten werden vertauscht, d. h. die Silbenfolge — ◡ wird ◡ —, in folgenden Fällen:

α) ηο wird εω, z. B.
πόλεως aus πόληος
νεώς aus νηός
χρέωμαι aus χρή-ομαι.

β) ηᾰ wird εᾱ, z. B.
βασιλέᾱ aus βασιλῆα
ἑᾶλων aus ἡάλων.

Anmerkung: Das so entstandene ω der Schlußsilbe hat auf die Akzentsetzung keinen Einfluß (s. § 46 Gr.).

3. Dem Bestreben, die Silbenquantität zu erhalten, dient auch die § 14 Gr. besprochene Ersatzdehnung. Durch den Schwund eines Konsonanten (σ, j) wäre eine positionslange Silbe kurz geworden. Man vermeidet diesen Wechsel, indem man den vorhergehenden Vokal dehnt. Die Silbenlänge hätte auch durch Einführung einer neuen Doppelkonsonanz erhalten werden können, so erklärt sich hom. ἔμμεναι (aus ἐσμεναι) neben attisch εἶναι (aus ἐσναι).

4. Wesentlich stärker verändert wurde der Vokalismus durch den Schwund der Laute j, σ, ϝ zwischen Vokalen. Das so entstandene „Auseinanderklaffen" der Vokale

(lat. hiatus) wurde durch Kontraktion beseitigt. Ihre Ergebnisse sind § 11 Gr. ausführlich dargestellt. Es bedarf hier nur noch einzelner Bemerkungen.

a) Durch die Kontraktion von ε + ε und durch die Ersatzdehnung für ε war langes e entstanden, das aber ει geschrieben wurde (unechtes ει § 3 Anh.), während die Kontraktion ε + ι echtes ει ergab. Trat nun das unechte ει in Hiat, so konnte das Ergebnis der Kontraktion nur ein nicht i-haltiger Vokal sein, aus der Kontraktion mit echtem ει aber mußte ein i-Diphthong entstehen. Beispiele für unechtes ει:

τιμᾶν aus τιμάειν aus τιμα-εεν
δουλοῦν aus δουλόειν aus δουλο-εεν (§ 80 Gr.)
ἆραι aus ἀεῖραι aus ἀϝερσαι.

Beispiele für echtes ει:

τιμᾷ aus τιμάει, δουλοῖ aus δουλόει.

b) εο, εου, εω, εοι, εα, εη, εῃ bleiben im Attischen unkontrahiert, wenn hinter dem ε ein ϝ ausgefallen ist, so in δέω „ermangle“ (hom. δεύομαι), βασιλέᾱ, ἐννέα, ἡδέος. Der Ausfall des ϝ fand aber erst statt, als die Neigung zur Kontraktion von Vokalen verschiedener Qualität aufgehört hatte.

c) In der ältesten (noch vorgriechischen) Zeit tritt eine Kontraktion ein, die aber mit den in § 11 Gr. angegebenen Kontraktionsregeln nicht übereinstimmt. So erklärt sich der Unterschied zwischen syllabischem und „temporalem“ Augment (§ 72 Gr.). Auch (ursprünglich) vokalisch anlautende Verba erhielten das syllabische Augment ε, dessen vorgriechische Kontraktion dann die Länge des Vokalanlautes bewirkte. Bei Verben, die erst durch den Schwund von j, σ, ϝ vokalischen Anlaut erhielten (§ 88, 1 Gr.), galten natürlich die „griechischen“ Kontraktionsregeln, also ε + ε = ει: εἶχον aus ἔσεχον
εἴθιζον aus ἐϝεθιζον
εἶμεν aus ἔjεμεν
ε + ι = ει:! εἶδον aus ἔϝιδον.

5. Während die seither besprochenen Fälle des Vokalwandels sich im Griechischen selbst vollziehen, ist der Ablaut (§ 15 Gr.) eine Eigentümlichkeit der indogermanischen Grundsprache. Das weist vor allem das Deutsche aus, das neben dem Griechischen oft die indogermanische Weise getreu bewahrt hat. In beiden Sprachen dient der Ablaut zur Bildung von Wörtern und Formen, und zwar

a) die Abtönung griech. ε : ο, dtsch. e : a

α) zur Bildung von Substantiven (§ 207 Gr.):
griech. λέγω : λόγος
dtsch. geben : Gabe;

β) zur Bildung des griechischen starken Perfekts (bildungsgleich mit dem deutschen Imperfekt):

griech. ἐγενόμην : γέγονα
dtsch. gebe : gab;

b) die Abstufung (Schwundstufe) zur Bildung des Plurals des Perfekts:

οἶδα : ἴδμεν (att. ἴσμεν) =
weiß : wissen.

Das Griechische verwendet die Schwundstufe ferner

a) im Ind. Präs. Impf. Aor. der Verba auf -μι, und zwar im Akt. im Du. und Pl., im Med. durchweg: ἴ-μεν (εἶ-μι); τί-θε-μεν (τί-θη-μι); φᾰ-μέν (φη-μί); τί-θε-μαι; ἔθεμεν;
b) im Imperativ auf -θι derselben Verba: wie ἴθι zu εἶμι;
c) im starken Aor.: ἔφυγον zu φεύγω; ἔπαθον zu πένθος; ἐτράπην zu τρέπω;
d) in den mit ι reduplizierten Präsensstämmen mit Bildevokal: γί-γν-ομαι, ἴ-σχ-ω (< *σι-σχ-ω vom St. σεχ in ἔχω); ἵζω < *σι-σδ-ω; τίκτω < *τι-τκ-ω;
e) im Verbaladjektiv: τα-τός (St. τεν); δαρ-τός (St. δερ).

§ 7. Von den Halbvokalen: Unter Halbvokalen versteht man Laute, die sowohl wie Vokale als auch wie Konsonanten gebraucht werden. Es sind dies die Liquidae und Nasale (λ, μ, ν, ρ) sowie j und v = ϝ.

1. Über die Liquidae und Nasale ist das Nötige § 16 Gr. gesagt; es bleibt hier nur noch übrig, die Entsprechungen des Griechischen, Lateinischen und Deutschen anzuführen.

a) Die Liquidae und Nasale in konsonantischer Verwendung entsprechen sich im allgemeinen in den drei Sprachen. Nur im Auslaut wandelt das Griech. μ in ν (§ 22 Gr.); vgl. lat. taurum und griech. ταῦρον.

b) Als Vokale haben diese Laute folgende Entsprechungen:

		Griech.	Dtsch.	Lat.
	r		or, ur	or
	l		ol, ul	ol (ul)
	m	α	um, om	em
	n		un, on	en (in)
Beispiel:		Griech.	Dtsch.	Lat.
		α privativum	un	in
		ἄδικος	ungerecht	iniustus.

Silbisches n ist in diesem Falle die Schwundstufe von ne 'nicht', vgl. lat. ne-scio.

Anmerkungen: 1. Vor Vokalen erscheint silbisches n als ἀν: ἀνώνυμος.
2. Wechsel zwischen konsonantischen und silbischen l, m, n, r:

πατρ-ός : πατράσιν (aus πατρ-σιν)
φίλο-ν : πόδα (aus ποδ-m).

2. Der Halbvokal j ist früh geschwunden; über die Verbindung von j mit Konsonant s. Gr. § 19. Zwischen Vokalen schwindet er (τρεῖς aus τρεες aus τρεjες = lat. tres = dtsch. drei), im Anlaut wird er entweder zu ῾ (ἧπαρ lat. iecur) oder zu ζ (ζυγόν — iugum — Joch).

3. Der Halbvokal v = ϝ schwindet im Attischen immer: οἶκος lat. vicus — dtsch. Weichbild (Lehnwort! „Ortsbild"); νέος — novus — neu.

Anmerkung: ϝ konnte im Inlaut aus υ als zweitem Bestandteil eines Diphthongs entstehen, wenn ein Vokal folgte: St. βου, gen. *βοϝος; St. βασιληυ, gen. *βασιληϝος.

§ 8. Von den Konsonanten

1. Die Mutae im Verhältnis zu den lateinischen und deutschen Mutae. Die griechischen Laute sind altertümlicher als die deutschen und lateinischen.

Mediae:			
	gr. β	= lat. b	= dtsch. pf, f
	στέμβω	= lat. —	= dtsch. stampfe
	gr. δ	= lat. d	= dtsch. z [s(s)]
	δέκα	= decem	= zehn
	gr. γ	= lat. g	= dtsch. ch, k
	ζυγόν	= iugum	= Joch.
Tenues:			
	gr. π	= lat. p	= dtsch. f (= v)
	πατήρ	= pater	= Vater
	gr. τ	= lat. t	= dtsch. d, t
	φράτηρ	= frater	= Bruder (vgl. auch πατήρ)
	gr. κ	= lat. c	= dtsch. h
	δείκνυμι	= dico	= zeihe.
Aspiratae:			
	gr. φ	= lat. f	= dtsch. b
	φύω	= fui	= baue
	gr. ϑ	= lat. b, f, d	= dtsch. t
	ἐρυθρός	= ruber	= rot
	ϑύρα	= foris	= Tür
	gr. χ	= lat. h (g)	= dtsch. g
	χήν	= (h)anser	= Gans
	χάσκω	= hio	= gähne.

Anmerkung: Die großen Unterschiede, die zwischen dem deutschen und griechischen Konsonantismus bestehen, sind durch zwei Lautverschiebungen — die germanische und die hochdeutsche Lautverschiebung — verursacht.

Über den Lautwert von φ, χ, ϑ vgl. § 3 Anhang.

2. Während sich das Griechische in der seitherigen Betrachtung als eine konservative Sprache erwies, sind nun doch auch Veränderungen eingetreten, die der Sprache ein neues Aussehen gaben. Vielfach beobachten wir im Griechischen in etymologisch zusammengehörigen Wörtern einen Wechsel von Dental und Labial (τίς : πόϑεν, ϑείνω : φόνος), der sich aus dem Griechischen allein nicht erklären läßt. Die Sprachvergleichung hat dann gelehrt, daß das Indogermanische außer den in Abschnitt 1 behandelten Verschlußlauten Laute besaß, die aus einem velaren Laut (s. § 1 Anh.) mit nachstürzendem w bestanden und die man Labiovelare nennt (vgl. dtsch. Quelle, lat. equus). Die Vertretung dieser Laute im Griechischen zeigt folgende Übersicht:

	Attisch u. ionischer Dialekt Homers		Lateinisch	Deutsch
	v. dunklem Vokal oder Konsonant	vor hellem Vokal		
Tenuis	π	τ	qu; c vor u und bisweilen vor o	meist im Anlaut w für älteres hw; im Inlaut h
	πόθεν; ποινή ἕπομαι	τίς; τίνω	quis (poena Lw.) sequor	wer (Pein Lw.) sehe
Media	β	δ, nur in einzelnen Mundarten erhalten	gu; vor Konsonant g; im Anlaut vor Vokal v	k, qu
	βαίνω		venio	komme, bequem
		δελφύς 'Mutterleib' (ἀ-δελφός)		Kalb
	βοῦς		bos, Lw. aus einem anderen italischen Dialekt	Kuh
	βίος	δίαιτα	vivo	er-quick-en, Queck-silber
Aspirata	φ	θ	Anlaut f; Inlaut zwischen Vokalen v	w
	φόνος	θείνω	of-fendo	
		θερμός	fornax 'Ofen'	warm
	ἀγάν-νιφ-ος		niv-em	schneien, ahd. snîw-an

3. Von stärkerem Einfluß auf die Formgestaltung der griechischen Sprache aber war der Wandel des s-Lautes. Auch andere indogermanische Sprachen bezeugen die geringe Widerstandskraft dieses Lautes (vgl. dtsch. Verlust: verlieren, lat. genus: generis aus genesis, ferner die Tatsache, daß auslautendes s im Altlatein unter gewissen Bedingungen schwindet, s. Cicero, Orator 48, 161). Die hier zutage tretende Neigung hat sich nun im Griechischen am stärksten durchgesetzt. Hier bleibt der s-Laut erhalten: 1. im Auslaut immer, 2. im An- und Inlaut nur in Verbindung mit Verschlußlauten (über ντσ § 18, 3 Gr.). In allen übrigen Verbindungen wird er zu h oder schwindet, z. T. mit Ersatzdehnung. Im einzelnen gelten folgende Regeln:

a) Im Anlaut wird σ zu (h) ʽ vor Vokalen[1]) und in der Verbindung σϝ vor Vokal (ἑπτά : septem : sieben, ἡδύς : suavis : süß), es schwindet in Verbindung mit Fließlauten (z. B. μία aus σμια, Schwundstufe zu σεμ; ῥέω aus σρεϝω[2]) : S[t]rom).

b) Im Inlaut schwindet σ zwischen Vokalen (γένους aus γενεος aus γενεσος), in Verbindung mit Fließlauten und ϝ schwindet es teils mit Ersatzdehnung, teils mit Verdoppelung des Fließlautes (vgl. § 18 Gr., ferner: εἴληφα aus σεσληφα; εἰμί aus ἐσμι; aber ἔρρεον aus ἐσρεϝον, θαρρέω : hom. θαρσέω, ἕννυμι aus ϝεσνυμι).

Die Verbindung σj wird zu j, das sich mit dem vorhergehenden Vokal zu einem Diphthong verbindet (εἴην aus ἐσjην).

Dieser starke Verlust des s-Lautes im Griechischen wird nun allerdings z. T. ausgeglichen durch die Schaffung eines neuen σ, das zunächst entsteht durch Vereinfachung von σσ (hervorgegangen aus σ + σ: ἔπεσιν aus ἔπεσ-σιν; Dental + σ: ποσίν aus ποσσίν aus ποδσιν; τ, θ + j : μέσος aus μέσσος aus μεθjος, § 19, 3 Gr.). Weiter entwickelt sich Dental vor Dental zu σ (οἶσθα aus οἰδ-θα, πέπασθε (Ilias Γ 99) aus πεπαθ-τε). σ entsteht dann ferner aus den Lautgruppen -τι- zwischen Vokalen (τίθησιν aber ἐστίν; δόσις aber πίστις), -ντι- (παιδεύουσι aus παιδεύοντι, Ersatzdehnung, s. § 77[1] Gr.) und -ντj- (πᾶσα aus παντjα § 41, 3 Gr.). Schließlich trägt auch analogische Erhaltung (z. B. Aorist der Verba vocalia. ἐπαίδευσα) oder analogische Neuschöpfung (πέπεισμαι. πέφασμαι) zur Stärkung des s-Bestandes bei.

4. Über die Beseitigung anderer schwer sprechbarer Konsonantengruppen im Griechischen gibt § 17 Gr. die nötige Auskunft. Es muß allerdings gesagt werden, daß die dort aufgezeigten Ergebnisse oft nicht auf lautgesetzlicher, sondern auf analogischer Entwicklung beruhen (vgl. die Bemerkungen zur Perfektbildung der Verba muta und liquida § 16, 4 Anh.). Im allgemeinen haben einander nahestehende Konsonanten die Neigung, sich einander anzuähneln (Assimilation): συλλέγω aus συν-λέγω, während einander fernstehende Konsonanten eher das Bestreben zeigen, sich zu verunähnlichen (Dissimilation): μάρτυς aus μαρτυρς, ἀργαλέος aus ἀλγαλεος. Auf diese Weise konnten auch ganze Silben schwinden: ἀμφορεύς aus ἀμφιφορευς. — Neben der Verminderung von Konsonantenhäufung, z. B. bei πέπεμμαι (s. § 82, 5 Gr., vgl. dtsch. Schiffahrt) steht andererseits eine Konsonantenentfaltung zwischen Nasal und Liquida, und zwar entwickelt sich zwischen ν und ρ: δ (ἀνήρ: ἀνδρός, § 42, 2 Gr.) und zwischen μ und λ, ρ: β (ἤμβροτε zu ἁμαρτάνω, μέμβλετο zu μέλομαι). Tritt eine solche Lautgruppe dann in den Anlaut eines Wortes, so wird die Konsonantenhäufung wieder beseitigt durch Schwund des anlautenden μ: zum Stamm mor- (lat. morior) gehört ἄμβροτος aus ἀ-μροτος und βροτός aus μβροτος, zum Aorist ἔμολον heißt das Präsens βλώσκω aus μβλωσκω aus μλωσκω.

[1]) Als Vokale gelten auch silbische Nasale: Schwundstufe von sem 'zur Einheit verbunden' (gr. εἷς < sems, lat. semel, dtsch. samt) wird zu sa, ἁ- : ἁπλοῦς simplex; wenn die nächste oder eine folgende Silbe mit einer Aspirata beginnt, zu ἀ : λέχος 'Bett', ἄλοχος 'Gattin'; δελφύς 'Mutterleib', ἀδελφός 'Bruder'; κέλευθος 'Weg', ἀκόλουθος 'Weggenosse, folgend'; durch Angleichung an solche Fälle erscheint auch sonst ἀ : κοίτη 'Lager', ἄκοιτις 'Gattin'.

[2]) Überhaupt ist anlautendes griech. ρ immer aus ϝρ oder σρ entstanden (daher der Spiritus asper); ursprünglich anlautendes ρ erhielt einen Vokalvorschlag (ἐρυθρός: ruber : rot).

§ 9. Zur Formenlehre

Vorbemerkungen Der Überblick über die Entwicklung der Laute ergab, daß das Griechische in vielen Fällen das indogermanische Erbgut getreulich bewahrte. Dasselbe kann von den Formen gesagt werden, wenn auch naturgemäß im Laufe der Geschichte Neuerungen das ursprüngliche Aussehen der Sprache veränderten. Ererbt ist insbesondere die Zweiteilung zwischen Nomen und Verbum, die keineswegs allen Sprachen der Erde eigen ist, und damit eine zwiefache Flexion: die Deklination für Nomen und Pronomen, die Konjugation für das Verbum. Ererbt ist weiter die Art der Formenbildung, die Tatsache nämlich, daß Formen nicht nur einfach durch Anfügen von Endungen, sondern vielfach auch durch Veränderung des Stammes (Ablaut) gebildet werden oder daß sich (bei der Steigerung und beim Verbum) mehrere Stämme zu einem Paradigma vereinigen. Ererbt ist schließlich auch die Dreizahl der Numeri (Singular, Plural, Dual); dabei ist allerdings festzustellen, daß der Dual in immer steigendem Maße durch den Plural ersetzt wird; so erklärt sich im Attischen, wo der Dual noch am gebräuchlichsten war, die mangelnde Kongruenz (§ 113, 2 Gr.). Andererseits hat das Griechische den ursprünglichen Formenbestand teils vermehrt (etwa durch Neuschöpfung des Passivaorists und des ϰ-Perfektums), teils aber auch vermindert (durch Verringerung der Zahl der Kasus, § 128 Gr.).

§ 10. Zur Bildung der Kasus

1. Neben der eigentlichen Nominalflexion kannte das Indogermanische eine besondere Flexion für die Pronomina. Bei der engen Verbindung, die zwischen Nomen und Pronomen besteht (Artikel!), ist es leicht erklärlich, daß die Ausgänge der beiden Flexionen sich gegenseitig beeinflussen. Gen. Pl. der α-Stämme: χωρῶν aus χωράων aus χωρασων (mit Schwund des σ zwischen Vokalen und Beseitigung des nunmehr entstandenen Hiats durch Kontraktion; daher die Betonung!), vgl. lat. terrarum aus terrasom.

2. Die Dativendung -ι, die in der 3. Deklination die allein herrschende geworden ist, dient ursprünglich zur Bildung des Lokativs (vgl. auch οἴκοι). Das eigentliche Dativsuffix -ai finden wir in der a- und o-Deklination, wo es mit den Stammesausgängen zu ᾳ (ῃ) bzw. ῳ kontrahiert wurde.

3. Der Ablaut, der als formbildendes Prinzip bei den a- und o-Stämmen keine wesentliche Rolle spielt (höchstens etwa bei der Bildung der Vokative, πολίτης : πολῖτα, φίλος : φίλε), hat für die 3. Deklination eine ungleich größere Bedeutung. Am besten spiegelt die Deklination der Verwandtschaftsnamen (§ 42 Gr.) die ursprünglichen Verhältnisse wider, wenn auch hier der vollstufige Gen. Pl. πατέρων bereits eine analogische Umbildung ist (die ältere Form πατρῶν z. B. Od. δ 687). Sonst ist der die Einheitlichkeit des Paradigmas störende Ablaut vielfach beseitigt, so in ποιμέσι für ποιμασι aus ποιμνσι (§ 40 Gr.; Schwundstufe wie πατράσι).

§ 11. Zu den einzelnen Deklinationen

1. Zur a-Deklination: Die Feminina gehen im Nom. Sg. aus auf ᾱ, η oder ᾰ; der Unterschied zwischen α und η zeigt sich nur im Attischen und erklärt sich nach § 2 Anh.; dagegen haben ᾰ nur die Stämme, welche mittelst eines j gebildet wurden: μοῖρα 'Teil, Geschick' aus σμορ-jα, τράπεζα aus τετρα-πεδ-jα (πούς, ποδός, pes, pedis, Tisch, eig. 'Vierfuß') (§ 19 Gr.). Die Maskulina unterscheiden sich von den lateinischen männlichen a-Stämmen (agricola, nauta) dadurch, daß sie nach dem Vorbild der o-Stämme den Nominativ Sg. mit ς und den Genitiv Sg. auf ου bilden.

2. Zur o-Deklination: Die sog. attische Deklination ist keine Eigentümlichkeit des attischen Dialekts, sondern so benannt worden, weil sie im späteren Griechisch ausstarb und die alten attischen Schriftsteller, die sie bewahrt hatten, als Sprachmuster galten. Sie ist entstanden durch die sog. Metathesis quantitatum (§ 6, 2 Anhang): νᾱός: νηός: νεώς, ἵληος: ἵλεως. An diese Deklination angeschlossen hat sich das ursprünglich nach der 3. Deklination flektierte ἡ ἕως, das aber seinen alten Akkusativ (ἕω) bewahrt hat.

3. Zur 3. Deklination: Die Besonderheiten dieser Deklination begreifen sich sehr oft als lautgesetzliche Entwicklungen (so der Wechsel zwischen ν und α im Akk. Sg. nach § 16 Gr.) oder analogische Neuschöpfungen (etwa χείρ aus χερς, Gen. ursprünglich χερός usw., vgl. Soph. Ant. 14, dann mit Angleichung an den Nominativ χειρός, nur der Dat. Pl. hat gewöhnlich den kurzen Vokal ε). An drei Fällen sollen die Möglichkeiten sprachl. Entwicklung aufgezeigt werden:

a) Der Stamm von πόλις hat drei Ablautstufen: πολη̯, πολε̯ und πολι. Danach ergeben sich für Homer πόληος usw., πόλιος usw., πόλεος, πολεϊ > πόλει. Attisch πόλεως aus πόληος mit Verbleib des Akzents auf der ersten Silbe (§ 6, 2 Anh.) und daher auch Gen. plur. πόλεων; πολε hat sich dann weiter ausgebreitet über den Dativ πόλεσι und den Akkusativ πόλεις aus πολε-νς.

b) Ζεύς. Zugrunde liegt die indogermanische Wurzel djēu, Schwundstufe διϝ, 'leuchtend, Himmel, Tag'. Davon Nom. Ζηυς:Ζεύς.Genitiv und Dativ von der Schwundstufe: Διός, Διί. Der Akkusativ hieß idg. djēm, woraus sich Ζῆν ergab, und diese Form ist wirklich bei Homer erhalten. Sie wurde zu Ζῆνα erweitert und hom. Ζηνός, Ζηνί dazu gebildet, andererseits zu Διός, Διί, Δία.

c) Zur Deklination der Neutra: Bei den Neutra ist α aus silbischem ν entstanden, vgl. ὄνομα lat. nom-en. Im Gegensatz zum Lateinischen aber ist der Stamm um einen Dental (τ) erweitert, der in dieser Sprache nur in Weiterbildungen erscheint (nomen: cognomentum).

§ 12. Zur Steigerung der Adjektiva

1. Das Suffix -τερο hat ursprünglich keine komparativische Bedeutung, sondern stellt nur gegensätzliche Begriffe einander gegenüber: ἡμέτερος-ὑμέτερος; ἀριστερός (Akzent wohl durch Angleichung an δεξιός)-δεξιτερός (homerisch). Von τέτρατος (hom.), ἔνατος, δέκατος wurde andrerseits -ατος als selbständiger Ausgang abgelöst und damit τρίτος zu hom. τρίτατος erweitert. δεύτερος (zu δεύομαι ermangle) wurde als Komparativ, τρίτατος als Superlativ empfunden. So kam es, daß -τατος zur Bildung von Superlativen verwandt wurde.

2. Ererbt dagegen sind die Steigerungsendungen -ίων, -ιστος; dabei ist zu beachten, daß die kontrahierten Formen im Akk. Sg., Nom. und Akk. Pl. von einem s-Stamm gebildet sind, der mit dem Nasalstamm vermischt wurde: ἡδίω aus ἡδιο(σ)α (vgl. lat. maiorem aus maiosem), ἡδίους aus ἡδιο(σ)ες; der Akk. Pl. hat dann die Form des Nom. übernommen.

3. Ererbt ist weiter die Tatsache, daß Begriffe wie groß, klein, gut, schlecht, viel, wenig ihre Steigerungsformen mit verschiedenen Stämmen bilden. Ähnlich steht es mit den Stammformen besonders häufiger Verba (sein, essen, gehen, laufen, tragen, nehmen, sagen, sehen, vgl. § 111 Gr.).

§ 13. Von den Pronomina: 1 Sie gehören zu den am besten erhaltenen Wortgruppen in den indogerm. Einzelsprachen. Das zeigen schon die Personalpronomina: ἐγώ, ἐμοῦ, dtsch. ich, meiner, lat. ego, mei. Im Plural erscheint wieder ein anderer Stamm; und in der Tat bedeutet wir nicht mehrere ich, sondern ich und andere.

2. Im Griechischen wird τίς wie ein Nasalstamm dekliniert. Ursprünglich aber war dieses Pronomen, wie lat. quis, cuius (aus quoius) beweist, ein i-Stamm, der mit einem e/o-Stamm wechselte. Und tatsächlich sind auch von diesen Stämmen abgeleitete Formen im Gebrauch (vgl. § 67, Anm. 1 Gr.):

a) Vom e/o-Stamm sind abgeleitet:

Gen. τοῦ (aus τεο) = τίνος (bzw. enklitisch = τινός)
Dat. τῷ (aus τεῳ) = τίνι (bzw. enklitisch = τινί)
Gen. ὅτου = οὗτινος
Dat. ὅτῳ = ᾧτινι.

b) Vom ι-Stamm sind abgeleitet:

ἅττα = enkl. τινά; ἅττα = ἅτινα.

ἅττα regelmäßig aus ἁ-κjα (vgl. lat. quia). ἅττα dagegen ist falsche Abstraktion: durch mißverständliche Trennung wurde ὀλίγα τjα > ὀλίγα ττα in ὀλίγ' ἅττα verändert.

§ 14. Zu den Zahlwörtern: Wie die Pronomina gehören auch die Zahlwörter zur indogermanischen Erbmasse (vgl. δύο, lat. duo, dtsch. zwei; τρεῖς, lat. tres, dtsch. drei; δέκα, lat. decem, dtsch. zehn) und lassen sich daher aus dem Griechischen nicht erklären. Dagegen vollzieht sich die Entstehung des Zahlwortes εἷς wieder in der griechischen Sprachgeschichte selbst. Auszugehen ist vom Stamm sem- (vgl. lat. sem-el, sem-per). Der Nom. des Mask. ist sigmatisch gebildet, also sems = hems = εἷς, im Neutrum erscheint der reine Stamm ἕν aus sem. Von da aus ist -ν- in die anderen Kasus eingedrungen. Das Femininum weist die Schwundstufe des Stammes auf (sm-) und wird mit -ja gebildet: sm-ia wird μία (vgl. auch § 8, 3, Anm. 1 Anh.).

§ 15. Zur Flexion des Verbums: Das griechische Verbalsystem gibt im großen ganzen ein getreues Spiegelbild des indogermanischen Sprachzustandes. Es ist also altertümlicher als das lateinische und deutsche; so ist sein Optativ im lat. und deutschen Konjunktiv, sein sigmatischer Aorist in dem lat. si-Perfekt aufgegangen, das starke Perfekt mit o-Abtönung ist bildungsgleich mit dem deutschen starken Präteritum.

Ererbt ist weiter der Unterschied zwischen primären und sekundären Endungen[1]) und schließlich die Zweiheit der Konjugationen. Diese Zweiheit beruht aber ursprünglich nicht so sehr auf einer Verschiedenheit der Flexion, sondern auf einer Verschiedenheit der Stammbildung. Wie beim Nomen Stämme auf ε/ο (φίλο-ς, φίλε) neben Stämmen ohne solchen Auslaut (φυλακ-) stehen, so gibt es Verba, deren Stamm auf ε ablautend mit ο (φερε/φερο) endigt, während andere Verba anderen Auslaut haben

[1]) Wenn man von Haupt- und Nebentempora, von primären und sekundären Endungen spricht, so liegt dabei die Vorstellung zugrunde, daß die Sprache sich zunächst einen Ausdruck für die Gegenwart geschaffen habe, die Tempora der Vergangenheit aber erst später hinzugekommen seien.

(δεικ-). Da nun z.B. zu dem Nominalstamm βασιλεύ-ς der Verbalstamm βασιλευε/ο- gehört, konnte man den Stammauslaut ε/ο als „Bildevokal" auffassen und mit seiner Hilfe auch Formen zu Verbalstämmen bilden, die diesen Ausl. nicht haben. — Der in der Verschiedenheit der 1. Pers. Sg. bereits bestehende Unterschied (-ω bzw. -μι) wird durch lautgesetzliche und analogische Umgestaltung der Endungen der 2. und.3 Pers. Sg. noch vertieft, so daß schließlich das Ergebnis eine klare Scheidung in zwei verschiedene Konjugationsarten ist.

§ 16. Bemerkungen zur Formenbildung: Die Grundsätze der Formenbildung des Verbums sind im wesentlichen in der Grammatik selbst dargelegt. Zur Ergänzung folgen einige Einzelbemerkungen.

1. Dem Präsens läßt sich nicht ohne weiteres ansehen, was für ein Aorist zu ihm gehört. Immerhin kann man feststellen, daß neben j-Präsentien sigmatische Aoriste stehen, während starke Aoriste mit Vorliebe ein Nasalpräsens zu sich nehmen.

2. Zum Futurum: Das griechische fut. act. med. ist teilweise eine indogermanische Bildung, teilweise innerhalb des Griechischen aus dem kurzvokaligen coni. aor. erwachsen. Es finden sich auch Futura, die so entstanden sind, daß man aus einem inf. aor. II. act. auf -εῖν einen e-Stamm erschloß und nun von diesem ein Futurum bildete: σχεῖν, σχήσω; εὑρεῖν, εὑρήσω; hom. πεπιθεῖν, πεπιθήσω.

Es gibt Verba, bei denen durch Ausfall des σ nach kurz bleibendem Endvokal das Futurum dem Präsens gleich geworden ist: καλέω, τελέω, χέω, hom. ἀνύω, ἐρύω, ἀντιόω (für ἀντιάω); bei anderen ist das asigmatische Futurum eigentlich ein Konjunktiv, wie zum B. πίομαι, ἔδομαι, hom. κείω (κήω); endlich finden sich wirkliche Präsentia, die als Futura gebraucht werden: εἶμι, hom. νέομαι, δήω, βέομαι (βείομαι).

Das Futurum Atticum (§ 89 Gr.) ist aus demselben Grunde wie die attische Deklination und Reduplikation so benannt. Es gibt auch ein Futurum Doricum (πλευσοῦμαι, φευξοῦμαι § 112, πεσοῦμαι § 111, 9, hom. ἐσσεῖται); dies war wirklich eine den Dorern eigentümliche Bildeweise; hier lautete z. B. von πολεμέω das Futurum πολεμησῶ.

3. Zum Aorist:

a) Aor. I. act. med. wurde wohl ursprünglich ohne Bildevokal gebildet. (Reste so gebildeter medialer Aoristformen von konsonantischen Stämmen mit den Endungen -μην, -το, -σθαι, -μενος sind in größerer Zahl bei Homer erhalten, s. § 219, 9 Gr.).

b) Über das durch Angleichung hergestellte σ in ἔλυσα vgl. § 5 Anh. Es gibt auch Aoriste mit den Ausgängen des aor. I. act. med. ohne σ: hom. ἤνεικα, danach att. ἤνεγκα, εἶπα; hom. ἔκηα, ἔχευα (aus ἐχεϝα, att. ἔχεα). ἠλεύατο, ἀλέασθαι sind wohl durch Ausfall des σ entstanden.

Reduplizierte starke Aoriste sind: ἤγαγον; ἤνεγκον; att. εἶπον aus hom. ἔειπον aus *ἐ-ϝε-ϝπ-ον; hom. ἐπέπληγον, πεπλήγοντο; τεταρπώμεσθα; ἐπέφραδε, πεπιθεῖν (dazu πεπιθήσω), πεφιδέσθαι (dazu πεφιδήσεται); ἔτετμε; ἔπεφνε; ἀμπεπαλών; κέκλετο; ἤραρον; ὤρορον.

4. Zum Perfekt:

Bildungsprinzip des starken Perfekts Akt. ist urprünglich die e/o-Abtönung (ἐγενόμην: γέγονα), die allerdings nur dem Singular zukam; der Plural hatte Schwundstufe (γέγονα : hom. γέγαμεν aus γε-γν-μεν, δέδοικα : δέδιμεν, οἶδα : ἴσμεν, hom. ἴδμεν).

Diese Vielheit des Vokalismus fiel weg, indem a) der Ablaut ganz aufgegeben wurde: γέγραφα, πέφευγα; b) die o-Stufe durchgeführt wurde: τέτροφα, λέλοιπα.

Das schwache Perfekt Akt. mit dem Kennlaut κ ist eine griechische Bildung, deren Ursprung nicht sicher ist; sie mag ausgegangen sein von vokalischen Stämmen, die eine Erweiterung durch κ zeigen: τίθημι, ἔθηκα; hom. ὀλέκω = ὄλλυμι. Noch im Attischen sind Reste von Perfektbildungen vokalischer Stämme ohne κ erhalten: ἕστᾰμεν, ἐτέθνᾰσαν, δέδιμεν; zahlreichere bei Homer: βέβαμεν, βεβάασι, πεφύασι, κεκμηώς, κεχαρηώς, κεκοτηώς.

Neben dem κ-Perfekt, das ursprünglich nur zu den Verba vocalia gebildet und erst in nachhomerischer Zeit auf Verba liquida wie ἔσπαρκα und einen Teil der Verben mit dentalem Stammauslaut wie πέπεικα ausgedehnt wurde, haben die Griechen noch eine weitere Neuschöpfung vollzogen, das aspirierte Perfekt. (Die Aspiration z. B. in τέταχα, βέβλαφα ist aber nicht ursprünglich (hom. κεκοπώς), sondern wohl auf einem Umweg entstanden: zu τέταχθε bildete man, obgleich der Stamm ταγ hieß, die dritte Person τετάχαται (-αται aus -νται); von da wurde die Aspiration in das Aktivum übertragen.)

5. Der Konjunktiv wurde stets mit Bildevokal gebildet, und zwar von Anfang an mit kurzen und langen Vokalen. Im Attischen sind die langvokaligen Formen durchgedrungen, weil sie als Konj. leichter kenntlich waren. Bei Homer sind kurzvokalige Formen sehr häufig: ἴομεν, θήομεν (θέωμεν), δώομεν, στήομεν (στέωμεν), στήετε, δαμήετε, τραπήομεν. Formen mit langem Stammvokal und langem Bildevokal: θήω, θήῃς, γνώω, γνώῃς, στήωσι, δαμήω, δαήω, μιγήῃς, φανήῃ.

6. Der Optativ hat sekundäre Endungen. Er zeigt in der 3. Pers. Pl. Akt. die alte Endung εντ, die zu εν wurde. Sein Moduszeichen ist die Bildesilbe -jη-, abgelautet -ῑ-: τιθε-jη-ν zu τιθείην; ἐσ-jη-ν zu εἴην; plur. τιθε-ῑ-μεν zu τιθεῖμεν. Die mit -jη-gebildeten Formen griffen dann auch auf den Plural über.

7. Augment (und Reduplikation vokalisch anlautender Verba): Daß die durch eine Verbalform bezeichnete Handlung in der Vergangenheit liegt, wird in vielen Fällen durch die Endung allein bezeichnet. Zu größerer Verdeutlichung diente schon im Indogermanischen eine Partikel e-, die vor den Stamm des Verbums trat, das Augment; es konnte aber auch fehlen. Mit anlautendem Vokal verschmolz die Partikel schon in vorgriechischer Zeit (s. § 6, 4c Anh.); über ἔρρεον usw. § 8, 3b Anh.

§ 17. Zu einzelnen Verben und Stammformen

Zu § 90, 1. 2. ζῆν und χρῆσθαι haben den Stammauslaut η; vgl. χρή § 103, 4. Wenn der Ausgang mit einem O-Laut beginnt, so ist das Kontraktionsergebnis dasselbe wie bei den Verben auf -άω.

Zu § 90, 4, 5, 7. Die Unterlassung der Dehnung und das Erscheinen des σ erklärt sich bei mehreren dieser Verben daraus, daß der St. ursprünglich auf σ endigte: τελέω (τέλος), αἰδέομαι (αἰδώς), ἀκούω. Bei anderen wirkte Angleichung, z. T. an Verben gleicher oder entgegengesetzter Bedeutung; so bei ἐπαινέω wohl an das homerische νεικέω 'schelte' (νείκεσσα zu νεῖκος). — σ-Stamm lag auch vor bei ἄχθομαι (§ 110, 8), ἀχθέσομαι, ἠχθέσθην (ἄχθος); ἕννυμι (§ 112), ἠμφίεσα, ἠμφίεσμαι (ves-tis); σβέννυμι (§ 112), σβέσω, ἔσβεσα, ἔσβεσμαι, ἐσβέσθην; ζώννυμι (§ 112), ἔζωσμαι, ζωστός. Daran haben sich andere Verba auf -νυμι angeschlossen. Auch μιμνήσκω (§ 109, 10) ἐμνήσθην und γιγνώσκω (§ 109, 11) ἔγνωσμαι, ἐγνώσθην, γνωστός danken ihr σ nur der Angleichung.

Zu § 97: Die Präsentia τίθημι, ἵημι, δίδωμι, ἵστημι sind mit Reduplikation gebildet; τίθημι hat die Wurzel θη/θε, vgl. lat. fa-cio, ἵημι Wurzel jη/jε, vgl. lat. ia-cio, ἵστημι Wurzel στη/στα, vgl. lat. stāre. Zur o-Färbung der Wurzel von δίδωμι (δω/δο) vgl. lat. dōs 'Mitgift' und den alten Imperativ ce-do 'gib her'.

Zum Aorist ἔθηκε = lat. fēcit, ἧκε = lat. iēcit: Beachte den Ablaut θη: θε, ἡ: ἑ. So erklärt sich auch der Gegensatz von ἧκα: εἷμεν; denn ἧκα ist Vollstufe (wie ἔθηκα) und aus ἐjηκα entstanden; εἷμεν dagegen enthält die Schwundstufe (wie ἔθεμεν) und ist aus ἐjεμεν (ε + ε = ει) abzuleiten.

Zu § 103, 3: a) Man erwartet wie im Lateinischen (sum:es) und bei den übrigen bildevokallosen Verben Ablaut (εσ : σ). Die Schwundstufe ist aber nur erhalten in der 3. Pers. Plur. εἰσί(ν) aus senti. Der lautgesetzlich für anlautendes σ- zu erwartende Spiritus asper ist durch die Analogie nach den anderen Präsensformen beseitigt. — b) Vor Nasal schwindet -σ- mit Ersatzdehnung, daher εἰμί aus esmi, εἶναι aus esnai. Die 1. Pers. Plur. lautet ἐσμέν nach dem Vorbild von ἐστέ. — c) Im Konj. ist zwischenvokaliges -σ- geschwunden, ε- wird dann mit dem (gedehnten) thematischen Vokal kontrahiert: ὦ aus e(s)o (= lat. ero). — d) Der Optativ (εἴην aus ἐσιην) zeigt den Ablaut des Suffixes iē : i (= altlat. siem : simus). Daneben aber gibt es auch für den Plural vollstufige Formen (εἴημεν,εἴητε, εἴησαν) nach dem Vorbild des Singulars. — e) Zum Imperfekt: 1. Person: ἦν, daneben auch ἦ aus ἠσν = ἠσα = ἦα; an ἦ tritt dann nach dem Vorbild der anderen Imperfekte -ν: ἦν. 2. Person: ἦς + θα. 1. Plur.: ἦμεν aus ἠσμεν, und danach auch ἦτε neben regelrechtem ἦστε. Die 3. Pers. Plur. beruht auf einer Analogiebildung nach dem σ-Aorist.

Zu § 108: Zur Nasalklasse gehören von Verben des attischen Dialekts auch βαίνω (§ 101, 2) aus βα-νjω, ὀφείλω (§ 85, 3) 'schulde' aus ὀφελ-νω (hom. ὀφέλλω, nicht zu verwechseln mit hom. ὀφέλλω aus ὀφελjω 'fördere' zu ὄφελος, ὠφελέω); ferner alle Verba auf -νυμι (auch ὄλλυμι aus ὀλνυμι) § 104f. und ὑπισχνέομαι (§ 111, 5), endlich Verba, die das ν durch einen Teil des Averbo oder durch das ganze Averbo verschleppt haben: φαίνω (vgl. φάος), κρίνω, κλίνω (hom. ἐκλίνθην). Im Lat. gehören hierher Verba wie contem-no, si-no, andererseits rumpo (ruptus), fingo (fictus), linquo (relictus), im Deutschen denken (dachte). — Die Verba unter b) gehören zugleich in die E-Klasse — αὔξω zeigt eine sehr seltene Bildung des Präsensstammes mittelst σ. St. ἀϝεγ, hom. ἀέξω, abgelautet αὐγ, davon αὔξω: augeo. Ebenso gebildet ist hom. ἀλέξω St. ἀλεκ, abgelautet ἀλκ in ἀλκή.

Zu § 110: Zur E-Klasse gehören außer den Verben § 108, 7—9 αἰδέομαι (hom. αἴδομαι), ἔχω (§ 111, 5), χαίρω (§ 112). — δοκέω gehört zu δέκομαι, der bei Herodot erhaltenen Urform von δέχομαι, und heißt eigentlich 'ich nehme an' (auf das Geistige übertragen, wie ὑπολαμβάνω); die Bedeutung 'scheinen' hat sich erst später entwickelt.

Zu § 111: Nicht alle Verba dieser Klasse gehören in Wahrheit in eine „Mischklasse": ἕπομαι, ἔχω, πάσχω, πίνω, πίπτω, καθίζω, σκοπέω zeigen nur lautgesetzlich entwickelte Formen desselben St. So zeigen ἑσπόμην, ἔσχον, ἔπαθον einfach Schwundstufe des St., bei ἑσπόμην unter Angleichung des Anlauts an den des Präsens. πείσομαι: πένθος = σπείσω: σπένδω. Auch bei dem zur Nasalklasse gehörigen πίνω liegt nur eine seltenere Art des Ablauts vor. σκοπέω: σκεπ = δοκέω: δεκ. Die anderen hier aufgeführten Verba dagegen zeigen in der Tat eine Mischung, insofern ganz verschiedene Wurzeln sich bei ihnen zu einem Averbo vereinigen. Dies erklärt sich daraus (vgl. Gr. § 164, Anm. 2), daß gewisse Wurzeln ihrer Bedeutung nach nur der Aktionsart eines bestimmten Tempusstammes entsprachen: so bedeutete etwa der Stamm von ὁράω (dtsch. wahren) 'vor Augen haben', der von ἰδεῖν 'erblicken', weswegen von jenem nur Formen des Präsens-, von diesem nur Formen des Aoriststammes gebildet wurden (so gab es auch von εἰμί keinen Aorist, weil die Bedeutung des Stammes dem widerstrebte; als Ersatz trat ἔφυν [fui], in Prosa ἐγενόμην ein, wo ein Aorist nötig war). Später sind dann allerdings von solchen unvollständigen Stämmen auch solche Tempora gebildet worden, die der eigentlichen Bedeutung der Wurzeln widersprachen, so von ὁράω ein ἑωράθην. — 6. ὁράω: ἑόρακα ist eine ältere, auch gut attische Form; sie ist lautgesetzlich aus ϝεϝορακα entstanden und hat nur den Spiritus asper aus dem Präsens bezogen. — 12. λέγω ist ergänzt durch Formen des Verbs εἴρω, dessen Präsens im Attischen untergegangen ist. εἴρω aus ϝερjω, stammverwandt mit verbum und Wort; Fut. ἐρῶ, Perf. Akt. εἴρηκα aus ϝεϝρηκα, Aor. Pass. ἐρρήθην aus ἐϝρηθην, Verbaladjektiv ῥητός aus ϝρητος. — 14. καθέζομαι aus καθεδ-jομαι (ἑδ für σεδ); Aor. ἐκαθεζόμην = ἐκαθεσδομην; Impf. und Aor. lauten daher gleich.

Zur Satzlehre

§ 18. Vom Gebrauch der Kasus: Die Kasus der Nomina verbinden sich auf Grund ihrer Eigenbedeutung mit den zu ihnen passenden Verben, sie werden also nicht von ihnen „regiert". Tritt ein Substantiv im Akkusativ zu einem Verbum, so besagt das, daß eine Person oder Sache in vollem Umfang von der Verbalhandlung betroffen wird; der Dativ dagegen drückt aus, daß eine Handlung sich im Interesse einer Person oder Sache vollzieht. So erklären sich die in den einzelnen Sprachen voneinander abweichenden „Konstruktionen". Wenn z. B. zu den Verben des Nützens und Schadens im Deutschen der Dativ, im Griechischen aber der Akkusativ tritt, so liegt das in der Sache selbst begründet: Wir drücken damit aus, daß die Handlung im Interesse der betreffenden Person oder Sache vollzogen wird, der Grieche aber sagt lediglich, daß die Person oder Sache von Nutzen oder Schaden betroffen wird. Soll aber die Anteilnahme des Subjekts zum Ausdruck gebracht werden, so steht auch hier im Griechischen der Dativ, z.B. Soph. Ant. 560 τοῖς θανοῦσιν ὠφελεῖν. Je mehr aber im Laufe der Sprachentwicklung das Gefühl für die Eigenbedeutung der Form schwindet, um so mehr drängt die Sprache darauf, für bestimmte Verbindungen bestimmte Regeln herauszustellen; d.h., eine von den möglichen Konstruktionen wird zum Vorbild, nach dem man sich richtet. So etwa tritt bei Homer nur in vereinzelten Fällen zu den Verben des Essens der Genitiv; in der klassischen Sprache wird diese Verbindung zur Regel, insbesondere, wenn ein Teilbegriff zum Ausdruck gebracht wird, vielleicht deswegen, weil der Genitiv auch sonst oft das partitive Verhältnis ausdrückt. Warum gerade die eine Konstruktion siegreich blieb, vermögen wir nicht in jedem Fall mit voller Sicherheit zu sagen. Wenn z.B. in der homerischen Dichtersprache die Verba des Herrschens sich mit dem Genitiv und Dativ verbinden, die klassische Sprache aber nur die genitivische Verbindung kennt, so kann der Grund dafür der sein, daß der Genitiv, in dem ja schon der alte Ablativ Unterschlupf gefunden hatte, überhaupt zu weiterer Ausbreitung neigte. — Nur wenige Einzelheiten bedürfen noch einer besonderen Erklärung.

1. Zum Akkusativ:

Zu § 136: Der Akkusativ der Beziehung dürfte aus der passiven Konstruktion entstanden sein. In dem Satze ἐπάταξεν αὐτὸν τὴν κεφαλήν ist zum ersten Objekt, dem

Ganzen, zur Erklärung ein zweites, der Teil, getreten (σχῆμα καθ' ὅλον καὶ κατὰ μέρος). Bei der Umwandlung ins Passiv bleibt das zweite Objekt im Akkusativ: ἐπλήγη τὴν κεφαλήν. In Anlehnung an derartige Fälle tritt ein solcher Akkusativ zu solchen Passiven, welche als Aktiva keinen doppelten Akkusativ zu sich nehmen würden (οἱ στρατηγοὶ ἀποτμηθέντες τὰς κεφαλὰς ἀπέθανον), dann zu Adjektiven; endlich sind Verbindungen, die eigentlich Sätze für sich bildeten, in den Zusammenhang des Satzes gezogen, indem das Subjekt als Akkusativ der Beziehung aufgefaßt oder in diesen gesetzt wurde (Διὰ μέσης τῆς πόλεως ῥεῖ ποταμός, Κύδνος ὄνομα, εὖρος δύο πλέθρων. 'Kydnos ist der Name, die Breite beträgt zwei Plethren'). Die Bezeichnung accusativus Graecus stammt aus der lateinischen Grammatik; dieser Akkusativ steht bei lateinischen Schriftstellern vielfach in Nachahmung griechischen Kasusgebrauchs.

Zu § 137: Der Akk. der Richtung ist bei Homer noch sehr häufig, von Sachen (A 322 ἔρχεσθον κλισίην, γ 162 ἔβαν νέας ἀμφιελίσσας) wie von Personen (α 332 μνηστῆρας ἀφίκετο), ja von Abstrakten (ο 366 ἥβην πολυήρατον ἱκόμεθ' ἄμφω); später wird er durch eine Präp. wie εἰς, ἐπί, πρός u. a. näher bestimmt.

Zu § 138: Der adverbiale Akkusativ ist ursprünglich aus anderen Gebrauchsweisen des Akkusativs erwachsen, besonders aus dem Akkusativ des inneren Objekts: οὐδὲν ἤχθετο 'er empfand keinen Verdruß'; τί κλαίεις; 'was für ein Weinen vollziehst du?', πολλὰ ἱκέτευε 'er vollzog viele Akte des Flehens'; ἀπῄει τὴν ταχίστην (sc. ὁδόν) 'er vollzog ein Fortgehen, nämlich den schnellsten Gang'; entsprechend μακράν. So ist das Adverb des Komparativs und des Superlativs entstanden, wenn wir auch den Unterschied im Numerus nicht sicher erklären können: θᾶττον θεῖ 'er vollzieht ein schnelleres Laufen'; τάχιστα θεῖ 'er vollzieht schnellste Akte des Laufens'. Auch andere Adverbien sind eigentlich Akkusative des Inhalts: so εὖ, Neutrum von ἐύς, πάλιν von παλις (zu πέλω) 'Drehung', μάτην von μάτη '(bloßes) Streben', ebenso viele lateinische Adverbien auf -im. Dieser Akkusativ kann auch als Prädikativum stehen: T 301 στενάχοντο γυναῖκες Πάτροκλον πρόφασιν 'sie vollzogen ein Klagen, als Vorwand um Patroklos'. In andern Fällen liegt der schon entwickelte Gebrauch des Akkusativs der Beziehung vor: τἄλλά σε ἐπαινῶ 'in bezug auf das andere lobe ich dich'. Bisweilen liegt auch nur scheinbar ein Akkusativ, in Wahrheit ein Nominativ vor: πρῶτον μὲν γὰρ καὶ μέγιστον οἱ θεῶν ἡμᾶς ὅρκοι κωλύουσι πολεμίους εἶναι ἀλλήλοις (A. 2, 5. 7) 'denn (was) das erste und größte (ist)'.

2. Zum Genitiv

Zu § 139: Nicht überall läßt sich mit Sicherheit sagen, wo der Genitiv des Bereichs und wo ein ursprünglicher Ablativ vorliegt. — Der Genitiv des Bereichs bei Verben ist bei Homer noch sehr gebräuchlich in Fällen, wo das Attische zu Präpositionen greifen muß: Ω 597 ἕζετο τοίχου τοῦ ἑτέρου (an), P 372 νέφος δ' οὐ φαίνετο πάσης γαίης οὐδ' ὀρέων (auf), B 801 ἔρχονται πεδίοιο (durch). Schwerlich darf man aber εἰς Ἀίδαο (Φ 48) auffassen 'in den Bereich des Hades'; vielmehr wird hier δόμους hinzugedacht, das ja auch hinzutreten kann (κ 175); so sagt der Athener εἰς διδασκάλου (näml. οἰκίαν) φοιτᾶν, der Römer apud Vestae (näml. aedem). Ebensowenig heißt ἐμποδών 'im Bereich der Füße', sondern es ist als Gegensatz zu ἐκποδών hinzugebildet; schon der Akzent beweist, daß der Genitiv gar nicht mehr als solcher aufgefaßt wurde. — Dieser Genitiv des Bereichs wird zu einem Genitiv des Sachbetreffs: β 404 μὴ δηθὰ διατρίβωμεν ὁδοῖο (betreffs der Fahrt); so ist wohl auch der Genitiv bei den Verben der gerichtlichen Handlung aufzufassen. — Auch der ablativische Genitiv hat bei Homer noch ein viel weiteres Gebiet: A 359 ἀνέδυ πολιῆς ἁλός, ψ 305 πίθων ἠφύσσετο οἶνος; in beiden Fällen wäre im Attischen ἐκ unentbehrlich.

3. Zum Dativ

Zu § 155, 3: In den Verbindungen wie αὐτοῖς ἀνδράσι geht der Dativ von αὐτός stets voran, und der Artikel fehlt. Das letztere weist auf hohes Alter, und auch das erstere kann kein Zufall sein. Man vermutet, daß bei einer homerischen Wendung wie Ψ 8 αὐτοῖς ἵπποισι καὶ ἅρμασιν ἆσσον ἰόντες es ursprünglich hieß αὐτοὶ ἵπποισι καὶ ἅρμασιν 'sie selbst mit Rossen und Wagen' und dann αὐτοί sich mechanisch dem Dativ anglich.

§ 19. Zur Lehre von der Präposition: Die Präpositionen (griech. προθέσεις) haben ihren Namen daher, daß sie denjenigen Begriffen, zu denen sie gehören, unmittelbar vorangesetzt werden (lat. praeponere, griech. προτιθέναι). Ursprünglich aber waren diese Worte Adverbia, meist mit örtlicher Bedeutung, die sich, wie andere Adverbia, mit einer Verbalform oder einem Kasus verbanden, um diese Verbal- oder Nominalbegriffe näher zu bestimmen. In dieser rein adverbiellen Geltung, die in der älteren Sprache naturgemäß häufiger vorkommt, finden wir im Attischen noch: πρὸς δὲ 'dazu aber'; πρὸς δὲ καὶ 'dazu auch'.

Auch in der Verbindung mit Verben ist die ursprüngliche Selbständigkeit der Präpositionen in der homerischen und dichterischen Sprache noch daran zu erkennen, daß die Präposition von dem zugehörigen Verbum durch andere Worte getrennt werden konnte (Tmesis): ἀπὸ λοιγὸν ἀμῦναι 'Verderben abwehren'.

§ 20. Modi im Nebensatz: In allen Sprachen gab es ursprünglich nur Hauptsätze, die aneinander gereiht wurden (Parataxe). Auch heute noch spricht das Kind so: 'Wir kamen an ein Haus; die Tür stand offen. Wir gingen hinein; da saß ein Mann.' Dann lehrt schärferes Denken das Wichtige vom Minderwichtigen unterscheiden; dieses wird jenem, indem es seine sprachliche Form verändert, untergeordnet, d. h. in die Form eines Nebensatzes gebracht (Hypotaxe): 'Wir kamen an ein Haus, dessen Tür offen stand. Als wir hineingingen, sahen wir einen Mann da sitzen.' Die notgedrungen nach möglichster Genauigkeit strebende Schriftsprache zieht die Hypotaxe vor, die mündliche Rede, die das Gewicht der einzelnen Sätze durch den Ton andeuten kann, liebt die Parataxe; besonders tut es die Sprache des Volkes, aber auch die Dichtung.

Wenn wir einen Nebensatz in seiner Entstehung begreifen wollen, so müssen wir versuchen, auf die Zeit der Parataxe, in der er sich erst bildete, zurückzugehen. Dabei hilft uns im Griechischen häufig Homer. Seine Vorliebe für die Parataxe geht nicht nur auf das höhere Alter des Epos, sondern auch darauf zurück, daß die Sänger in der syntaktischen Fügung sich mehr an die mündliche Rede hielten.

Die Unterordnung konnte durch verschiedene Mittel zum Ausdruck gebracht werden; es werden z. B. besondere satzverbindende Wörter verwandt, die vor allem vom Stamm des Relativpronomens abgeleitet sind. Der Gebrauch des Relativums und der Relativadverbia als Einleitungswörter zu Nebensätzen ist bereits in der Grundsprache ausgebildet gewesen. Nebensatzwörter dagegen, die nicht vom Relativum herzuleiten sind, haben die Möglichkeit, einen Satz einem anderen unterzuordnen, erst im Griechischen erhalten, so etwa εἰ, und das damit zusammenhängende ἐπεί, sowie μή.

μή leitet ursprünglich Prohibitivsätze ein, z. B. ἴστω νῦν Ζεύς... μὴ μὲν τοῖς ἵπποισιν ἀνὴρ ἐποχήσεται ἄλλος (H 229/30). 'Zeus soll es wissen... es soll mir ja kein anderer Mann mit diesem Gespann einherfahren'. Und ebenso ist auch ein Satz zu verstehen wie δείδια, μή τι πάθησιν — 'Ich fürchte; es möge ihm nur nichts zustoßen'. Indem nun die Pause zwischen beiden Sätzen sich verringert, wird μή als Konjunktion empfunden und der ursprünglich selbständige Prohibitivsatz zum abhängigen Befürchtungssatz, also: 'ich fürchte, daß ihm etwas zustößt'.

Die Konjunktion εἰ diente ursprünglich auch dazu, Wunschsätze einzuleiten. Indem nun solche Wunschsätze von einem anderen Satz abhängig wurden, nahmen sie den Charakter von Bedingungssätzen an. So läßt sich auch besonders der Potentialis erklären, dessen Optativ in den meisten Fällen als wünschender Optativ zu verstehen ist. εἰ ἔλθοις, χαρείην ἄν bedeutete ursprünglich also 'möchtest du doch kommen, ich würde mich wohl freuen'; daraus wird 'wenn du kommen möchtest (könntest), würde ich mich freuen'. Und ebenso geht der Irrealis z. T. auf unerfüllbare Wunschsätze zurück: εἰ μὴ ἔθανεν, ὠφέλησεν ἂν ἡμᾶς 'wäre er doch nicht gestorben, er hätte uns geholfen' = 'wenn er nicht gestorben wäre, hätte er uns geholfen'.

§ 21. Die nominalen Verbalformen: A. Infinitiv (Zu § 192f.) Der Infinitiv war im Indogermanischen ein deklinationsfähiges Verbalsubstantivum actionis, entsprechend dem lateinischen Gerundium. Im Griechischen sind Dative (auf -αι) und Lokative (auf -εν) erhalten. Ein Unterschied in der Funktion dieser beiden Arten des Infinitivs bestand, soviel wir erkennen können, nicht, sondern der Infinitiv gab das Ziel der Handlung an. Bei Homer ist diese Bedeutung noch weit verbreitet: § 221, 4. — Die Verwendung des Infinitivs als Subjekt konnte sich z. B. aus dem persönlichen Gebrauch der § 195, 3 genannten Adjektive entwickeln: δυνατός ἐστι λέγειν 'er ist fähig in der Richtung des Sprechens'; danach δυνατόν ἐστι λέγειν. — Der acc. c. inf. ist wohl erst entstanden, als der Infinitiv die Fähigkeit erlangt hatte, Objekt zu werden. In dem Satze 'ich höre ihn sagen' ist das Verbum 'hören' mit zwei Objekten verbunden: 1. 'ich höre ihn', 2. 'ich höre sagen'. Im Griechischen ist dies in noch weiterem Umfange möglich, weil auch ein Verbum des Sagens (Z 480) oder des Hörens (Γ 192) ein persönliches Objekt im Akkusativ bei sich haben kann. Von da aus hat die Konstruktion dann ein viel weiteres Gebiet gewonnen: der Akkusativ schied aus dem Verband mit dem regierenden Verbum aus, und indem nun der Akkusativ mit dem Infinitiv als eine Art von Nebensatz empfunden wurde, wurde der Akkusativ als Subjekt zum Infinitiv gefühlt. Auf dieselbe Weise ist der genetivus absolutus „absolut" geworden.

Zu § 195, 5: 'Absolut' wurde diese Infinitivkonstruktion genannt (wie die des genetivus absolutus) zu einer Zeit, wo man sie als losgelöst aus dem Verbande des Satzes ansah; und dazu sind beide Konstruktionen für das Sprachgefühl des Griechen erst geworden. Ursprünglich war auch dieser Infinitiv es nicht. Der Infinitiv bei Adjektiven näherte sich der Bedeutung eines Akkusativs der Beziehung: O 642 τοῦ γένετ' ἐκ πατρὸς πολὺ χείρονος υἱὸς ἀμείνων παντοίας ἀρετάς, ἠμὲν πόδας ἠδὲ μάχεσθαι. Gleichwertig damit steht der Infinitiv etwa in ἑκὼν εἶναι, ἐμοὶ δοκεῖν. In anderen dieser Infinitive liegt die Zielbedeutung des Infinitivs vor: ὡς εἰπεῖν; ὡς verstärkt wohl den finalen Sinn. Mit ὡς εἰπεῖν zusammengewachsen ist der fast zu einem Adverb erstarrte Dativ des Standpunkts (§ 154, 3) συνελόντι 'für einen der (alles) zusammenfaßt'. ὡς ἐμοὶ δοκεῖν ist Kreuzung von ὡς ἐμοὶ δοκεῖ und ἐμοὶ δοκεῖν.

B. Das Partizip: Zu § 199, 2: Der genetivus absolutus ist z. T. erwachsen aus dem Genitiv in Zeitangaben; vgl. 1) ξ 161 τοῦ δ' αὐτοῦ λυκάβαντος ἐλεύσεται und υ 232 ἦ σέθεν ἐνθάδ' ἐόντος ἐλεύσεται; 2) Λ 690 ἐλθὼν γάρ ῥ' ἐκάκωσε βίη Ἡρακληείη τῶν προτέρων ἐτέων, κατὰ δ' ἔκταθεν ὅσσοι ἄριστοι und α 16 ἔτος ἦλθε περιπλομένων ἐνιαυτῶν; auch aus Partizipialkonstruktionen im Genitiv, die von einem Verbum abhängig waren: Θ 118 τοῦ δ' ἰθὺς μεμαῶτος ἀκόντισε Τυδέος υἱός (nach ihm, als einem Strebenden = als er strebte). Δ 494 τοῦ δ' Ὀδυσεὺς μάλα θυμὸν ἀποκταμένοιο χολώθη (über ihn, den Getöteten = als er getötet war).

Zu § 199, 4: Entstanden ist die Konstruktion des acc. absolutus wie die des gen. absolutus aus solchen Fällen, wo der Akkusativ vom Verbum finitum des Satzes abhing, z. B. Plat. Krit. 46A οὐχὶ ἐσώσαμέν σε, οἷόν τε ὂν καὶ δυνατόν 'Wir haben nicht einen Akt der Rettung an dir vollzogen, einen durchaus möglichen'.

Deutsch-lateinisches Sachregister

Die Zahlen bezeichnen die Paragraphen; S. = Seite.

Griechisches Wortregister

zur attischen Formenlehre und Syntax

Die Zahlen bezeichnen die Paragraphen; u. = unter.
Die Präpositionen und Konjunktionen, welche in § 160 und 204 schon alphabetisch verzeichnet sind, werden hier nicht mehr alle aufgeführt.

Fundstellen

für die Satzbeispiele der Syntax

Bei An. Hell. Kyr. Mem. ist der Autorname Xen. weggelassen. Men. weist auf Menandri γνῶμαι μονόστιχοι in Meinekes Fragm. Com. graec. ed. min. pg. 1041 sqq.

§ 113, 1. Τὰ μεγάλα Trag. adesp. 462. 1 N. Πάντα Pl. Alk. 115a. 2. Δύο An. 4, 1, 19. 3. Ὡς χαρίεν Men. 562. Οὐκ ἀγαθὸν Hom. B 204. 4. Αὕτη An. 1, 1, 7. Πάντες Mem. 1, 2, 42. Ἔγωγε An. 1, 3, 18. Τί φῄς Pl. Men. 71d. 5. Σκηνοῦμεν An. 5, 5, 21. Τριταῖοι Her. 6, 120. Κατέβαινον An. 4, 1, 10. Ἐπύαξα An. 1, 2, 25. Ἑκοῦσαι An. 1, 1, 9.

§ 114, 2. Οἱ μὲν An. 3, 3, 7. Κῦρος δίδωσι An. 1, 1, 9.

§ 115, 1. Ὁ σοφὸς Men. 404. Ξέρξης An. 1, 2, 9. Κῦρος An. 1, 3, 21. 2. Νικᾷ Eur. Suppl. 437. Δεῖ Theophrast (Stob. flor. 31, 10).

§ 116, 2. Ἀπῆσαν Hell. 7, 5, 10.

§ 117, 1. Πολλῶν Men. 449. Αἱ δεύτεραι Eur. Hipp. 436. 2. Πάντων Pl. Theaet. 178b. Anm. 1. Αὐτὴ Lys. 31, 32. Οὗτός ἐστιν Pl. Menex. 248a. Οἱ ἄνδρες An. 3, 2, 18. Ἐγὼ μὲν Thuk. 2. 61, 2.

§ 118. Δέδοικα An. 3, 2, 25. Ὁ τόπος An. 4, 4, 4.

§ 119. Εἶχον An. 1, 2, 16. Παρῆν An. 7, 3, 40.

§ 121, 2. Πᾶσαν Pl. Apol. 20a. Τὴν πᾶσαν nach Thuk. 4, 60. Εἰς πάντας Lys. 14, 42. Εἴ που An. 4, 8, 11. Ναῦς Thuk. 1, 100. Τῷ γὰρ Men. 716.

§ 122. Νέοις Men. 387.

§ 123, 1. Ὁ σοφὸς Men. 404. (Κλέαρχος) An. 1, 5, 14. 2. Λέγουσι An. 5, 6, 36. Κῦρος An. 1, 1, 8.

§ 124. Σοὶ Kyr. 1, 3, 7. Καὶ ὑμεῖς Dem. 40, 8. Κἀπὶ τοῖς Soph. El. 880. Ἀστυάγης Kyr. 1, 3, 1. Μᾶλλον Lys. 24, 14.

§ 125. Ἦδε Thuk. 2, 12, 3. Τεκμήριον An. 1, 9, 29. Ταῦτα An. 2, 1, 20. Κλέαρχος An. 2, 5, 15.

§ 126, 1. Ἔστιν Men. 179. Μακάριος Men. 340. 2. Ἄξιοι An. 1, 7, 3. Οἱ χρησμῳδοὶ Pl. Apol. 22c. Νῦν An. 3, 1, 45. Τούτους An. 1, 9, 14. Ἡριππίδας Hell. 4, 1, 23. Ἀνεῖλεν An. 3, 1, 6. 3. Ἀριαῖος An. 3, 2, 5. Ποῦ δὴ Kyr. 3, 1, 38. Καὶ νῦν Soph. Ai. 458fg. 4. Οἷα Pl. Euthyphr. 15e.

§ 127. Τίς τε Soph. Phil. 56. Μάθε An. 4, 8, 5. Οὐκ ἴστε An. 1, 5,16. Ἀκούσατε Lys. 13, 4.

§ 130. Μέμνησο Men. 348. Οὐδεὶς Men. 582. Ἠισχύνθημεν An. 2, 3, 22. Τὸν ἐπιόντα Thuk. 3, 56, 2.

§ 132. Ἰδίας Men. 673. Δαρεῖος An. 1, 1, 2.

§ 133. Ἀναμνήσω An. 3, 2, 11. Κῦρον An. 1, 3, 14. Τὸν πάντα Eur. Hek. 285. Αἰάκης Hdt. 6, 13.

§ 134. Μέγιστα Pl. Gorg. 525a. Ζήσεις Men. 186. Οὐκ ἔστιν Men. 697.

§ 135. Βασιλεὺς An. 3, 1, 18. Λακεδαιμόνιοι Dem. 18, 28.

§ 136. Βέλτιον Men. 75. Τυφλὸς Soph. O. T. 371.

§ 137. Τῆς Ἑλλάδος An. 3, 1, 2. Ψευδόμενος Men. 547.

§ 140. Πενίαν Men. 463. Παράδεισος An. 2, 4, 12. γέρρα An. 4, 7, 22. βίκος An. 1, 9, 25. Οἱ στέφανοι Dem. 22, 70.

§ 141, 1. Δι' αἰσχύνην An. 3, 1, 10. 2. Ἐάν τις Dem. 24, 103. 3. Ὁ γραμμάτων Men. 438. Ἄνθρωπος Men. 8. 4. Ἔτ' ἔστι Eur. Hipp. 1326. Ἐσφάλημεν Thuk. 4, 85, 2. πολλῶν Dem. 18, 253.

§ 142, 1. Ἀριστεὺς Thuk. 1, 65, 1. 2. Τῶν κηρίων An. 4, 8, 20. Ὀλίγοι An. 3, 1, 3. Anm. 2. Ἔφυγον Thuk. 4, 113, 2.

§ 143. Τριῶν An. 2, 2, 12. τεῖχος An. 2, 4, 12. Πρόξενος An. 2, 6, 20.

§ 145, 1. Τῶν πόνων nach An. 4, 3, 2. Ἀπέχει Thuk. 2, 5, 2. 2. Ὁ μηδὲν Antiph. com. 265. 3. Πειρᾶσθε Kyr. 1, 5, 13. 4. Ἀκούσεσθε Pl. Apol. 17b. Ἀκούσαντες An. 4, 4, 21. Νέος Men. 384.

§ 146. Σιγὴ Men. 477. Φιλεῖ Men. 528. Προσήκει Thuk. 6, 16,1.

§ 147. Ἄνθρωπος Pl. Menex. 237 d. Παυσανίας Hell. 3, 5, 25.

§ 148. Εὐδαιμονίζω An. 1, 7, 3.

§ 149. Τῶν πόνων Epicharm, angef. in den Mem. 2, 1, 20 u. a. Ἰητρὸς Hom. Λ 514.

§ 150. Πολλῶν Isokr. 4, 157.

§ 152. Ἡ μωρία Men. 224. Νόμοις Men. 372. Οὐκ ἔστιν Men. 407.

§ 153. Ἐνταῦθα An. 1, 2, 7. Ἕκαστος Dem. 18, 205.

§ 154, 1. Μή μοι Pl. Apol. 20e. οὕτως Soph. Ant. 37. 2. Ἐὰν An. 1, 8, 12. 3. Ἐμοὶ Hom. τ 183.

§ 155, 1. Σοφοῖς Men. 475. Θεῷ Men. 247. 3. Μίαν Thuk. 7, 25, 4. Ἐν ταὐτῷ An. 3, 1, 27.

§ 156, 1. Οὐδεὶς Carc. trag. fgm. 7. Χρήσεται nach An. 1, 3, 18. 3, 1, 40. 2. Ἀβουλίᾳ Men. 15. Χαλεπῶς An. 1, 3, 3. Χαίρειν Soph. fgm. 841.

§ 157, 2. Ἐν ἔτεσιν Pl. Krit. 52c. Ἐν νυκτὶ Men. 150.

§ 161, 3. Κῦρος An. 1, 4, 10.

§ 165, 1. Ἔπειθον Kyr. 5, 5, 22. Πάντες An. 1, 9, 3. Πλοῖον Pl. Phaid. 58a. Ἀρετὴ δὲ Eur. fgm. 734. Ξενίας An. 1, 2, 10. Ἐπεὶ ἐτελεύτησε An. 1, 1, 3. 2. Διὰ μικρὸν Thuk. 1, 140, 4. Πεισιστράτου Thuk. 6, 54, 2. Ἀκούσαντες An. 1, 4, 16. Ἐπεὶ An. 1, 6, 5. Μῆνας Arist. Ath. Pol. 33, 1. Οὑμὸς Lys. 12, 4. Καὶ βραδὺς Theogn. 329. Ῥεχθὲν Hom. Υ 198. Τὴν ἀτραπὸν Hdt. 7, 215. Ἐπεὶ An. 1, 2, 17. Δαρεῖος An. 1, 1, 2. Ἐνταῦθα An. 3, 4, 7. Κῦρος An. 1, 2, 22. Οἵπερ πρόσθεν An. 1, 6, 10.

3. Σκεπτέον An. 1, 3, 11. Τούτων ἐγὼ Thuk. 2, 89, 9. Ἀγορὰν An. 3, 1, 2. 4. Ἀπολελοίπασιν An. 1, 4, 8. Τέθαπται Hdt. 6, 103. Ἐφοβήθην Aischin. 2, 4. Ἀριαῖος, An. 2, 2, 14. Ἡμῶν An. 2, 4, 5.

§ 166, 3. Διηγοῦντο Hell. 1, 7, 5. Οἱ στρατιῶται An. 1, 4, 12. Ἐλέγετο An. 1, 2, 12. 4. Τοὺς μὲν θεοὺς (Isokr.) 1, 16. Ζεῦ, Ζεῦ τέλειε Aisch. Ag. 973. Ζεῦ, Ζεῦ, θεωρὸς Aisch. Choeph. 246. Λῆγε Eur. Hipp. 473.

§ 167, 1. Βασιλεὺς An. 1, 10, 1. 3. Νῦν μὲν Kyr. 3, 1, 37. Σοφοῖς Men. 475. Τισσαφ. An. 1, 2, 4. Διαβεβηκόσι An. 3, 4, 2. Ἐσκεμμένα Dem. 21, 191.

Ὁ βάρβαρος Thuk. 1, 18, 2. 4. Οἱ πρόσθεν An. 3, 2, 17. Πολλοὺς Lys. 10, 1. παρὼν Soph. Ant. 1192. u. ö. Πρῴην Dem. 8, 4. Ξενοφῶντα An. 6, 1, 32. Ὣς εἰπὼν Hom. Δ 73 u. ö. ὥς μ' ἀπώλεσας Soph. El. 808.

§ 169, 1. Τί σιγᾷς Eur. Hipp. 297. Ἔδει An. 7, 6, 23. Ὀλίγου πληγὰς Pl. Menex. 236b. Τὸ πῦρ Thuk. 2, 77. 3. Εἴθ' ἦσθα Eur. Herakl. 731. Εἴθ' ηὕρομεν Eur. Alk. 536. Ἀλλ' ὤφελε An. 2, 1, 4. Ὡς ὤφελον Soph. El. 1131. 5. Εἴ τις An. 2, 3, 11.

§ 170, 1. Φειδώμεθ' Eur. fgm. 418. 2. Εἴπωμεν Eur. Ion 758. Πότερον Mem. 1, 2, 45. Anm. Βούλει Mem. 2, 1, 1. 3. Μηδὲν An. 5, 4, 19.

§ 171, 1. Ὦ παῖ Soph. Ai. 550. Μή μοι γένοιθ' Men. 366. 2. Ὥρα Kyr. 3, 1, 43.

§ 173, 5. Δέδοικα Eur. Med. 37. Ἡρώτων An. 4, 4, 17.

§ 174, 1. Λέγει Lys. 24, 15. Κῦρος An. 1, 4, 11. Ἔλεγον An. 2, 1, 3. 2. Δέδοικα An. 3, 2, 25. Ἐφοβεῖτο An. 3, 1, 12. Σκεπτέον An. 1, 3, 11. Κῦρος An. 1, 1, 4. Anm. 1. Ὅπως An. 1, 7, 3. Anm. 2. Μὴ λίαν Dem. 1, 26. Μὴ οὐ Pl. Apol. 39a. Τὸν ἄνδρ' Aisch. Eum. 225. Τοὺς πονηροὺς Aisch. 3, 177. Anm. 3. Φοβούμεθα Thuk. 3, 53, 2. μὴ σκῆψιν Soph. El. 584. μὴ πῆμα Soph. El. 581.

§ 175, 1. Συμβουλευόμεθα An. 2, 1, 16. Ἐπήρετο An. 7, 2, 25. Οἵων An. 2, 5, 10. Ξενοφῶν An. 3, 1, 7. 2. Ὁρῶ σε Mem. 2, 1, 23. Ὁ Θηβαῖος Hell. 7, 4, 39.

§ 176. Ἀθηναῖοι Thuk. 1, 52, 3. Οἱ στρατηγοὶ An. 2, 1, 2. Δέομαι Pl. Prot. 335d.

§ 177, 1. Ἦν An. 7, 4, 3. Ἔχω An. 1, 4, 8. Κραυγὴν An. 2, 2, 17. 2. Πᾶν Pl. Gorg. 479c. Τὸ θεῖον Mem. 1, 4, 18. Προσπολεμῶν An. 1, 6, 6. Τίς An. 2, 5, 15. Οἱ ἀκοντισταί An. 3, 3, 7. Ταῦτα (Dem.) 59, 91. Πολλὰ An. 5, 6, 26. Ἔφασαν An. 4, 2, 19. Εἰς τὴν ὑστεραίαν An. 2, 3, 25.

§ 178. Μὴ φθόνει Chares 3 N. Ταῦτ' εἰπὼν An. 3, 1, 47. Ὅπως An. 1, 7, 4.

§ 180. Εἰ θεοὶ Eur. fgm. 292, 7. Εἰ μὴ Eur. fgm. 5. Ἥξω Pl. Lach. 201c. Νέος Men. 388. Ἐὰν δ' Men. 165.

§ 181. Εἴ τις ξυνελὼν Thuk. 1, 70, 9. Οὐκ ἂν Aisch. Prom. 979. Εἰ ἀναγκαῖον Pl. Gorg. 469e.

§ 182. Φῶς Mem. 4, 3, 3. Εἰ μὴ Diog. Laert. 7, 183. Οὐκ ἂν An. 6, 6, 15. Εἰ τριάκοντα Pl. Apol. 36a. Εἰ μὴ ὑμεῖς An. 2, 1, 4.

§ 184. 1. εἰ μέν Hom. B 80. 3. Παραπλήσιον Isokr. 1, 27. Ὥσπερ Pl. Prot. 384 d. Ὥσπερ οὖν Pl. Apol. 17 d. Ἐφθέγξαντο An. 1, 8, 18.

§ 185. Ἅπας λόγος Dem. 2, 12. Ἦν ἐγγύς Eur. Alk. 671. Ξενοφῶν An. 4, 5, 8. Εἴ τίς γέ τι An. 1, 9, 18.

§ 186. Κεἰ μὴ Aisch. Choeph. 298. Γελᾷ Men. 19.

§ 187, 1. Ἐπεὶ πάντες An. 3, 1, 33. 2. Τάφος Eur. Iph. Taur. 625. Ἐπειδὰν Dem. 4, 14. Μὴ ἀναμείνωμεν Kyr. 3, 3, 46. Ἔδοξεν An. 2, 1, 1. 3. Μαινόμεθα Philem. 156. Κῦρος An. 1, 2, 7. Οἱ δὲ αὐτόν An. 1, 3, 1. 4. Διέβησαν An. 1, 4, 16. Πολλοὶ Kyr. 5, 2, 9. Οὐκ ἀπέπλευσαν Hell. 4, 7, 18. Μὴ ἀπέλθητε An. 5, 7, 12. Οὐκ ἤθελον Thuk. 8, 9, 1.

§ 188, 3. Θαυμαστὸν Mem. 3, 1, 17. Τίς οὕτω An. 2, 5, 12. Παῖδες Lys. 24, 6. Ἡγεμόνα An. 1, 3, 14. Ἔδοξε Hell. 2, 3, 2. 4. Ἃ μὴ οἶδα Pl. Apol. 21 d. Ἃ μὴ προσήκει Men. 19. Ἀπόκριναι Lys. 12, 24. Τῷ ἀνδρὶ An. 1, 3, 15. Ἐγὼ μὲν An. 1, 3, 17. Οἱ παῖδες Lys. 12, 98. Νέος Hypsaeus bei Stob. Flor. 120, 13 (33) (Bd. 5, 1082; 12 Hense). Σφοδρὸς Pl. Apol. 21 a.

§ 189. Ἔρδοι τις Ar. Wesp. 1431. Οὐκ ἂν An. 3, 1, 18. Εἰ γὰρ Pl. Krit. 44 d. Εἰ τῷ ὄντι Pl. Apol. 17 d.

§ 193, 1. Ἀδικεῖσθαι An. 1, 3, 9. Ἔχω τριήρεις An. 1, 4, 8. 2. Σωκράτης Mem. 1, 1, 19. 3. Ἐρωτώμενος An. 4, 4, 8. Νομίζω An. 1, 3, 6. Ἔξεστιν Dem. 3, 23. Κῦρος An. 1, 2, 1. Δίκαιον Men. 118.

§ 194, 2. Τὰ πολλὰ Men. 724. Νέοις Men. 387. Νίκησον Men. 381. Πολλὰ An. 1, 7, 5.

§ 195, 1. Ἀλλὰ γὰρ Pl. Apol. 42 a. 2. Ὅτι ἂν Gnome. Ἔλπιζε Men. 155. Καλῶς Men. 285. Τί τοὺς Eur. fgm. 507. Τὴν τῶν Men. 727. Δίκαιος Men. 136. 3. Ῥᾴδια Linos bei Stob. Flor. 110, 1 (Bd. 5, 997, 5 Hense). Κῦρος An. 1, 9, 1. 4. Τὰς κώμας An. 2, 5, 27. Εἵλοντο An. 4, 8, 25. 5. Ἀληθές γε Pl. Apol. 17 a. Τὸ ἐπ' ἐκείνοις Hell. 3, 5, 9.

§ 198, 1. Ἑπτὰ An. 4, 3, 2. Ἔφθησαν nach Hdt. 6, 116, 115. Οὔποτε An. 3, 1, 19. Μὴ κάμῃς Pl. Gorg. 470 c. Ἀδικεῖτε Thuk. 1, 53, 2. Ἥδομαι An. 2, 5, 16, 2. Ὁρῶμεν An. 5, 5, 24. Ὁ θεὸς Mem. 4, 3, 13. Δειλίας Dem. 21, 160. Κῦρον An. 2, 3, 19. Πάνθ' ἕνεκα ἑαυτοῦ Dem. 2, 8. Ὁρῶμεν Thuk. 1, 32, 5. Ἐγὼ Pl. Apol. 21 b (22 c).

§ 199, 2. Θεοῦ διδόντος Gnome bei Apostol. 8, 89, i (Paroemiogr. gr. 2, 456 Leutsch). 3. Ἅτε An. 6, 3, 3. Πρόξενον An. 1, 1, 11. Ἀνεθορύβησαν An. 6, 1, 30. Οἱ Ἀθηναῖοι Thuk. 2, 7. Πολλαχοῦ Pl. Apol. 40 b. Δρυὸς Men. 123. Δίκαια Men. 126. Οὐκ ἂν Eur. fgm. 461. Πολλοὶ Eur. El. 551. Εἰσήλθετε Dem. 44, 65. Ἐξελαύνει An. 1, 5, 1. Χρὴ An. 3, 2, 24. 4. Κατακείμεθα An. 3, 1, 14. Σὺ σαυτὸν Pl. Krit. 46a.

§ 200. Σὺν ὑμῖν An. 1, 3, 6. Ἀρίστιππος An. 1, 1, 10.

§ 201. Οἱ συμμαχεῖν Mem. 2, 6, 27. Τοσαῦτα An. 2, 5, 18. Οἰστέον Eur. Ion 1260. Τῷ ἀδικοῦντι Pl. Euthyphr. 8e.

§ 202, 1. Ἐγὼ θρασὺς Dem. 8, 68. 3. Μή μοι Men. 366. Μὴ φθόνει Chares 3 N. Δέδοικα An. 3, 2, 25. 4. Εἰ μὴ Eur. fgm. 5. Ἃ μὴ Pl. Apol. 21d. Ὁ μὴ Men. 422. Τολμῶσι Lys. 14, 5. Ὑπισχνοῦντο Hell. 4, 4, 5. Οὐκ ἂν ἀρνηθεῖεν Dem. 9, 54. Ὁ φόβος Eur. fgm. 68. Οὐδεὶς Dem. 24, 24. Οὐχ ὅσιον Pl. Politeia 427e. Πᾶσιν An. 2, 3, 11.

§ 203, 1. Ἆρα βιωτὸν Pl. Krit. 47e. Ἦ παρ' Pl. Prot. 309b. 2. Ἆρ' οὐκ ἂν An. 3, 1, 18. 3. Μὴ αὐτὸν (Ἀχιλλέα) Pl. Apol. 28d. Μῶν τί Pl. Prot. 310d. 4. Σπονδὰς An. 2, 1, 23.

Die gebräuchlichsten Maße, Gewichte und Münzen

1. Die Längenmaße

στάδιον	πλέθρα	ὀργυιαί	πήχεις	πόδες	Meter
1	6	100	$333^1/_3$	600	164
	1 πλέθρον	20	$66^2/_3$	100	32,8
		1 ὀργυιά	$3^1/_3$	5	1,64
			1 πῆχυς	$1^1/_2$	0,492
				1 πούς	0,328

1 Parasange = 1 Wegstunde; Länge verschieden.
Das Olympische Stadion hatte 600 Fuß zu 0,320 m = 192 m,
das griech.-röm. 600 Fuß zu 0,296 m = 178 m.

2. Die Hohlmaße

Für Trockenes			Für Flüssiges			
μέδιμνος	χοίνικες	Liter	μετρητής	χόες	κοτύλαι	Liter
1	48	52,53	1	12	144	39,39
	1 χοῖνιξ	1,09		1 χοῦς	12	3,28
					1 κοτύλη	0,27

3. Gewichte und Münzen

τάλαντον	μναῖ	δραχμαί	ὀβολοί	Gewicht in Gramm
1	60	6000	36 000	26 196
	1 μνᾶ	100	600	436,6
		1 δραχμή	6	4,37
			1 ὀβολός	0,7·

Das Gold hatte den zehn- bis zwölffachen Wert des Silbers.
Der persische Δᾶρεικός (στατήρ) und der attische Goldstater galten gleich viel.

Neben dem obigen Solon Münzgewicht war im Verkehr bis in frührömische Zeit das alte äginäische Handelsgewicht im Gebrauch, dessen Talent 36,156 kg, die Mine 602,6 g, die Drachme 6,03 g wog.

Für Unterricht und Studium

GRIECHISCH UND LATEIN

Griechischer Lehrgang, genehmigt für den Gebrauch an Schulen:

KAEGI, ADOLF
GRIECHISCHE SCHULGRAMMATIK
Diese Neuausgabe ist das seit Jahrzehnten bewährte Lehrbuch von Kaegi – ein Werk, welches den anspruchsvollen Bedürfnissen des heutigen Unterrichts entspricht.

KAEGI, ADOLF
KURZGEFASSTE GRIECHISCHE SCHULGRAMMATIK
Herausgegeben von Ewald Bruhn

KAEGI, ADOLF
REPETITIONSTABELLEN ZUR KURZGEFASSTEN GRIECHISCHEN SCHULGRAMMATIK

KAEGI, ADOLF
GRIECHISCHES ÜBUNGSBUCH
1. Teil: Formenlehre

KAEGI, ADOLF
GRIECHISCHES ÜBUNGSBUCH
2. Teil: Syntax

RÖTTGER, GERHARD
HELLAS, KURZLEHRGANG GRIECHISCH
Eine Einführung in die Griechische Sprache.

KRANZ, WALTHER
VORSOKRATISCHE DENKER
Griechisch-Deutsch
Diese Auswahl von dem überlieferten Gedankengut der ältesten hellenischen Philosophien ist besonders als Grundlage für philosophische Übungen und zum Selbsstudium geeignet.

SOPHOKLES
OEDIPUS
Griechisch-Deutsch
Übertragen von U. v. Wilamowitz-Moellendorff

SOPHOKLES
ANTIGONE
Griechisch-Deutsch
Übertragen von Ernst Pilch

CHRISTIANA
Bearbeitet von Johannes Holtermann

DIELS, HERMANN
FRAGMENTE DER VORSOKRATIKER
Das Standardwerk der klassischen Philologie
Griechisch-Deutsch
Herausgegeben von Walther Kranz, Band I–III

CAESARIS COMMENTARII DE BELLO CIVILI
Ed. Kraner / Hofmann / Meusel

CAESARIS COMMENTARII DE BELLO GALLICO
Ed. Kraner / Dittenberger / Meusel

Vol. I: Buch I–IV
Vol. II: Buch V–VII
Vol. III: Buch VIII

BELLUM AFRICANUM
Ed. Schneider / Rudolf

BELLUM ALEXANDRINUM
Ed. Schneider / Rudolf

HORAZ
Erklärt von Adolf Kiessling und Richard Heinze

1. Teil: Oden und Epoden
2. Teil: Satiren
3. Teil: Briefe

WEIDMANN